梁启超传

可以慈父 可以严师
可以有个性

李 平◎著

中国言实出版社

图书在版编目（CIP）数据

梁启超传/李平，杨柏岭著. —北京：中国言
实出版社，2015.5

ISBN 978-7-5171-1313-3

Ⅰ.①梁… Ⅱ.①李… ②杨柏岭… Ⅲ.①梁
启超（1873~1929）-传记 Ⅳ.①B259.1

中国版本图书馆 CIP 数据核字（2015）第 086357 号

责任编辑：郭江妮

出版发行 **中国言实出版社**

　　地　址：北京市朝阳区北苑路 180 号加利大厦 5 号楼 105 室

　　邮　编：100101

　　编辑部：北京市西城区百万庄大街甲 16 号五层

　　邮　编：100037

　　电　话：64924853（总编室）　64924716（发行部）

　　网　址：www. zgyscbs. cn

　　E-mail：zgyscbs@263. net

经　　销 新华书店

印　　刷 北京毅峰迅捷印刷有限公司

版　　次 2015 年 11 月第 1 版　2024 年 1 月第 2 次印刷

规　　格 880 毫米×1230 毫米　1/32　10.5 印张

字　　数 233 千字

定　　价 46.00 元　ISBN 978-7-5171-1313-3

前　言

严师慈父，满门才俊；一生学问，恣意人生。

这是梁启超先生的一生写照，不知慕煞多少人。

是的，梁启超先生是近代中国的思想启蒙者，他的一生横跨政治与学术两个领域，且都留下了光彩夺目的成就。他的一支健笔，不仅承载着高远深刻的思想，且携充沛的感情，纵笔所至从不拘束，所成文章议论纵横、气势磅礴，极富鼓动性和感染力。更是影响激励了几代中国人，包括毛泽东、鲁迅等。梁启超先生还是近代著名的教育家，桃李满天下，其中不乏胡适、徐志摩等著名人物。而梁启超先生的九个子女，亦是个个才俊，甚至创造了"一门三院士"（建筑学家梁思成、考古学家梁思永、火箭控制系统专家梁思礼）的佳话。且九位子女除了学业上的成就，在品行修养方面也是出类拔萃。历史学家傅斯年有言："梁任公之后嗣，人品学问，皆中国之第一流人物，国际知名。"

才华过人，学问过人，已让人羡慕，更为难得的是梁启超先生还是个性情中人。与友人师生可谓爱憎分明，与子女可谓慈父益友，看事待物真情直抒，重传统但不拘泥，开新风又注意传承。做学问独树一帜，做自己挥洒自如。不学问学究，不权威古板。

如，当恩师康有为公开主张清帝复辟，梁启超立即撰文反驳，并随段祺瑞参加武力讨伐。不仅代表段祺瑞起草讨伐宣言，而且还以个人名义发表通电，斥责其师为"大言不惭之书生，于政局甘苦，毫无所知"。

可谓原则底线明鉴，不惜决裂师生之谊。

又如，梁启超是徐志摩的恩师，是徐志摩的忘年之交，徐志摩和陆小曼结婚请梁启超做主婚人，但在婚礼上，梁启超抛弃准备好的主婚词，即兴说了一段经典主婚词：

今天我来这里做这场婚礼的主婚人，我心里是一万个不愿意，我今天来是为了说几句不中听的话，让社会知道，这种恶例不足取法，更不值得鼓励。徐志摩，你这个人生性浮躁，以致于学无所成，做学问不成，做人更是失败，你的离婚再娶，就是用情不专的证明。陆小曼，你和徐志摩都是过来人，希望你今后恪遵妇道，检讨自己的行为和个性。离婚再婚都是你们自己性格的过失所造成的，希望你们从今以后不要一错再错，自误误人。不要以自私自利作为行事的准则，不要以荒唐和享乐作为人生追求的目的，更不可以把婚姻当作儿戏，以为可以高兴了就结，不高兴就离，让父母汗颜、朋友不齿、让社会看笑话，让大家……（话到这里被徐志摩打断：恩师，给学生、高堂留点面子吧），总之，我希望这是你们两个人最后一次结婚。这就是我的祝福，我说完了。

可谓胸臆在此不假不饰。

再如，梁启超对子女说："生当乱世，要吃得苦，才能站得住。一个人在物质上的享用，只要能维持生命便够了。至于快乐与否，全不是物质上可以支配。能在困苦中求出快活，才真是会打算盘哩。"他还对子女说："我是学问、趣味方面极多的人，我之所以不能专积有成者在此。然而我的生活内容异常丰富，能够永久保持不厌不倦的精神，亦未始不在此。我每历若干时候，趣味转过新方面，便觉得像换了新生命，如朝旭升天，如新荷出水，我自觉这种生活是极可爱的，极有价值的。我虽不愿你们学我那泛滥无归的短处，但最少也想你们参采我那烂漫向荣的长处。"

可谓言传身教有理有据，不冠父师之尊，仅呈兄朋之谊。

文章可见一个人的思想和人格。《少年中国说》《梁启超家书》等至今畅销，可见一斑。也有人说梁启超"善变"，"四周环境里一有显著的变动，他便起而迎之，起而感应之。""他并不谬执他自己的成见，他可以完全抛弃了他自己的主张，而改从别人。"甚至于变得前后自相矛盾。依照我们现代的观点，他的那种变所体现的是思想上的与时俱进。也可以说是率直坦诚的真性情，不矫揉造作，不摆权威的架子，平等理性。

时代在变，思想和行为也要变，但是不变的却是梁启超先生的爱国之心与救国之志。可以说，这贯穿了梁启超先生的一生。

梁启超先生之于近代中国，是辛亥革命的"精神之父"（埃德加·斯诺语），是"珍贵的灵魂"（伊藤博文语）。这些赞誉都有出处。

今天，我们再写梁启超先生的传，便对他有了更多面和更深层的认识：可以严父，可以挚友，可以学问，可以主张，可以恣意人生！

目　录

第一卷
新会神童 康门高足

家世溯源

1873 年（清同治十二年）2 月 23 日，一个新生婴儿挣脱母体的啼哭声，打破了广东新会熊子乡茶坑村的寂寞，中国近代史上的风云人物——梁启超，在这个村庄的一个姓梁的家庭里诞生了。

梁启超的幼年生活受其祖父母、父母的影响甚大。他在《哀启》一文中，述及祖父以来的家世，说梁家从迁到新会以来，祖上十代人都以务农为业，直到梁启超祖父那一代，才开始读书，学习儒学典籍，走科举的道路。

梁启超的祖父叫梁维清，生于 1815 年（清嘉庆二十年），卒于 1892 年（清光绪十八年）。他虽家境贫寒，两岁丧母，却爱书法，笃好学问，幻想通过读书举业跻身官场，摆脱梁家十世为农的困境。然而科举道路并非一帆风顺，他勤学苦读，奋斗多年，也只是中了个秀才，成为学府生员，最后做了个地位卑微的八品官——教谕，负责管理一县的文教事业。尽管如此，梁维清还是颇感欣慰，因为他毕竟为梁家打开了通向官场的道路，使梁家从"十世为农"走向"亦官亦儒"，并真正过上了既有田地、又能读书的乡绅生活。

梁维清身为秀才，又热心公益事业，所以深受茶坑村乡民的信赖，在茶坑村他算得上是一呼百应的头面人物。有两件事为证：1854 年，如火如荼的太平天国革命运动，震撼了新会这个南方偏远的小城。当地群众纷纷响应，一时间，群雄并起，新会城形势危急。茶坑村离城仅 10 余里，村里亦有闻风而动者。梁维清站在这场革命运动的对立面，在村里组织保良会，禁止乡民起义，最终，乡里没有参加暴动的人。另有一事，是说村前大道泥泞，坎坷不平，过往路人对此颇有怨言。梁维清出面募捐修路，村民纷纷响应，最终，将原来的泥土路翻修成了石板路，此举深得当地百姓赞颂。这两件事从不同的角度说明了梁维清在村民中享有崇高的威信。

在家族内部，梁维清也处处起表率作用，每月初一，他都要率领子孙到祠堂祭拜先祖，如果遇到先辈的忌日，他就会身着素衣，忌酒忌肉，以此来表示对先辈的尊重。梁维清兄弟 8 人，他是嫡子，在家族内部比庶子地位要高，然而在遗产继承问题上他却没有以自己的嫡子身份要求占有更多财产，而是坚持与继母、庶母的儿子平均分配。梁启超为有这样的祖父而自豪，对其大加赞誉，说他勤俭朴实，忠厚仁慈，待人宽厚，治家严谨。

梁启超的父亲梁宝瑛，生于 1849 年（清道光二十九年），卒于 1916 年（民国五年）。宝瑛为幼子，最受其父钟爱。梁维清将家学传与他，对他严加训练，满心希望他能沿着科举的道路走下去，飞黄腾达，光宗耀祖。岂料，宝瑛终身与仕途无缘，虽努力拼搏，屡屡应试，却连个秀才也没捞到，最后只能做个私塾先生，在乡里授课。

梁宝瑛虽然在科举事业上没有成绩，但在热衷公众事业上与其父相比，则是有过之而无不及。梁启超在《哀启》中说，广东乃是海滨之地，民风向来剽悍，赌博盛行、盗匪成群、械斗不止，梁宝瑛对此深恶痛绝，认为这三大祸害不除去，当地就永无宁日。为维护乡村的治安，梁宝瑛不辞辛劳，长期坚持在乡里做排难解纷的工作。

他曾带领少年登第的梁启超到邻近乡村行礼求和，化干戈为玉帛，使熊子、东甲两个邻乡由"械斗三十年不解"，而变成敦睦友助的好邻居；他常在风雨交加的深夜，踏着泥泞的小道去搜索聚赌的人，对他们诲以利害，苦口劝诫，使他们深受感动，最终改过自新；他还复兴乡团，以防盗侵，有效地保卫了村民的生命财产安全。

茶坑村邻里和睦、赌风难兴、盗匪不侵的良好的社会环境，实是梁宝瑛呕心沥血换来的。他外勤内孝，十年如一日地侍奉多病的父亲，真所谓"日则勤劳乡社乡校间，夕则就病榻报告成绩以博欢笑"。

梁启超的母亲赵氏，生于 1852 年（清咸丰二年），卒于 1887 年（清光绪十三年）。赵氏出身书香门第，知书识礼，以"贤孝"闻名乡里。她不仅是自己孩子的启蒙老师，同乡的姑嫂姐妹也经常从她那里学认字，习女工。关于她的美德及在乡中的影响，我们从梁启超的弟弟梁启勋《高祖以下之家谱》中的一则记载可以看出。记载称，当时的人结婚都是媒妁之言，姑娘出嫁前，夫家需要先去考察姑娘的人品如何，但是，如果听说姑娘跟着梁启超的母亲学过女工，那么，夫家就会毫不犹豫地相信这个姑娘的人品。赵氏共生四子二女，长子启超，次子启勋，三子五岁而夭，四子启业，赵氏即因生他难产而亡。两个女儿名字不详。另外，梁启超还有继母吴氏，生一子数月即殇；又有庶母叶氏，生子女各二人，长子启文，次子启雄，女不详。

梁家的经济情况，梁启超在《悼启》一文中有所介绍，根据梁启超的说法，他们家家境一般，只有少量的耕地，全家的主要经济来源就是耕种。最初梁启超的曾祖有几亩田，后来平均分给他的 8 个儿子，每人仅得几分地，直到祖父中秀才后才买了十几亩田，后又分给他的 3 个儿子。梁宝瑛靠继承的四五亩田，半耕半读，家境是比较贫寒的，以至梁启超结婚时连居住的房子也没有，只得借用梁氏宗族公有的书室的一个小房间权作新居。后来，梁启超出了名，他的父亲以为发财的时候到了，便赶到日本向儿子要钱。梁启超哭笑不得，其父则以死相逼，最后还是他的学生集资银元 1200 元为他解了围。梁宝瑛带着这笔钱回到故乡，买了几十亩田，盖了一所房子，从此养尊处优，过起不劳而食的生活。

启蒙教育

梁启超出生在一个知书识礼、家教严谨的书香门第，又处在一个"尊师务学问"的社会环境里，这就决定了他有一个良好的启蒙教育。10 岁以前，梁启超的启蒙教育主要是在家庭内，由祖父和父母直接教授。他在《我之为童子时》一文中说过，他小时候，中国还没有学校教育，他最初识字的时候，是他母亲教导的，后来改由他的祖父和父亲来教授。

梁启超幼年时代最受祖父梁维清的宠爱，受祖父提携教诲之处颇多。《三十自述》记载，他从四五岁起就随祖父读书识字，白天祖父指导他读《四子书》《诗经》等，晚上祖父又带他同床而睡。所谓《四子书》又称《四书》，即《大学》《中庸》《论语》《孟子》的合集。读书疲倦的时候，祖父就给他讲一些古代豪杰哲人的嘉言懿行，特别喜欢说一些南宋、明末的国难故事。说者津津乐道，听者如痴如迷，使年幼的梁启超既长了知识，又受了教育。为了便于梁启超学习，祖父还特地在屋后盖了一间小书斋，取名"留余"，祖孙同吃同住，形影不离。

祖父对梁启超的启蒙教育是多方面的，读书识字以外，伦理道德和爱国主义教育也是重要的教育内容，而这种教育又是采用了寓教于乐的户外活动形式，所以具体生动，对梁启超的思想影响很大。据梁启勋的《曼殊室戊辰笔记》介绍，茶坑村有一古庙，里面收藏了48幅古画，所画的是历史上二十四忠臣和二十四孝子的故事。每年正月十五的上元节，茶坑村的乡民都沉浸在节日的欢乐里，他们在赏灯之余，还要去观赏古画，表达自己对这些历史上的忠臣、孝子的崇敬之情。每逢这一天，梁维清必带领儿孙们入庙观画，指点着墙上挂着的一幅幅古画，对他们说，这个是宋代朱寿昌弃官寻母的故事，那个是岳飞出师北征的故事……

新会境内的崖山是南宋末年宋军与蒙古铁骑最后血战的古战场，领导宋军抗击元军的陆秀夫、张士杰等，带着南宋皇帝赵昺投海自杀，君臣壮烈殉国，南宋从此灭亡。恰巧，梁家祖坟也在崖山。每年清明，梁维清都要带着儿孙们借着扫墓的机会，划着小船前往崖山，凭吊为国捐躯的英雄。在前往崖山的船上，梁维清不断给子孙们讲南宋的故事。这些历史上忠臣、孝子、英雄的事迹，深深地打动了年幼的梁启超，对他日后伦理道德思想和爱国主义思想的形成，起了一定的促进作用。

梁启超牢记祖父对自己的教育，并以祖父当年所讲的英雄故事来教育自己的子女，他认为这是怀念祖父的一种绝好方式。据梁启超的外孙女吴荔明回忆，梁启超也像祖父当年教育他自己一样，在孩子们很小的时候就经常给他们讲爱国故事。流亡日本期间，每天晚饭后孩子们围坐在小圆桌旁，梁启超一边喝酒一边给他们讲陆秀夫如何精忠报国的故事，以激发孩子们的爱国热情。

梁启超儿童时代所受的启蒙教育，除了他的祖父以外，还得益于他的父母。《三十自述》记载，梁父对梁启超的教育非常严格，一旦梁启超的言行有什么不妥的地方，就会遭到父亲的严厉批评。梁启超的父亲一开始就把他看作是一个不同寻常的孩子，对他严加管教，精心培养，指望他将来能出人头地，为梁家争光。梁宝瑛科举失利，只得专心在乡中教书，这倒使他有更多的时间来关心梁启超的启蒙教育。梁启超 6 岁时，曾一度从表兄张乙星受学，但主要还是从其父读书，学《中国略史》《五经》等，开始接受历史知识和儒家思想教育。正如他在《哀启》中所说，他早年并没有外出求学的经历，他的学问根底，都是在他父亲的教导下打下的。

梁家对梁启超的启蒙教育，总是既重视读书识字，又强调敦品励德；既要求打下深厚的学业根底，又注重培养良好的思想品德。祖父梁维清是按照这个标准对梁启超进行教育的，父亲梁宝瑛也是如此，而母亲赵氏仍是如此。在梁启超的记忆里，母亲不仅教他读书写字，更关心他的品德修养。有这么一件事，令梁启超终生难忘。他在 6 岁时曾因一事说了谎，这在梁家是犯大忌的。梁启超说过，在他们家，很多错事都是可以被原谅的，但是只有说谎这种事是无论如何也不能被原谅的。为了6岁的梁启超说谎的事，晚饭后，母亲把他叫到房内，板着面孔，神情严肃地对他加以盘诘。梁启超几乎不敢相信：眼前这位因盛怒而气得变了样的人，就是平时终日含笑，温柔善良的母亲。他惊呆了，然而，母亲还是把他翻伏在膝前，用力打了数十鞭，并对他说，你将来如果再说谎，就会沦落为盗贼、乞丐！怕他听不懂，母亲又对他进行了耐心的解释：人为何要说谎呢？要么是做了不该做的事，要么是该做的事没有做，因为害怕被人责罚，就要说谎。做错了事，如果自己意识不到，大可以说出来，然后在别人的提醒下加以更正，就不会再犯同样的错误了。而说谎的人则是明知自己犯了错，不仅不思悔改，还自欺欺人，自以为骗过了所有人，这样的心态和盗贼有什么区别？一旦被发现，必然遭到唾弃，终究会沦为乞丐。对于母亲的这段教训，梁启超深有所悟，长大后一直"常记在心"，认为是"千古名言"。

神童美名

　　良好的启蒙教育，再加上梁启超天资聪慧，使他很快脱颖而出，在乡里赢得了"神童"的美名。旧世文人常以属对（对对联）试才，被试者要在片刻之内工整地对上下联，不仅要有广博的知识，更要有敏捷的思维和快速反应的能力。少年梁启超的奇才正是通过属对显露出来的。在新会，长期流传着梁启超7岁属对的故事。传说有一次，一位客人造访梁宝瑛，启超上前敬茶，客人想利用这个机会试试他到底有多聪明，于是便说了一句"饮茶龙上水"让他对。梁启超不假思索，应声答道："写字狗扒田"。上联是新会俗语，下联也是新会俗语，对得非常巧妙。客人有点不服，接着又出了一句"东篱客采陶潜菊"，命他再对。梁启超毫不示弱，随口答曰："南国人怀召伯棠。""召伯棠"蕴含着周代召公在棠梨树下处理政事而受民爱戴的典故。对得如此工整严密，总算让客人心服口服了。属对如此，作文也不含糊，他8岁随父学做八股文，9岁便能写出洋洋洒洒的千字文章，令家人惊羡不已。为了使这棵好苗子尽快成长，10岁那年家人让他外出拜师，"就学于邑城周惺吾先生"。

过去人读书多是为走科举道路，梁启超的祖父、父亲在科举道路上都不曾发达，因此，他们迫切地希望少年梁启超能早登科场，举业及第。1882年，10岁的梁启超在祖父和父亲的催促下，带着全家人的希望和几年辛勤学习的成果，第一次远离家乡，去省城广州参加童子试。当时交通落后，内河轮船未通，去广州应试的人需合伙买一条木船才能启程。船买好后，梁启超与同伴乘船溯流而上。

十月金秋送爽，两岸稻花飘香，美丽的西江碧波粼粼。望着远去的青山绿影，梁启超和同伴们个个跃跃欲试，心情激动。从茶坑到广州有三天的水路，船上除了应试的人，还有他们的老师和家长，大家同船共食，赋诗连句，一路上欢声笑语，好不痛快！一天中午，又到了吃饭的时候，大家共进午餐。这时，突然有人指着盘中的咸鱼为题，命梁启超吟诗，梁启超随即赋曰："太公垂钓后，胶鬲举盐初。"诗一诵完，满座动容，神童之名自此传出。从此，"舟中吟诗"的故事不胫而走，"神童"的美名也传遍了新会。

这次考试梁启超虽然没有被录取，但对他来说，收获还是很大的。首先，这次考试给了他一个从偏僻闭塞的乡村走出来的机会，使他初次领略了外面的大千世界，见识了繁华热闹的省城；其次，这次应试实际上是他在科举事业上进行的一次实战演习，为他下一步的"少年登第"奠定了基础。不久，梁启超又在书市上购得《輶轩语》和《书目答问》二书，归而读之，眼界大开。这两部书原是当时担任四川学政的张之洞（科举探花出身）写给本省学子看的普及性读物，刊行后颇受读书人欢迎，很快就畅销全国，读书人几乎"家置一编"。

这是两本什么样的书呢？《輶轩语》主要是供童生进学、秀才岁考用的，也可作为私塾老师的教学参考书，内容就是如何学做绅士，如何通经读史，如何应付考试。《书目答问》则为回答诸生"应读何书，书以何本为善"而编，它上继《四库全书总目提要》，列举2200种古籍，但是此书并非一份简单的书目，它还有一些对书的注解，士子将它视为治学之门径。张之洞晚年对自己这两部书的成功颇为得意，认为这两部书为后世读书人提供了一个读书的指导。梁启超自称读了这两部书后，才知道什么叫做做学问。后来，梁启超受《书目答问》的启发，先后编制了《要籍解题及其读法》《西学书目表》《国学入门书要目及其读法》等，推荐介绍了西学及国学方面的要籍名篇，并注明"精读"、"熟读"、"可读"、"浏览"、"可读可不读"，为学子指示读书门径。

少年科第

1884年，12岁的梁启超第二次赴广州应学院试。这次他考中了秀才，补了博士弟子员。12岁的秀才不仅在新会是绝无仅有的，就是在中国科举史上也是少见的。当时的主考官广东学政叶大焯，对少年梁启超特别垂青，把他召到面前，亲自考察他的才学。梁启超所答逻辑清晰，条理分明。叶大人了解到，梁启超的才学都是来自祖父和父亲的教导，因而对梁家的家训颇有赞许。机灵的梁启超心想：今年十一月二十一日正是祖父的七十大寿，何不乘此机会请叶大人为祖父题赠寿言？于是，长跪请曰："家中祖父，今年七十，寿辰在十一月二十一日，愿得先生一言为寿，一则为祖父寿辰增辉，二则慰藉吾仲父、吾父之孝心，再则也可为梁氏宗族增光。"叶大焯被梁启超的一片孝心所感动，欣然命笔，为梁老先生写下了一段长长的祝寿文。清代一省学政为三品大官，当梁启超带着叶大焯的祝寿文回到家乡，茶坑村沸腾了，整个梁家被淹没在前来道贺的人群之中。

带着成功的喜悦，少年梁启超决定沿着科举的道路继续走下去，他又开始投入到更紧张的学习中。根据《三十自述》记载，当时的梁启超一方面致力于八股、帖括之学（泛指科举应试文章），准备继续参加科举考试；同时，他对这种枯燥的文体、僵硬的方法又有所不满，而对古文诗词、班马史书则颇为欣赏，所以对唐诗、古代散文、《史记》《汉书》等，都用力甚勤。这种矛盾随着时间的推移变得更加突出。13岁时，段玉裁、王引之的训诂学又引起了他的极大兴趣，使他开始有了放弃科举八股文的念头。日后，梁启超热衷于中国文化学术的研究，于此已初见端倪。

勤奋刻苦的学习，使梁启超的学业大有长进，以至他的老师周惺吾感叹自己已经无力教导他了。于是，梁启超决定到省城广州去投奔名师，入大书院进一步深造。当时教育制度规定，考中秀才就叫"进学"，即获得进入官立学校继续读书的资格。

1885 年，梁启超来到广州，此时两广总督张之洞正在广州积极开展洋务。梁启超到广州后，先后从学于吕拔湖、陈梅坪、石星巢诸师；1887 年入学海堂读书，次年转为正班生。学海堂是当时广东的最高学府，与菊坡精舍、粤秀书院、粤华书院、广雅书院并称为广州五大书院。

清嘉庆年间，前任两广总督阮元创立学海堂，旨在为广东学子提供一个学习训诂词章的场所。书院首席教授称山长，地位极尊，督抚到任时必先去拜他，一般只有宿儒大师方能担任此职。学海堂自阮元时就不设山长，只有学长。学生有专课生、附课生两种，因学海堂乃专治经学之所，故学生又称专经生。老师每月讲课两次，月初学长与学生会餐，师生利用这个机会交流感情，商讨学术，教学形式自由活泼。

由于学海堂的创始人阮元是著名的汉学家，几位学长也都有较深的汉学修养，所以这里的教学内容以汉学为主，讲的都是词章训诂和典章制度方面的知识，对八股帖括则不太重视。早就对八股帖括有所不满而对古代文化学术产生浓厚兴趣的梁启超，由此舍弃八股文，专门从事汉学研究。学海堂规定，凡考试成绩优异者可获奖赏，名曰"膏火"。梁启超学习刻苦，天资又好，每个季度的考试，他都是第一名，是学海堂有名的高材生。

好读书的梁启超拿到奖学金后总是要去买书，每年放假回家时都要带上许多书，如正续《皇清经解》《四库总目提要》《四史》《二十二子》《百子全书》《粤雅堂丛书》《知不足斋丛书》等，皆当时所购。据载，梁启超在学海堂读书时曾著有一万多字的《汉学商兑跋》。这篇文章已经散佚，具体内容不得而知，从题目看，他当时对经学史上汉学与宋学的是与非可能已有了自己的看法。他晚年在《清代学术概论》中，对方东树的《汉学商兑》有一综合评价，从中可以窥见那篇散佚文章的某些思想。

学海堂几年的苦读为梁启超后来的学术研究奠定了扎实的基础，对他争得眼前的科场功名也起到了一定的作用。1889 年，17 岁的梁启超在饱读经、史、子、集之后，踏上了正式的科举之路，参加了三年一次的广东乡试。清代，乡试是科举全过程中最难登第的一级。因为乡试时各省录取的名额有限定，而各省应试的儒生则大大超过所规定的录取比例。所以清代久困场屋，未能中举的老秀才比比皆是，梁维清就是其中之一。现在梁启超一次中举，榜列第八名。正副主考官都被梁启超的非凡才华所吸引，一致认为这位 17 岁的举人前途无量。于是，主考官李端棻请副考官王仁堪作媒人，要把自己的堂妹李蕙仙许配给这位少年举子。谁曾想，王仁堪也正怀此意，想择梁启超为婿。但主座发话在先，他也只好一笑了之。少年科第、才子佳人。梁启超怎么也没想到，这编织在小说戏剧中的幻想故事，竟如此轻而易举地在自己身上变成了现实，他陶醉了。正在他准备沿着科举的道路走下去，去参加会试、殿试，去摘取状元的桂冠的时候，他同样也没想到，在他面前展示的将是另一片天地，在他脚下铺开的将是另一条新道路，而这一切都与当时一个著名的人物联系在一起。

初识恩师

1890 年春，18 岁的梁启超在父亲的陪同下入京参加会试。考试落榜，梁启超和父亲回乡途中，在上海作短暂停留。此间，他在书市上购得徐继畬编著的《瀛环志略》一书，又看到上海制造局翻译的西洋书籍若干种，这时他才知道世界上有五大洲，中国之外的世界还很大、很精彩。同年秋，梁启超在学海堂的同学陈千秋（通甫）的引见下，结识了因上书变法而被举国上下视为异类的康有为。与康有为的结识决定了梁启超一生的命运，从此以后，他在康有为的影响下走上了变法维新的道路，投身到拯救国家民族的政治斗争中，成为中国近代史上"康梁"齐名的风云人物。不过，当时梁启超已是一位举人，而康有为还只是一个秀才，所以当陈千秋向梁启超介绍康有为的学问、见识如何精湛、新颖，足以为师时，梁启超还有点不以为然。然而，在他聆听了康有为的一席话之后，他才如梦方醒，茅塞顿开，感到自己原来自以为是的科举之名、词章之学，顿时失去了光彩，一个以前他从未梦想过的新的思想天地，正在他眼前展开。

康有为何许人也？他的思想究竟有何魔力，以至能如此强烈地触动了梁启超，令自命不凡的梁启超折服呢？

康有为出生于 1858 年（清咸丰八年），又名祖诒，字广厦，号长素，广东南海人，比梁启超大 15 岁。康有为出生于一个"世以理学传家"的名门望族，他的曾祖父和祖父以程朱之学教授于乡，提倡后进，有着"醇儒"之称。康有为主要是在祖父的教育下长大的，少年时代就接受了理学思想的系统教育，小小年纪，就对"圣人"们有着极大的崇敬，开口一个"圣人"，闭口一个"圣人"，以至招来乡里俗子的取笑，戏称他为"圣人为"（即"康圣人"，"为"指他的名"有为"）。

康有为的青年时代，正值中国遭受西方列强侵略，民族危机日益严重的年代。在外患日深、民族危亡的时代里，富有爱国热情的康有为逐渐形成了一种改变中国现状的改良主义思想。1876年，19岁的康有为从粤中大儒朱次琦受学。朱次琦治学植根宋明理学而以经世致用为主，主张济人经世，不做无用的空谈高论。康有为受这种思想影响，对整日把自己埋在故纸堆里，汩没灵明，虽著书满家却派不上用场的考据学家，始厌之而终弃之。与其师以程朱为主而间采陆王略有不同，康有为独好陆王，以为陆王心学直捷明快、活泼有用。于是，他闭门谢友，静坐养心，以求安心立命之所、修身养性功夫。朱次琦卒后，康有为又入西樵山，屏居独学，潜心佛典，对佛学产生了浓厚的兴趣。在他看来，儒家圣人的形象与佛教菩萨形象是一致的，两者都以救世为目的。他以一种如痴如狂的行迹沉浸在对佛旨的领悟之中。

康有为倾心陆王，致力佛典不只是一种思想上的爱好，而主要是为了经世致用，寻找解救国家民族的出路。在他看来，天下百姓生活艰难，上天赐予他聪明才智，是让他来拯救黎民百姓的，他要以经营天下为志向。然而，无论是陆王心学，还是佛教哲学，都没有使他领悟到出路何在。

1879年，正当康有为求索无门，苦闷彷徨之际，他和曾在北京供职的张鼎华相晤，了解到一些资本主义思想和改良主义思想。这些信息对他影响很大，他自称，正是通过张鼎华他才开始接触新知识。不久，他又来到香港，看到了资本主义的经济、文化和社会体制正在这里显示出勃勃生机，意识到西方世界在政治文明上的进步，中国人再也不能用对待夷狄的态度对待西方人了。从此，他开始了向西方寻找真理的历程。

康有为通过对香港、北京、上海等地的观察，目睹了晚清政府的腐败统治所引起的民族危机，看到了西方资本主义国家因科技发达而带来的社会繁荣，他决心向西方学习，经过几年的努力探索，他终于得出结论：只有通过变法维新，用西方资本主义制度来拯救中国。

1888 年 5 月，康有为又一次到北京应顺天乡试。考试落榜并没有引起他的伤感，令他伤感的是当时的社会现实：中法战争后，列强侵略势力蔓延到中国的西南边陲，民族危机进一步加重。有鉴于此，康有为决定向清帝提出变法请求。

这年 12 月 10 日（光绪十四年十月初八），康有为草拟了《上清帝第一书》，书中严厉地批评了封建统治者在国难当头、民族危机的情况下，依然过着奢侈淫靡的生活，提出了"变成法，通下情，慎左右"的改革方案，认为这样做的话中国十年之内可以富强，二十年即可恢复属地报仇雪恨。这是康有为首次向光绪皇帝上书，也是中国资产阶级改良派首次向清政府正式提出的变法建议。

康有为以布衣伏阙上书，要求变法的行为，受到了封建官僚的鄙视和嘲笑。当时，京师上下都认为康有为疯了，那些可以给皇帝上书的大臣们，没有一个愿意帮他给皇帝上书的，最终这份上书没有传达到光绪皇帝手中。上书事件使康有为在社会上名声大噪，而上书失败又使康有为极度悲愤，为此他作《出都》一诗："海水夜啸黑风猎，杜鹃啼血秋山裂。虎豹狰狞守九关，帝阍沉沉叫不得。"1889 年秋，康有为怀着上书不达的苦闷心情，离开京城，返回广东。

回到广东后，康有为对上书失败的原因进行了反省。作为一位对传统文化有深厚修养的学者，康有为似乎不难理解：任何一个民族在其发展过程中，都不可能完全背弃传统，与既往的历史一刀两断，而必须在已有的历史基础上继续前进；任何新思想的产生，也必须以以往的思想材料为出发点，根据现实的需要，在批判中继承，在继承中创新。尤其是在一个儒家思想统治两千多年，传统经学占据官方意识形态最高位置的封建大国进行变法维新活动，更要注意从民族的传统文化中寻求可资利用的思想材料。所以，在向西方学习，初次上书不达的情况下，康有为开始思索究竟利用什么理论作为变法维新的武器。

1890年春，康有为移居广州安徽会馆。这时，他晤见了近代经学大师廖平。廖平属今文经学家，今文经学以讲究"微言大义"，主张"通经致用"为特点。康有为觉得这比他原来信奉的陆王心学更"灵活"，更容易与现实联系起来，为变法维新服务。

在廖平的启迪下，康有为把今文经学的"知圣"理论作为宣传资产阶级变法维新的思想武器，利用今文经学的"三统说"和"三世说"论证变法维新的必要性。"三统说"早在西汉时的《尚书大传》里就有记载，后来董仲舒、班固都对此说作了进一步发挥。大致是说：每一个朝代都有一个"统"，"统"是受之于天的，旧王朝违背天命，便由另一新王朝"承应天命"来代替，新王朝确立后，必须"改正朔，易服色"。把朝代的更迭归之于"黑统"（"人统"）、"白统"（"地统"）、"赤统"（"天统"）三个"统"的循环，这虽然是一种历史循环论，但它肯定了各个朝代的制度不是一成不变的，而是各有因革损益的，因而必须"因时制宜"。"三世说"源于公羊学，它将《春秋》时期的历史，分为孔子所见世、所闻世、所传闻世，认为孔子关于三世的记叙言辞各异，隐寓着乱世、升平（小康）、太平（大同）之义。"三世说"是一种历史进化论，它包含着历史是进化的这一合理内核。"三统说"和"三世说"相结合，就成了要救国、要"太平"，就必须"因革"、"改制"；只有"因革"、"改制"，才能实现"太平"盛世，进入"大同"世界。这样，"三统说"和"三世说"就为资产阶级改良派的变法维新主张提供了理论依据。

至此，康有为的改良主义思想体系才算最终建立起来。这一思想体系是以今文经学为主干，对陆王心学、佛学和西学进行综合改造的结果。它把握了19世纪末中国社会的国情，顺应了当时知识界、政治界要求变法维新的思潮，既有历史的深度，又有时代的高度。

草堂受学

第一次上书变法失败后，康有为深感舆论的重要和人才的匮乏，而这两者又都关乎教育，通过聚徒讲学的形式，不仅可以宣传变法维新的理论，而且还能培养维新运动的人才。正像康有为所认为的那样，要想让中国人睁开眼看世界，教育是首选。基于这样的认识，康有为从现实的政治斗争中抽出身来，专心于教育，为新的变法运动作理论准备和人才培养工作。

1891年，他应陈千秋和梁启超邀请，在广州长兴里万木草堂开始讲学。从此，梁启超在康有为的直接教导下，在万木草堂整整度过了四年的读书生活，他自己认为，一生学问之得力全在于此。

万木草堂周围树木森森，环境优雅，是一个理想的读书场所。康有为把这里当作宣传变法思想、培养维新志士的大本营。这就使得万木草堂的办学指导思想和方针、教学的内容和形式，都不同于当时的其他学校。康有为本着"激励气节，发扬精神，广求智慧"的教旨，著《长兴学记》以为学规，提出教育的内容应包括德、智、体三个方面。这三个方面内容贯穿于教学活动的各个方面，梁启超据《长兴学记》的论述，指出康有为的教学内容德育占七成，智育占三成，同时对体育也非常重视。

康有为在中国教育史上第一次提出了德、智、体全面发展的教学原则，并对传统的教学内容和形式进行了大胆的改革，使万木草堂成为一所不同于流俗的新式学堂。对于万木草堂，梁启超认为，万木草堂在组织结构上虽然远不如西方近代学校，但是它所体现出来的精神却丝毫不弱于西方近代学校。

万木草堂的教学形式是大堂会讲和学生自学相结合。康有为每天午后升堂开讲，每讲一学，论一事，都要上下古今，究其沿革得失，并引欧美事例以作比较证明，所讲科目中，"学术源流"最受学生欢迎。据《万木草堂口说》记载："学术源流"共讲七次，对古代儒、道、墨、法等所谓的九流，以及汉代的考证学、宋代的义理学，历举其源流派别，纵横议论，详加分析，深深地吸引了学生。如讲晋代王羲之、王献之书法，则必讲二王之前书法如何成立，二王之后书法如何变法；讲唐代李白、杜甫诗歌，亦必讲李杜以前诗歌如何发展，李杜以后诗歌如何变革。如此说来，源源本本，纵横贯通，教学效果十分好。讲课以外，主要是学生自己读书，写笔记。康有为让学生先读《公羊传》和《春秋繁露》，因为这两部书是今文经学的重要经典。学生每人有一本功课簿，在读书过程中有疑问或心得，就记在自己的功课簿上，每半个月呈交一次。康有为根据学生在功课簿上所提出的问题，分别作出详细批答，这样有的放矢，因材施教，使学生大受教益。草堂没有正式的考试制度，主要靠功课簿见出学生功课的优劣、造诣的深浅。

1891 年至 1894 年，风华正茂、思维开阔的梁启超，在万木草堂这样一个汇集新思想、新学问、新风气的地方，在循循善诱、爱生如子的恩师康有为的直接启发和教导下，进入了他一生第二个紧张的学习时期。万木草堂有个图书馆，名曰"书藏"。康有为将他家数代藏书全部运来，又从上海制造局购买了西方社会科学和自然科学各类图书 3000 余册充实书藏。求知欲旺盛的梁启超在这里如鱼得水，恣意涉猎，像海绵吸水一样吸收各科知识。他对先生开设的各门功课都很感兴趣，上课认真听讲，勤做笔记，时有心得。课下则阅读《资治通鉴》《二十四史》《宋元明儒学案》《文献通考》及先秦诸子等书。此外还有大量经过翻译的外文书籍。这个时期，梁启超的阅读真是古今中外，无所不包。于此，我们也就不难理解梁启超为什么能成为中国近代史上学贯中西的通才。

梁启超在读书学习过程中，还总结了一些有效的学习方法。首先，他强调读书要写读书笔记，通过读书笔记来加深理解，巩固所学的知识。另外，他还指出，读书要博约结合，有些书要精读，有些书只要泛读或浏览一下就可以了。梁启超本人的读书治学活动就充分体现了博约结合的特点。他一方面广泛涉猎古今中外书籍，对政治、文学、哲学、历史、新闻、经济、法学、宗教等各种学科都有着浓厚的兴趣和较深的造诣；同时又专精经史，认为经学专求大义，史学在于证经，百史皆经，史学亦即经学。由此形成了他学习上以文化为研究范围，以史学为专攻方面的治学特征。

刻苦学习而又善于读书的梁启超，像在学海堂一样，很快脱颖而出，成为万木草堂的高材生，受到康有为的赏识，被其看作是最得意的门生之一。这从以下几个方面可以看出：一是康有为把梁启超等人当作自己著述的主要助手。他在草堂讲学时期编了好几部书，其中最重要的两部书是《新学伪经考》和《孔子改制考》，这两部书的编纂刊行都曾得到梁启超的帮助。《三十自述》记载，康有为在编《新学伪经考》时，梁启超参与了校对，编《孔子改制考》时，梁启超参与了部分内容的编撰。《孔子改制考》的编写，根据梁启勋《万木草堂回忆》所载，由康有为发凡起例，梁启超等人分别搜集材料，帮助纂订；关于《新学伪经考》，康有为在《自编年谱》中明确指出，得到过陈千秋、梁启超的帮助。

二是 1893 年，康有为让梁启超和陈千秋担任万木草堂的学长。草堂的学生不分班次，一般是在先入学的学生中选出两名高材生作为学长，梁启超能被任命为学长，领导学生读书，管理草堂事务，可见恩师对他的器重。

三是康有为把梁启超看作是自己的高足，让他外出讲学，宣传自己的改良思想。1893 年冬，梁启超前往东莞讲学，所讲内容都是康有为的变法思想和今文经学的"微言大义"，这些思想在当时的人看来，充满了不可思议的奇谈怪论。当时，有一个叫张篁溪的小伙子从梁启超受学，他说，梁启超每次讲解的内容都能给他带来思想上的冲击，由此他才开始知道什么是世界公理，国家思想。

通过协助先生编书，指导学生读书和教馆实践锻炼，梁启超的学业突飞猛进，工作能力也日益增强。不久，他就由康门高足成长为与恩师比翼齐飞的维新志士。对梁启超来说，万木草堂时期接受的教育，是其一生学术和事业的重要基础。

京城完婚

梁启超 17 岁中举人时曾订下一门亲事，如今他在万木草堂也算是有了一个安身之处，该是拜堂成亲的时候了。1891 年冬，19 岁的梁启超赴京与李蕙仙完婚。临行前，草堂的同窗为他送别，恩师康有为还赋诗道贺：

> 道入天人际，江门风月存。
> 小心结豪俊，内热救黎元。
> 忧国吾岂已，乘云世易尊。
> 贾生正年少，谈荡上天门。

诗中寄寓了先生对这位高足的无限期望，鼓励他此番入京，要多交豪杰之士，以苍生国事为重。带着恩师和同学的美好祝愿，梁启超来到北京，在宣南永先寺西街新会会馆，与李蕙仙小姐正式成婚。

李蕙仙原籍贵州，1869 年（清同治八年）生于永定河署，比梁启超大 4 岁。她是京兆公李朝威的幼女，礼部尚书李端棻的堂妹。由于父兄都在京城做官，李蕙仙自幼生活在北京，能讲一口漂亮的北京话，直到父亲死于任上，她才随家眷回到贵州老家。李蕙仙以大家闺秀的身份下嫁一农家子弟，这意味着她要放弃以前那种悠闲富裕的贵族生活，担负起操持家务、教育子女的生活重担。对此她早有心理准备，一旦事到临头便能从容应付。

婚后，梁启超携夫人回到家乡，李蕙仙放下小姐的架子，仿佛变了一个人似的，料理家政，孝敬老人，得到家里家外人的一致称赞。她自23岁嫁给梁启超，至56岁病逝，33年间孝敬父母，抚养儿女，尽心尽责，任劳任怨，成为梁启超生活上的贤内助，事业上的好帮手，被梁启超自豪地称为"闺中良友"。

梁启超一生或忙于奔走国事，或忙于著书立说，与夫人聚少离多，难得有时间顾及家庭。作为妻子，李蕙仙十分理解丈夫，主动承担了家庭的重任，不管是子女的教育问题还是日常家事，基本上都是她一人完成，这使得梁启超可以集中精力从事他自己的事业。在事业方面，李蕙仙也竭尽全力支持丈夫。梁启超早年家中贫寒，无书可读，夫人想帮助他，就用嫁妆换了一套竹简斋石印《二十四史》送给他。还有，梁启超的广东方言很多人听不懂，这严重地妨碍了他的演讲宣传活动，夫人就抽时间教他说官话，使他能够以官话在全国各地做演讲。

后来，梁启超从事变法护国活动，随时可能会给家庭带来危险。对此，夫人则表现出大仁大义的勇敢态度，为丈夫撑腰打气，排忧解难。戊戌政变后，梁启超亡命日本，非常惦念家眷的安危。李蕙仙面对清廷以10万两银子买她丈夫人头的残酷现实而毫不畏惧，慷慨从容，词色不变，率全家老小避难澳门，替丈夫曲尽子职，分忧解愁，令梁启超大为钦佩。护国战争期间，一天深夜，梁启超要奔赴护国军而与夫人诀别，夫人告诉他，家中的父母儿女由她一人照顾，不用他费心，他可以全身心投入到为国家的事业中。夫人的慷慨言词使梁启超充满了斗志。

由上可见，梁启超事业上的成功与李蕙仙的无私奉献是分不开的，在梁启超的身后站着一位平凡而伟大的中国女性，她默默地用心血和汗水浇灌着梁启超这棵时代的参天大树。对夫人为他所做的一切，梁启超感激不尽，认为他俩是"美满姻缘，百年相爱"。他后来在檀香山遇到年轻聪慧的华侨女子何蕙珍，尽管两人情投意合，但他最终还是审时度势，把何蕙珍视为妹妹，维系了与结发妻子的美好感情。

从有关材料来看，梁启超与李蕙仙婚后的数十年间，感情一直很好，夫妻之间相敬如宾，几乎没有发生过冲突，大的争吵只有一次，还令梁启超追悔莫及。1924 年，乳腺癌夺去了李蕙仙的生命，梁启超痛不欲生，撰《悼启》一文表达了对夫人的深切怀念和自己悲痛欲绝的心情，发出了"天祐不终，夺我良伴"的悲叹。

梁启超除了结发妻子李蕙仙外，还有一位第二夫人叫王桂荃，四川人。她原是李蕙仙嫁到梁家时带过来的佣人，后来由于长期的共同生活，她与梁启超的关系也变得非同一般了。1903 年，她 18 岁时在李蕙仙的主张下和梁启超结了婚。她不仅悉心照料梁启超的生活起居，而且还为他生儿育女。梁启超共有五男四女，九个子女长大成人，其中思顺（女）、思成、思庄（女）为李蕙仙所生，思永、思忠、思达、思懿（女）、思宁（女）、思礼为王桂荃所生。这些子女早年均在国外或国内受过良好的教育，长大成人后，有的成为著名的建筑学家、考古学家、经济学家、火箭控制专家，有的成为图书管理专家、社会活动家和革命家，在各条战线上，为社会主义革命和建设事业作出了突出的贡献。

婚后的梁启超看到国事日非，社会现实一片漆黑，更加关心国家的前途和民族的命运，强烈的时代使命感和社会责任感驱使他要有所作为、有所行动。1894 年春，梁启超偕夫人再次入京，住进粉坊琉璃街新会邑馆。他抱着"广联人才，创开风气"的宗旨，与夏曾佑、麦孟华、江孝通等在京名士，往来频繁，相互间砥砺学问，纵论时事。30 年后他回忆说："那时候我们的思想真'浪漫'得可惊，不知从哪里会有恁么多问题。一会发生一个，一会又发生一个，我们要把宇宙间所有的问题都解决。"

就在他们指点江山、畅论理想时，顽固派发起了进攻。这年 8 月，朝廷守旧官僚余晋珊、安维峻等上书弹劾康有为，说他造谣生事，煽动百姓，诬蔑圣人，请求焚毁《新学伪经考》，并禁止他在广东讲学。慈禧太后立即准奏，诏令当时的两广总督李瀚章查办此事。梁启超闻迅后，马上给在广州的康有为通报信息，要他早作准备，一面四处奔走，上下活动，联系一批同情维新派的官员名士，请他们从中斡旋，结果是两广总督通知康有为等人，让他们自己把《新学伪经考》烧掉。这场小规模的政治冲突，使梁启超他们知道了变法维新的道路还很艰难。

1894 年乃多事之秋，春夏之交，中日两国关系日紧，战争如箭在弦上，一触即发，整个北京城都处在风声鹤唳之中。然而，就在民族危亡的紧急关头，朝廷内部却大兴土木、张灯结彩为慈禧太后的六十大寿而上下忙碌。仗还没有打起来，一帮政府大员又准备妥协投降，或以土地贿赂英、俄，让他们来帮助清政府抵抗日本。康有为在《自编年谱》中，对当时朝廷的腐败堕落作了全面的揭露，他指出，当时，清政府无视中日战局一触即发的现实，反而是拿出大量资金给慈禧办寿礼，官场上贪污腐败横行，只知道贪图享乐，无视民生疾苦。面对如此黑暗的社会现实，梁启超义愤填膺，他"惋愤时局"，大声疾呼，希望能把封建统治者从歌舞升平、醉生梦死的状态中唤醒，以采取紧急措施，抵抗日军的侵略。无奈人微言轻，没有产生任何效果。在这样的情况下，他只得将一腔悲愤化为诗句，以浇胸中之块垒：

> 怅饮且浩歌，血泪忽盈臆。
> 哀哉衣冠俦，涂炭将何极。
> 道丧廉耻沦，学敝聪明塞。
> 竖子安足道，贤士困缚轭。
> 海上一尘飞，万马齐惕息。
> 江山似旧时，风月惨无色。
> 帝阍呼不闻，高谭复何益。

诗的末两句表明，梁启超已认识到，高谈阔论于世无补，呐喊呼吁触动不了清王朝，只有通过实际行动才能拯救国家，实现改良主义的理想。这年 11 月，梁启超在中日甲午战争的隆隆炮声中，离开北京，回到广东，准备迎接新的挑战。

第二卷　变法鼓手　维新志士

公车上书

　　1895 年春，梁启超结束了万木草堂的学习生活，与康有为一起赴京参加三年一次的举人会试。会试揭榜，康有为中了进士，授官工部主事，梁启超则名落孙山。关于梁启超会试落榜的原因，一些野史佚文曾有披露：主持这次会试的主考官是大学士徐桐，副主考官是工部侍朗李文田等人，他们都是痛恨维新的守旧派，考试前，徐桐就发话，广东考生中有才气的试卷，一定是康有为的，不要录取他。于是，当李文田批阅梁启超的考卷时，发现其文章说理透彻，气势捭阖，文辞绚丽，曲折多姿，他心想这一定是那个"怪人"康有为的试卷，遂决定不录取他，并在卷末批曰："还君明珠双泪垂，恨不相逢未嫁时"，表示一种惜才而无奈的心情。就这么阴错阳差，康有为上了进士榜。徐桐恼羞成怒，回家后对门人说，康有为如来谒见，坚决不要让他进来。然而，中榜没有给康有为带来喜悦，落第也没有使梁启超变得沮丧。师生二人此时早已将科场功名视为浮云流水，他们关心的是如何进行变法维新、拯救民族的大事。

眼前，一场政治风暴正在等着他们。

1895 年 3 月，中日甲午战争以中国失败而告结束。一个历史悠久的堂堂"天朝"大国，竟被东邻一个经济、文化都还不发达的小小岛国打败，而且失败得那样惨重，李鸿章惨淡经营十多年的北洋水师全军覆灭，参战的陆军一败涂地；失败后签订的和约又是那样苛虐，中国不仅要赔偿 2 万万两白银，还要割让辽东半岛、台湾全岛以及澎湖列岛给日本。这怎能不使举国震惊呢！尤其是在京应试的各省举子，听到消息后更是感到奇耻大辱。康有为、梁启超明白，民族危机迫在眉睫，而政府已经腐败透顶，要挽救时局，避免国土被瓜分，必须立即采取行动，上书清帝，请求拒签和约，实行变法，以图自强。

4 月 15 日，即丧权辱国的《马关条约》签订的前两天，先期得悉条约有关内容的康有为立即要梁启超鼓动各省举人准备上书。梁启超先在自己熟悉的广东举人中进行宣传鼓动，湖南举人随即响应。4 月 28 日，以康有为、梁启超为首的粤湘两省举人率先向朝廷递交了拒和请愿书。在他们的带动影响下，各省举人纷纷行动起来，他们或是向都察院投递请愿书，或是当街拦截官员的车驾，尤其是台湾的举人，更是泪流满面，向朝廷请愿。康、梁看到群情激愤，"士气可用"，便决定组织更大规模的上书请愿活动。经过梁启超紧锣密鼓地奔走联络，18 省举子共 1300 余人终于在松筠庵（明代烈士杨继盛故宅）集会。康有为用一天两夜时间起草了一份"万言书"（即《上清帝第二书》），由梁启超、麦孟华负责誊抄，各省举人签名，于 5 月 2 日（光绪二十一年四月八日）投递都察院，向清政府公开提出了"拒和"、"迁都"、"变法"的政治要求。这就是震动朝野的"公车上书"。

如果说《上清帝第一书》中的维新思想还比较模糊，提出的变法主张也不具体的话，那么这份《上清帝第二书》则以成熟的维新思想，明确的变法主张，向封建政权提出了中国近代资产阶级改良派的参政要求。书中既提出了"下诏鼓天下之气，迁都定天下之本，练兵强天下之势"的"权宜应敌之谋"，又提出了"变法成天下之治"的"立国自强之策"，并主张从富国、养民、教民三个方面采取一系列的具体变法措施。书中还要求光绪皇帝，吸取教训，避免重蹈覆辙，不要受人摆布，要破除陋习，施行新政，造福天下。

值得一提的是，"公车上书"的发起人虽然是康有为，但组织实行、宣传鼓动者主要是梁启超。他在短短的几天内就把各省在京参加会试的举人发动起来，还参与起草上书，并亲赴都察院递交上书，处处抛头露面，走在运动的前列，表现出非凡的宣传鼓动能力和卓越的组织领导能力。梁启超的《戊戌政变记》以及杨复礼的《梁启超年谱》，都有类似的记载。

5月2日递交的上书，都察院以清廷已在《马关条约》上签字，"无法挽回"为由，拒绝接受。上书虽然没有传到光绪皇帝手里，但这并不影响"公车上书"在中国近代史上所产生的积极的政治作用和所具有的重要的历史意义。梁启超说："唤起吾国四千年之大梦，实自甲午一役始也。""公车上书"是中国知识分子在承受数千年封建专制高压的情况下所采取的非常之举，这场运动规模宏伟，声势浩大，签名上书的举子多达1300余人，范围遍及全国18个省，引起了社会各界、朝野上下的巨大震动，上书传单"遍传都下"，变法思想播扬全国，"实为清朝二百年未有之大举也"。这一"大举"标志着中国知识分子在政治上已经觉醒，显示了资产阶级改良派在舆论上的巨大力量，预兆着即将到来的时代改革洪流。

另外，上书运动对清廷上层的触动也很大，光绪皇帝和他的老师翁同龢，痛于割地赔款的耻辱，震于"公车上书"的热烈，而对变法产生兴趣。当翁同龢与康有为商讨变法之事时，康有为列举世界各国变法后实现自强的案例强调变法的重要性，翁同龢反复询问关于变法的事，受到很大触动，便要来了康有为著的书，加以研究。随后，翁同龢将康有为的言论传达给皇上，又以其他国家变法自强的例子启发皇上，由此，光绪皇帝开始萌生改革的念头，与翁同龢草拟了十二道新政敕旨，准备维新变法。对于此事，梁启超在《与穗卿足下书》中做了论述。遗憾的是新政举措被慈禧太后觉察，她撤掉了翁同龢毓庆宫行走的职务，使得变法之事不得不中止。但不管怎么说，当时情形确有变法维新的趋势，而这正是"公车上书"影响所及。

1895 年的"公车上书"拉开了戊戌变法的序幕，也是梁启超走上政治舞台的起点。在他面前，路正漫漫……

办报建会

梁启超看到新政暂不能行，只好另图良谋。为了打开局面，他和康有为决定在北京组织学会，创办报纸，以"广求同志，开倡风气"，为变法维新运动做舆论宣传和组织准备工作。他在致汪康年的信中明确提到办报纸、建学会的事情，并认为组织学会必须先办报，报馆为一切事业的起始点。户部郎中，曾任强学会提调的陈炽也认为，可以先办报馆加强信息交流，然后再办学会。经协商，众人把办报的事委诸梁启超。经过多方努力，中国资产阶级维新派创办的第一份报纸——《万国公报》，终于在 1895 年 8 月 17 日（光绪二十一年六月二十七日）正式发刊。报纸为双日刊，每期印 1000 多份，附《京报》发行，报纸免费，主要读者是政府人员。该报以介绍西学，提倡变法，宣传维新思想为宗旨，所刊文章，如《地球万国说》《各国学校考》《铁路情形考》《农学略论》《报馆考略》等，都是对"公车上书"中"富国"、"养民"、"教民"等变法主张的补充和发挥，政治改良倾向十分明显。《万国公报》共发行 45 期，历时 3 个月，所登文章，除转载外，大多出自梁启超和麦孟华之手。

办报纸是为建学会做舆论宣传的，"报开两月，舆论渐明"。于是，康、梁开始"频集通才"，游宴鼓励，募集资金，筹备立会。经过一段时间的准备，中国资产阶级维新派组织的最早的政治团体——强学会，于 1895 年 11 月（光绪二十一年十月）在北京宣武门外后孙公园，即《万国公报》所在地，正式成立了。强学会的组成人员比较复杂，既有康有为、梁启超为代表的维新派，又有文廷式、陈炽为代表的帝党官员，而袁世凯、徐世昌等人又与军机大臣李鸿章的亲信张孝谦关系甚密。可见其派系迷离，组织松散。梁启超被委任为学会的书记员，他对学会设立的目的、性质及作用，作了详细的说明。

北京强学会成立后，"先以报事为主"。学会据英国传教士李提摩太的建议，把与广学会机关报同名的《万国公报》改为《中外纪闻》，作为强学会的机关报，以梁启超、汪大燮为主笔。12 月 16 日（十一月初一），《中外纪闻》正式出版。与原《万国公报》相比，《中外纪闻》在形式上更正规，内容上更充实。其《凡例》对报纸的内容形式、订报方法、投递时间等，都作了详细说明，报纸除摘录、转载中外新闻外，还有译印西国格致有用之书和论说栏目，着重介绍西方资本主义的社会制度和科学技术，分析各国强弱的原因，有效地宣传了变法维新思想。

北京强学会初具规模后，康有为让梁启超独留京城，主持报务，照顾学会，自己则奔赴上海，发起上海强学会，后又创办《强学报》为上海强学会会刊，吸引了江浙一带的维新志士。这样，京沪呼应，南北"合群"，竞相鼓吹中国自强之说，变法维新思潮迅速蔓延。

强学会的发展引起了以慈禧太后为首的后党的强烈不满，1895 年 12 月，清廷封禁了发刊才一个多月的《中外纪闻》；次年 1 月，清廷又下令解散京沪两地的强学会，企图从思想上和组织上将维新派扼杀在摇篮里。

梁启超和汪大燮不忍看着苦心孤诣建立起来的强学会毁于一旦，他们四处活动，竭力设法恢复强学会。恰在此时，陈其璋上书请开学堂，文廷式上书请编西洋书，御史胡孚宸又上《书局有益人才请饬筹设以裨时局折》，奏请解禁。于是，清廷准李鸿章之议，将强学会改为官书局，隶属总理衙门，负责翻译西洋书籍，传递时事要闻。梁启超被排斥在局门之外，除少数几个人外，局中人物或系李鸿章手下，或系张之洞门人，他们都把这里当成了升官发财的捷径，导致那些想认认真真做点事的人无事可做，最终只能离开。这样的官书局完全背离了原来"专为中国自强而立"的强学会的宗旨，处于名存实亡的状态。

这里还有一事值得一提，即梁启超虽然视康有为为恩师，受其思想影响甚大，康有为亦视梁启超为高足，对他格外器重；但是师徒之间在学术思想上还是有分歧的。梁启超对恩师的学术思想并非因循盲从，而是敢于提出不同的意见，表现出"吾爱吾师，吾尤爱真理"的学术探索精神。

康有为的《新学伪经考》认为刘歆的古文经学是假儒教，指控刘歆应对两千年来中国出现的一切罪恶负责。在梁启超看来，不论是刘歆的古文经学，还是董仲舒的今文经学，都来源于"荀学"，因而"神州长夜"的罪魁祸首就是荀子。擒贼先擒王，所以梁启超和夏曾佑、谭嗣同三人，在晚清发起了一场"排荀运动"。这场运动是 19 世纪末中国思想界出现的维新思潮的一个具体表现，是配合变法运动而进行的，其矛头直指当时以汉学家现身的"翼教"绅士。正如梁启超在《亡友夏穗卿先生》一文中所说："清儒所做的汉学，自命为'荀学'。我们要把当时垄断学界的汉学打倒，使用'擒贼擒王'的手段去打他们的老祖宗——荀子。"后来，梁启超到湖南时务学堂任总教习，继续把"排荀"作为鼓动学生的讲题之一。

报馆撰述

京沪两地的强学会被查封后，梁启超虽感叹时世艰难，却没有因此气馁。他在酝酿着新的计划，打算继续从事变法维新的宣传活动。梁启超当时有两种打算，一是去上海和汪康年等人创办报刊；若办报不成，则去湖南帮助巡抚陈宝箴推行变法。此间，黄遵宪、汪康年已在上海筹划办报之事，并函邀梁启超参加。梁启超于 1896 年 4 月到上海后，三人又"日夜谋议此事"，最终决定以上海强学会的余款和黄遵宪等人的捐款为经费，创办《时务报》，主要刊登世界新闻、各省新政要闻等，力图让读者了解世界，看清中国。同年 8 月 9 日（光绪二十二年七月初一），《时务报》正式创刊，馆址设在上海四马路，该报为旬报，每期 20 多页，约 3 万字，有"论说"、"谕折"、"京外近事"、"域外报译"等栏目。汪康年经理馆事，梁启超专任撰述。梁启超在《三十自述》中说明，他的办报生涯由此开始。

《时务报》是中国资产阶级维新派的喉舌，它的创办"从最初就是一个灿烂的胜利，震动了整个的帝国"。《时务报》能取得辉煌的成绩，梁启超功不可没。他主持报纸笔政，几乎担负了所有的文字工作，每期报纸的评论部分都由梁启超亲自撰写，转载的新闻也都经过了梁启超的润色，报刊的版面编排也由梁启超负责，最终他还要完成全部稿件的审校。他以超人的天才和非凡的毅力，在严夏酷暑，独居小楼之上，挥汗执笔，废寝忘食，一个人干了七八个人的事，真无愧于《时务报》的挑大梁者。

《时务报》的辉煌就是梁启超的辉煌。如果说在组织"公车上书"、建立强学会的过程中，梁启超还主要是作为一名康门高足，唯其师马首是瞻的话，那么在创办《时务报》，出任该报主笔的过程中，梁启超便如鱼得水，充分地发挥了他以文字鼓动天下、以文章推动变法的天才的宣传能力。《时务报》以"变法图存"为宗旨，梁启超以主笔的身份，几乎在每一期上都发表一至两篇带有政治色彩的文章。著名的《变法通议》就是以系列政论文的形式在该报上陆续发表的，《西学书目表》也著于此时。这两部书可作为梁启超在《时务报》时期言论的代表，前者为拯救时局的政治主张，归结于变科举、兴学校；后者为拯救时局的学术主张，归结于中西学并重。

《变法通议》以明白晓畅的语言，全面系统地提出了他的变法政治主张，淋漓尽致地分析了变法维新的历史必然性和现实必要性。首先，梁启超提出变法之本"在变官制"的政治主张。这里所谓"变官制"，就是要变封建君主专制为君主立宪制。他认为以前洋务派的变法只是对于旧制度的修补，并没有触及问题的根本，问题依然存在，所以并非真正的变革。这也说明"变官制"的理论，已在某种程度上超越了庸俗进化论，它要求对封建政治制度作某些根本性的改变，而不仅仅是量上的变革。另外，他指出天地间一切事物，从自然界到人类社会，都是不断变化发展的。这就肯定了变法的历史必然性，强调了变法是势在必行的事情，是人力不能阻挠的。这就要求主动变法，在变法中充分发挥人的主观能动作用。他认为变法的途径有四种，一是像日本那样主动变法；二是像突厥那样由外族统治者代为变法；三是像印度那样被并入其他国家然后被变法；四是像波兰那样被各国肢解，然后被统治国变法。中国只有像日本一样，走"自变"的道路，才"可以保国，可以保种，可以保教"，避免为帝国主义列强所瓜分。

在《西学书目表后序》中，梁启超借用洋务派代表人物张之洞提出的"中学为体，西学为用"的口号，进一步强调中学、西学并用，认为中西学说不论舍弃哪一个都是不妥的，要两者合用方能治天下。这一观点正是针对封建顽固派敌视西学、新学，维护中学、旧学，主张"宁可亡国，不可变法"的落后保守思想而发的，具有强烈的现实意义。

《时务报》自 1896 年 8 月 9 日创刊，到 1898 年 8 月 8 日停刊，共出 69 期。因为在《时务报》后期，梁启超与汪康年之间的矛盾加剧，梁启超最终愤而去职，离开报馆，所以第 55 期后便没有他的文章了。《时务报》前期，梁启超共发表了 60 多篇文章，可谓名符其实的主笔。这些文章思想深刻，内容新颖，感情充沛，文笔优美，具有振聋发聩的政治宣传效应，使《时务报》一下风靡全国，成为戊戌变法时期影响最大的报纸。《时务报》销路日广,影响日大;梁启超也随之声名鹊起,名扬四海,上至士大夫,下至山野村夫,都晓得了梁启超的名号。梁启超以《时务报》为阵地,发表文章,抨击时政,宣传变法,既使康有为的变法维新思想晓谕天下,又使他自己成为时代的变法鼓手,几与其师平分秋色——康、梁并称。曾参加戊戌变法,后又一同逃亡日本的王照,虽与康、梁不和,但他回忆梁启超在戊戌变法时期的作用时,还是客观地说:"戊戌前,南海已蜚声海内,实任公文章之力也。"

学堂讲席

1897 年 11 月,梁启超应湖南巡抚陈宝箴、督学江标、按察使黄遵宪之聘,出任湖南时务学堂讲席。他此时离沪赴湘,舍报馆而就学堂,决非一时心血来潮之举,其中实有难言之隐。

早在《时务报》创办初期,梁启超与汪康年在办报宗旨上就有不同意见。汪康年主张报纸应该以转载西方新闻为主,少发议论;梁启超则认为只有抒发言论,才能使报纸更好地发挥耳目喉舌的功用,挽救天下的颓废之势。为了缓和矛盾,黄遵宪折衷两人的意见,劝汪康年不要过份担心言论的尺度,要梁启超也不要太"口无遮拦"。汪、梁之争暂告平息。

接着,梁启超在《时务报》上发表了系列政论文《变法通议》,引起了张之洞为首的洋务派的不满,他们唆使汪康年提防梁启超,牢牢控制《时务报》。汪康年曾是张之洞的幕僚,又做过其孙儿的业师,与洋务派有着千丝万缕的联系。实际上,他是秉承张之洞的旨意来承办《时务报》的,对梁启超"过激"的言论已感"触目惊心",时时注意防犯。但是,梁启超并没有被钳制住，他一如既往地利用《时务报》宣传变法思想。

在《时务报》第40期上，梁启超又发表了战斗檄文《知耻学会序》，对清末社会各阶层普遍存在的腐败现象作了大胆的淋漓尽致的揭露和批判，将洋务派崇洋媚外、奴颜婢膝的本色暴露无遗，使平日趾高气扬的洋务官员威风扫地。这下可惹恼了张之洞，他从后台跳到前台，下令禁止该期《时务报》在他所辖地区流传。于是，汪康年也就由"总理"管起"主笔"。汪、梁矛盾进一步激化。

就在此时，湖南那边连连来函聘请梁启超担任时务学堂中文总教习，谭嗣同还专为此事从南京赶到上海"蛮拉硬做"。梁启超早在去上海办《时务报》之前就有赴湘的打算，现在看到陈宝箴、黄遵宪、江标等维新派人物在那里推行新政，又有谭嗣同、唐才常、陈三立等一批年青的维新志士，他认为去那里任教不仅可以施展自己的才学，推动湖南的变法维新活动，而且还能避免与汪康年的正面冲突，希望能够遥控《时务报》。正是在如此情况下，又是基于这样的考虑，梁启超才决定到湖南就任时务学堂讲席之职。

然而，事情的发展并非梁启超始料所及。他一离开上海，汪康年等人就开始独揽《时务报》。他们延用私人，擅改梁文，还不允许称引"康学"，每天在上海歌筵舞座中，排挤、诬蔑康有为。对汪康年等人的所做所为，梁启超忍无可忍。1898年3月3日，他在致汪康年的信中终于发出"最后通牒"，声明今后《时务报》要么只有汪康年，要么只有梁启超。汪康年等人当然舍不得放手《时务报》，最后只能是梁启超愤而去职。由此可知，汪、梁有关《时务报》之争，实际上是资产阶级改良派与洋务派之间的一场政治斗争。

1897 年 11 月，当梁启超带着康门同窗韩文举、叶觉迈等人来到湖南时务学堂时，受到了隆重而热烈的欢迎。政界、学界的头面人物都前来为他接风洗尘，真可谓"宾客盈门，款待优渥"。此时，陈宝箴已任命熊希龄为学堂提调，主持一切行政事务；学堂的首次招生也已完成，共录取 40 名学生。

梁启超马不停蹄地投入到紧张的教学工作中，他首先为学堂拟订《学约》十章，要求学生要立志、养心、治身、读书、穷理、学文、乐群、摄生、经世、传教。作为中国学校之嚆矢的时务学堂究竟应按什么模式来办，大家心中还没有数。梁启超借鉴万木草堂的经验，准备把它办成"兼学堂、书院二者之长"的新式学校，既教授西学，也传授国学。时务学堂的教学内容，用梁启超的话说，主要有两面旗帜：一是陆王派的修养论，一是借《公羊》《孟子》发挥民权的政治论。为此，他写了《读春秋界说》和《读孟子界说》二文，宣传其师的变法理论，阐述今文经学的微言大义，提倡民权、平等、大同之说，并广泛地介绍西学。

时务学堂的教学形式，除课堂讲授外，主要是学生读书作札记，老师指导并批阅。梁启超在时务学堂的讲学生活比在上海担任报馆撰述还要忙，他每日白天讲课 4 小时，晚上则批答学生的札记，经常是彻夜不眠。与《时务报》时期重点宣传变法理论稍异，时务学堂时期他着力鼓吹民权思想，利用批答学生札记的机会，向学生灌输民主、民权思想，反对"君权日尊"、"民权不兴"的封建专制制度，主张降天子之尊、废拜跪之礼。发还札记时，梁启超又与学生展开讨论，鼓励学生的进步思想，启发学生联系中外现实，从历史发展的角度，全面理解民权思想，从而认清封建专制制度的罪恶本质。

　　梁启超在担任时务学堂讲席期间，还积极协助陈宝箴、黄遵宪等维新官员推行新政、为筹划湘事而出谋献策。他在《上陈宝箴书》中，大胆地劝陈宝箴据湘自立，以为日后应付大难作准备。因为湖南居中国腹地，且地形多样，矿产丰富，若能自立维新，变法图强，则一旦中国为帝国主义列强所瓜分，湖南亦可作为保种复国的基地。在《论湖南应办之事》一文中，梁启超又讨论了湖南自立后应办之事。他把湖南应办的要事归纳为三件：开民智、开绅智、开官智。就是要唤醒各阶层民众的自我意识和大局观，梁启超认为，做好这三件事，各项事务也就可以迎刃而解了。

　　在梁启超的宣传鼓动下，湖南的变法维新活动开展得轰轰烈烈，时务学堂呈现出一派生机勃勃的新气象，这引起了湖南顽固派的强烈不满。岳麓书院山长王先谦、地方劣绅叶德辉等顽固势力代表人物，以"捍教卫道"为名，对维新派进行大肆攻击。他们刻意谩骂，肆意毁伤，说梁启超、韩文举、叶觉迈等人，自以为通晓西学，其实都是康有为门下的糊涂蛋；谭嗣同、唐才常等人，推波助澜、煽风点火，都是胡言乱语。他们要挟陈宝箴开除那些持异见者，叫嚣要把梁启超赶出湖南，还计划捣毁时务学堂。面对顽固势力的猖狂进攻，时务学堂主事人有点招架不住了。鉴于此，梁启超于1898年初离开长沙回到上海，韩文举、叶觉迈、欧榘甲等中文教习亦被辞离湘。

　　梁启超执教下的时务学堂虽然遭到了封建顽固势力的诽谤和攻击，但它在中国近代第一次思想解放运动中所起的作用是巨大的，影响也是深远的。

　　首先，它宣传了资产阶级民权思想，推动了当时的思想解放运动。梁启超说他在时务学堂期间，在宣传民权思想的同时，又批判中国的专制制度。接受了梁启超新思想的学生放假回家后，拿出那些载有新思想的读物，令人们大为惊讶。这样民权革命思想得以传播，维新与守旧之争也随之而起。所以，梁启超认为，戊戌政变的重要基础之一，就是时务学堂所宣扬的民权革命论。

其次，它促进了湖南各地学风的变化和书院制度的改革。时务学堂新颖独特的教学内容和教学方法，对湖南各县的学风影响很大。一些书院更改章程，增设了经世致用的实学；一些书院仿效时务学堂，愿为其"附庸"；还有一些书院则径直请梁启超代聘教习，他们把梁启超来湘主教，视为全省的莫大荣幸。

第三，它为变法维新事业培养了一批优秀的人才。时务学堂第一批40名学生中，就有将近一半"成为革命先烈或开国名人"。如林圭、田邦璿、蔡钟浩、秦力山、李炳寰等，后来成为反清自立军的骨干，事败后，唐才常等6人死于张之洞的屠刀之下；而护国运动期间在云南举兵讨袁的蔡锷将军，就是40名学生中年龄最小的一个。

交朋结友

梁启超是一个精力充沛、活动能量极大的人，他在任《时务报》主笔和时务学堂总教习期间，还进行了其他一系列与变法维新有关的活动。

1896年10月，梁启超利用回广东探亲的机会，到澳门与康广仁等商议办《知新报》的事。次年2月，报纸正式出版，康广仁任经理，梁启超兼任撰述。1897年6月，梁启超与汪康年、麦孟华等人在上海成立不缠足会，致力于革除缠足陋习。该会成立后很受欢迎，海内外人士纷纷入会，各地也设立了分会。梁启超率先垂范，他劝妻子李蕙仙放足。让女儿梁思顺不要缠足。同年秋冬之际，梁启超联合同志在上海创办大同译书局，他在《大同译书局叙例》中，对书局的宗旨作了说明，旨在通过翻译外版书，学习西方先进制度，为中国变法做准备。书局刊印的大部重要著作有《经世文新编》《孔子改制考》，另有十多种小册子。年底，梁启超又与陈敬如、施小英、严小舫等在上海创办女子学堂。他认为首先要使妇女获得其应有的权力，然后风气大开、男女平等，如此方能为大开民智张本。与此同时，为了适应政治改良的需要，梁启超与黄遵宪、谭嗣同、夏曾佑等人，在文学方面提出"诗界革命"的口号，要求诗歌从内容到形式进行彻底改造，强调诗歌创作要密切联系现实生活和政治内容，为社会改良服务。这一思潮对晚清诗坛产生了很大影响。

离开万木草堂后，梁启超所进行的另一与变法维新有关联的活动，就是交结朋友，"广求同志"。他以爽朗豁达的胸怀，真诚乐观的态度，结交了北京、上海、湖南、广东各地一大批志同道合的朋友，以实现"广联人才，创通风气"的目的，扩大变法维新宣传的影响。这一活动也从一个侧面展示了他侃侃而谈、善于交际的性格特征。从梁启超在文章中提及的人名来看，他这一时期结交的朋友多达四五十位。其中与他关系密切，且对他的生活和思想产生较大影响的，主要有夏曾佑、谭嗣同、黄遵宪等人。

夏曾佑，字穗卿，浙江杭州人。他是梁启超19岁时认识的"外江佬"朋友中的第一个，刚认识时不过"草草一揖"，互通姓名，没有留下什么深刻印象，后来两人却渐渐投契起来。梁启超回忆说："我当时说的纯是'广东官话'，他的杭州腔又是终身不肯改的。我们交换谈话很困难，但不久都互相了解了。他租得一个小房子在贾家胡同，我住的是粉房琉璃街新会馆——后来又加入一位谭复生，他住在北半截胡同浏阳馆——'衡宇望尺咫'。我们几乎没有一天不见面，见面就谈学问，常常对吵，每天总大吵一两场，但吵的结果，十次有九次我被穗卿屈服，我们大概总得到意见一致。"梁启超与夏曾佑、谭嗣同可以说是在学问上最默契的朋友，他们在一起切磋学问，相互砥砺。梁、夏在性格上虽然一为"豪迈"型，一属"内向"型，但在思想学术上则相启相承，互相影响。夏因结识梁而"思想更趋于前进与解放"，梁则谓夏是他"少年做学问最有力的一位导师"；夏为近代资产阶级新史学的先驱者，梁则继之而首次提出建设新史学的要求。

谭嗣同，字复生，湖南浏阳人。他生于封建官僚家庭，父亲谭继询官湖北巡抚。青少年时期，他爱读王夫之、龚自珍、魏源等人的书，喜谈名理和经济，曾云游天下，广结名士，结交梁启超后，则受其影响而喜欢今文经学，盛言大同，积极投身变法维新活动。在密切的交往、激烈的争论中，谭嗣同激进的思想和敏捷的思维，给梁启超留下了深刻的印象，他在跟康有为的信中说，谭嗣同有才华有魄力，是他所未见过的；在给严复的信中又称赞谭嗣同是"异才"。

谭、梁相交中，两人讨论《仁学》的事值得一提。1896年，谭嗣同的父亲花钱为他捐了一个候补的官职在南京上任，而他则在南京潜心《仁学》的写作，此时梁启超正在上海主持《时务报》。谭每写成一篇，就要到上海与梁讨论，梁为书中闪烁着的民主政治思想所惊喜，鼓励他将《仁学》写下去。《仁学》是谭嗣同的代表作。它以儒家"仁"的思想为核心，包含了佛学、西学以及从先秦至明清的中国各派哲学。梁启超认为，康有为的《长兴学记》和谭嗣同的《仁学》，是他思想形成过程中影响最大的两部书。他一生的事业大半是从这两部书得来。

黄遵宪，字公度，广东嘉应人。他是清末赞助变法维新的官员，又是著名诗人。梁启超 1896 年到上海主办《时务报》时与黄遵宪相识，此后两人就引为知己，结下了深厚的友谊。黄比梁年长 25 岁，却十分器重梁的变法思想和学识才华，他以兄长的身份处处提携梁，是他大力推荐梁出任《时务报》主笔，又是他介绍梁到湖南任时务学堂中文总教习，戊戌政变后给梁以关怀和鼓励的还是他。每念及此，梁启超对他的感激之情总是溢于言表。在《嘉应黄先生墓志铭》中，他深情地回忆说，自己年轻时就结识了黄遵宪，黄遵宪给予他在学问以及生活上的帮助，令他非常感动，黄遵宪在去世前一年告诉梁启超：国中知君者无若我，知我者无若君。两人交之切、知之深，由此可见。

在梁启超交朋结友的活动中，还有一件饶有兴趣的事，那就是他与湖广总督张之洞的交结。1897 年初，梁启超专程前往武昌去拜谒张之洞，想争取这位掌有实权的洋务大员来支持变法维新活动。张之洞当时在湖北搞洋务，需要新式人才，他看到维新运动开展得很火红，梁启超的名声也日益增大，就想拉拢梁启超为己用。得知梁启超来访，张之洞就打算用迎接钦差大臣的礼节来迎接梁启超，但是，这个想法遭到了下属们的极力反对，没有实施。梁启超不过是一个小小的举人，何以受到如此隆厚的礼遇？原来，当时已有消息说康、梁将掌握国家大权，所以张之洞隆重迎接，有讨好梁启超的意思。那天恰逢张的侄儿结婚，府上宾客盈门，张则撇下宾客不管，专门接待梁，和梁一直"谈至二更乃散"，并请梁担任两湘时务院长。封疆大臣如此礼贤下士，使身为布衣的梁启超惶恐不安，遂著籍称弟子。梁启超回上海后给张之洞写的信中，称张为"吾师"，对张执弟子之礼。事实上，此时的张之洞对维新派的估量过高，而梁启超则尚未识破张之洞作为封建官僚的"庐山真面目"。

百日维新

1895 年的"公车上书"揭开了变法维新运动的序幕，经过 3 年的宣传准备工作，1898 年终于迎来了变法维新运动的高潮——"百日维新"。

1898 年初春，梁启超在湘得病，旋即返沪就医。此时，康有为因德国强占胶州湾，民族危机空前严重而紧急赶往北京，第五次上书光绪皇帝，"极呈事变之急"，呼吁立即变法。1 月 24 日，光绪帝命王公大臣在总理衙门召见康有为，讨论变法的问题。29 日，康有为又上《应诏统筹全局折》（即《上清帝第六书》），提出变法维新的施政纲领，认为变法要义有三，一要召集群臣商讨国家大事；二要广开门路招募贤才；三要制定宪法。光绪帝看到这份上书非常高兴，把它和康有为进呈的另两本书《日本变政考》和《俄彼得变政考》，放在自己的案头，每天阅读，由此对于国际形势更加明晰，对变法也更加坚决支持。变法维新运动由此得到皇上的支持而进入关键性阶段。在这种情况下，梁启超不顾尚未痊愈的病躯，由康广仁陪同，于 3 月初赶到北京，和康有为一起为救亡图存、变法维新而筹划奔走。

1898 年 3 月，沙俄借口德国强占胶州湾，派军舰占领旅顺、大连，强迫清政府承认旅顺为俄军港，大连为俄商港。接着，英、法等帝国主义列强相继在中国划分势力范围，大有瓜分中国之势。梁启超一到北京，就与麦孟华联合各省举人上书都察院，力陈不能割让旅顺、大连，要求皇上远虑事变，坚忍力持，勿图苟安，勿畏恫吓，发愤变法，自强保国，坚决拒绝沙俄的无理要求。

康有为在向皇帝上书要求变法的同时，还在筹划组织政治团体，希望以此鼓动士气。4 月，梁启超协助康有为在京成立保国会，为变法作组织准备。17 日，保国会在粤东会馆召开第一次会议，议定《保国章程》三十条，以保国、保种、保教为宗旨，在京、沪两地设总会，各省设分会。梁启超对第一次集会盛况作了记载，说当时出席会议的包括二品高官以及参加科举的举人等数百人，挤满了整个场地，康有为演说时，声调激昂有力，在座的人中甚至有被感动得掉眼泪的。

21 日，保国会召开第二次会议，梁启超登台演讲。他痛斥士大夫中流行的悲天悯人、坐以待毙的悲观消极言论，指出，必须要让全国四亿同胞都意识到国家的危急局势，如果想要摆脱灭亡的命运，就应该各显其能，人尽其才，物尽其用，做好自己分内的每件事，人人如此，必然能够拯救国家于危难。

5 月，梁启超又上折请废八股取士制度。他首先指出科举制度是造成人才乏绝、国事危急的本原，建议立即停止八股取士，推行形势教育，培养人才，抵御外侮。然而，科举制度在中国根深蒂固，八股制艺与士大夫性命相关。废除八股取士制度无疑会触及一部分人的既得利益，打破成千上万准备通过科举之路升官发财的读书人的梦想。所以，梁启超的《请变通科举折》

必然倍受阻隔，而一些不明大义的读书人对梁启超此举也是痛恨不已。《戊戌政变记》记载，当时梁启超把要求废除科举的奏折递交给都察院，都察院不收，给总理衙门，总理衙门不收。当时参加科举考试的人数以万计，当他们听说梁启超要求废除科举后，一个个义愤填膺，恨不得食肉寝皮，视梁启超为不共戴天的仇人，四处造谣污蔑，诋毁梁启超。

以上活动表明，康、梁把变法的希望寄托在光绪皇帝身上，而光绪目睹列强瓜分中国的现实，亦不甘心做亡国之君。在翁同龢的奏荐撮合之下，光绪与改良派取得了联系，认识到不变法不能立国，遂决定依靠改良派，在全国实行自上而下的变法。从 1898 年 6 月 11 日（光绪二十四年四月二十三日）光绪"诏定国是"，变法开始，到 9 月 21 日（八月初六）"政变"发生，变法结束，历时 103 天，史称"百日维新"。因为这年是戊戌年，故又称"戊戌变法"。

其实，改良派在组织强学会、开办《时务报》时期，就大力宣传变法，使风气大开，"天下人士咸知变法"。然而，这样的变法宣传只在基层有影响，并未影响到高层，即未定国是，所以人心不一，趋势不明，虽云变法，仍是守旧而已。现在，维新派与帝党、皇上结合，由上层推行变法的时机已到，于是御史杨深秀、侍读学士徐致靖相继上书，请定国是。这才有 6 月 1 日，光绪召集军机全堂，下诏定国是的"四千年拔旧开新之大举"。

光绪皇帝的诏书实际出自翁同龢之手，它打着"中学为体，西学为用"的旗号，"以变法为号令之宗旨，以西学为臣民之讲求"，着力强调练兵强国、兴学育才，号召上下一心，发愤图强，以挽救民族危机。因为这是皇上亲自颁布的诏令，所以影响特别大。对此，梁启超说，由此开始，举国上下，从官方到民间，都在激烈地讨论变法，这是一切维新变法行动的开端。

"诏定国是"后，改良派鼓励光绪皇帝任用新人，推行新政。6 月 13 日，徐致靖上折，请求皇帝破格任用维新派人士。徐致靖在折中奏保康有为、黄遵宪、谭嗣同、张元济、梁启超 5 人。徐致靖认为康有为既爱国又有才，不管是中国历代的变革还是国外的改革，他都了如指掌，而他 20 年前就开始提倡变法，如果皇帝把康有为召来当变法顾问，对于推行变法必然是非常有利的。对于梁启超，徐致靖说他有才学，通古今，也建议皇帝把他召到身边听用。根据徐致靖的上折，光绪下诏预备召见康有为和张元济，并命黄遵宪、谭嗣同送部引见，梁启超在总理衙门查看奏章。

6 月 16 日，光绪皇帝在颐和园仁寿殿召见康有为。此时，光绪虽有变法的决心，但对如何变法及变法的前途都茫然无知。于是，康有为为皇上指点迷津，认为变法应该先定制度然后再办具体事宜。光绪觉得康有为讲得有道理，然而制度好定事情却很难办。例如，他知道朝廷到处都是守旧官僚，国事全误在这帮守旧大臣手里，他们是变法运动的最大阻力，可是他却无权罢免他们。怎么办？康有为又献上一条锦囊妙计，建议皇帝在保留旧制度的同时，增添新制度，也就是在尽量不触及既得利益集团的前提下实行变法，他认为这样可以减少变法的阻力。召见后，光绪依照康有为的"妙计"，命他在总理衙门章京上行走，并许其专折奏事。

7 月 3 日，光绪皇帝召见梁启超。梁启超认为，中国贫弱关键在于百姓的愚昧，要解决这个问题，应该大办学校，以西方新知识启迪民智。皇上让他进呈所著《变法通议》，大加奖励，赏以六品衔，负责办理译书局事务。清朝惯例，皇帝召见的举人，一般都会被赐给要职，何况梁启超当时已闻名天下，饮誉海外，按理这次召见皇上要委以重任。不想，梁启超未得要职，仅被赐以六品官，仍旧只是把办报作为主业。有人对此解释说，主要是因为梁启超只会广东话，不会官话，导致他和皇帝没有沟通好，皇帝听不懂他说什么，只得勉强封赏个小官。尽管如此，梁启超还是十分感激皇上的召见，他在《戊戌政变记》里不无自豪地说，能得到皇帝召见的都是四品以上大臣，召见低级别的官吏是数十年来未有过的，而他梁启超以布衣之身被皇帝召见，这是清代前所未有的事，由此可见皇帝对他的重视。

"百日维新"期间，康有为和梁启超利用在总理衙门专折奏事、查看章奏的有利条件，不断上奏呈折，借皇帝上谕的形式，颁布了一系列除旧布新的变法诏令，大张旗鼓地推行新政。

在政治方面：准许官民上书言事，官吏不得阻碍；准许创立报馆、学会，以广开言路；改革官制，裁撤闲散重叠的机构，裁汰冗员。

在经济方面：设立农工商总局，鼓励私人办实业；设立矿务铁路总局，修筑铁路，开采矿藏；开办邮局。裁撤驿站；改革财政制度，编制国家预算决算。

在军事方面：裁减旧式军队，仿效西方，训练新式陆海军，以加强国防。

在文化教育方面：改革科举制度，废除八股，奖励科学著作和新发明；在北京设立京师大学堂，各地设立中小学堂；设立译书局，翻译西书。

这当中许多重要的新政建议都出自康、梁之手，诚如梁启超所说："新政来源，真可谓全出我辈。"所有这些变法诏令都围绕着一个宗旨，即挽救民族危机，在中国发展资本主义。尽管这场变法维新运动是在根本上不改变封建制度的前提下进行的，但是以慈禧太后为首的后党顽固派还是不能容忍变法继续下去，就在改良派忙于变法诏令的起草和颁布的同时，顽固派已在暗中磨刀，准备发动政变，扼杀这场运动。

戊戌政变

　　戊戌变法从一开始就遭到顽固派的竭力反对，面临着危机。在光绪皇帝"诏定国是"后的第四天，慈禧太后就开始反攻。6月15日，她突然拿出一道命翁同龢开缺回籍的诏书，强迫光绪帝宣布。翁同龢是皇上的老师，帝党的首领，又身居要职（时任军机处协办大学士、户部尚书），热心变法。当时满朝大臣，半皆后党，唯有翁同龢对皇上忠心耿耿。慈禧太后以"出言不逊"、"揽权狂悖"为由，要革除其职，目的是为了剪除皇上的羽翼。所以皇上见此诏，心惊胆战，手足无措。翁同龢一走，皇上就失去了变法的重要助手。

　　为了进一步挟制光绪，削弱维新力量，同一天，慈禧太后又胁迫光绪下了另两道诏书，一是凡二品以上新官授职，皆须到她面前谢恩。这样就削弱了光绪的用人权，使高级官员的任免权牢牢掌握在后党手中；二是命荣禄为直隶总督兼北洋大臣。荣禄是慈禧第一亲信之臣，恭亲王奕訢死后，他不入军机辅政，而为北洋大臣，实是承太后旨意专为节制北洋三军（董福祥的甘军、聂士成的武毅军、袁世凯的新建军），控制重要的武装力量。这三招着实阴险毒辣，梁启超认为，翁同龢被罢官，荣禄掌握兵权，慈禧召见大臣，便已经埋下了变法失败的种子。

然而，光绪帝也利用手中掌握的起草上谕、发布诏令的权力，不失时机地任用新人，打击后党。其中最大的举措莫过于罢黜礼部六堂官和擢用四京卿。8月下旬，礼部主事王照上奏，请皇上东游日本，考察日本的变革情况。礼部尚书许应骙、怀塔布拒不代奏，王照责以阻遏新政，并欲往都察院递折。怀塔布等不得已答应代递，但又作折弹劾王照"咆哮署堂"，图谋不轨。9月4日，皇上发布上谕，斥责怀塔布等故意扣押王照的奏折，认为这是礼部官吏不尊重皇帝，因而革除了礼部尚书怀塔布等六名官员。并对王照进行了表彰，赏给三品顶戴，以四品京堂候补。因阻挠一个部员的条陈，竟将礼部全堂革职，其用意十分明显，就是要给仇视变法的顽固派一个警告，打击一下后党的嚣张气焰。

次日，光绪又下诏擢用杨锐、刘光第、林旭、谭嗣同四位维新人士为军机章京，参预新政。梁启超认为，此时的光绪皇帝已经意识到了顽固派的阻力之强大，皇帝大有豁出个人安危以求变法的心愿，因而更加大胆地启用新人，推行新政。光绪提拔杨锐等四人亦是用心良苦，由于慈禧太后和守旧大臣特别疑忌康有为，光绪自不敢明用，而杨锐、刘光第都是保国会会员，与康有为同声气，林旭和谭嗣同分别是康有为的弟子和最信任的人。任用此四人为军机章京，也就使得皇帝和康有为之间有了可靠的联络渠道，而不必受制于人。

罢免六堂官和擢用四京卿，震动了整个朝廷，守旧大臣惊恐万分，于是也就加速了后党的政变阴谋。慈禧太后和荣禄早就有废立之谋，他们计划10月乘光绪到天津阅兵之机，发动政变，囚禁光绪，捕杀维新志士。

8月24日，慈禧太后强迫光绪发布巡幸天津的日程，后党废立政变的阴谋已经露出端倪，光绪也有所觉察，他曾对庆亲王说过，他誓死不往天津。9月初，光绪皇帝不按照慈禧的安排去天津一事已经朝野皆知，此时正值革六堂、擢四卿，守旧大臣侧目相视，后党再也不能容忍了。

9月5日，被革职的怀塔布等人，前往天津与荣禄密谋。几天后，御史杨崇伊等数人，又往天津与荣禄筹划。在他们精心布置下，荣禄调聂士成之军5000人驻天津，以防袁世凯，又命董福祥之军移驻长升店（距北京彰义门四十里），以防北京有变。刀光剑影预示着"血雨腥风"即将到来。光绪已感到皇位坐不稳了，于是连下两道密诏，一道命康有为等人妥速筹商，挽救危局；一道让康有为出外逃命，以图将来。

康有为、梁启超等人读完密诏，痛哭流涕，发誓誓死保卫皇上。由于情况紧急，容不得多思，他们决定劝说袁世凯用武力勤王救驾。袁世凯是一个善于伪装、工于心计的人。甲午战争以前，他是张謇的学生，与翁同龢同属主战派；甲午战争以后，他又靠拢帝党，加入强学会。在维新派看来，袁世凯是拥护变法的，是可以利用的，更重要的是他在天津小站练兵，手中有7000精兵，是必须加以利用的人。康有为认为在那些手握兵权的将领中，只有袁世凯是维新派可以依赖的。现在情况紧急，康有为自然要起用此人。于是，他和谭嗣同向皇上保荐袁世凯，召他进京，准备给他参谋部长的职务，让他用手中的兵权和武力，保护皇上，支持变法。

9月16日，光绪皇帝召见袁世凯，"特赏侍郎"，令专办练兵事宜。为慎重计，谭嗣同于9月18日专程到北京西郊法华寺袁世凯寓所，当面向他交待了保护皇上、诛杀后党、清肃宫廷、恢复帝权的"不世之业"。袁正色厉声地表示，作为皇帝的臣子，救护皇上是他义不容辞的义务，他愿意出力。当谭激以荣禄不好对付时，袁大言不惭地说："诛荣禄如杀一狗耳。"谭遂放心而去。

然而，袁世凯深知皇上手中无权，改良派更是纸上谈兵，废立政变就在眼前，光绪将不能自保，投靠他等于白送死，而卖主则可以求荣。20日，袁世凯请训回天津，向荣禄告密。荣禄连夜将消息告诉慈禧太后。次日（9月21日），慈禧由颐和园回宫，将光绪囚禁于瀛台，又以光绪皇帝的名义发布上谕，由她出来"训政"。至此，"百日维新"宣告结束。

轰轰烈烈的变法运动前后只持续了 103 天，便昙花一现，化为乌有，原因何在？首先，封建守旧势力十分强大，改良派力量极其弱小，这是戊戌变法遭到迅速惨败的主要原因。梁启超在分析政变的总原因时指出，当时国内掌握政权之人，都是一些昏庸自私的封建官僚，改良派手无寸铁，想和他们争权无异于与虎谋皮、自寻死路。

其次，改良派脱离群众，把变法的希望完全寄托在一个没有实权的皇帝身上，幻想通过皇帝的一纸诏令，革除中国社会千余年之积习陋弊，自强图存。而顽固派则层层阻挠，使皇上的变法诏令成为一纸空文。就像梁启超说的，当变法诏书下达之后，由于各地官员都是慈禧任命的，所以他们根本就无视皇帝的存在，对变法诏书置之不理。

此外，改良派大多出身地主官僚，从小受封建正统思想教育，民族危机加深后，他们又转向资本主义文化，向西方寻求真理，并把西方资本主义文化与中国封建文化扭合在一起，打着孔子的旗号，利用经学的形式，宣传西方资产阶级民主政治理论。结果，他们一方面对封建势力处处退让，造成行动上的软弱妥协。如改良派"不变人"的用人政策，就是造成变法失败的一个原因。另一方面改良派又对西方列强幻想太深，认为中国可以依靠几个西方大国的支持来完成改革事业。直到政变后，改良派还是企图依靠帝国主义的力量来对付顽固派。他们议定李提摩太见英使，梁启超见日使，容闳见美使，请这些国家设法救助光绪皇帝，然而均未达到目的。

戊戌变法由于资产阶级改良派的种种软弱与局限而失败了，但它在中国近代史上的进步意义和重要的历史作用仍不容忽视。维新志士以他们的爱国热情和宝贵生命，给万马齐喑的中国社会带来了一线生机。"百日维新"期间颁布的一系列变法诏令，为民族资本主义的发展创造了有利条件，使近代中国第一次出现了思想解放的潮流，激起了国人对民主自由的渴望，同时也培育了一批从事资产阶级革命的骨干力量，为后来的辛亥革命作了必要准备。

东走日本

戊戌政变后，为了斩草除根，维持摇摇欲坠的封建专制统治，顽固派双管齐下，一面推翻新政，一面穷捕志士。政变后的一切举措多由军机大臣刚毅主持，他认为光绪帝颁布的新法决不能执行，必须清除，而那些呼吁变法的人，也得清理。在一个月之内，顽固派废除了一切新政（只保留一个京师大学堂），恢复了一切被废除的旧政。例如：复置已裁汰的詹事府等衙门及各省冗员，禁止士民上书，禁止成立会社，停止各省府州县设立中小学，废除农工商总局，恢复八股取士制度，取消经济特科，恢复武试弓刀石之制等等。

推翻新政，恢复旧制的同时，顽固派又开始穷捕志士，大肆杀戮。以至一时间，血雨腥风、人人自危。据梁启超《戊戌政变记》所载，被拿办下狱、革职监禁、遣戍议处的维新志士，多达22人。例如：徐致靖革职，永远监禁；徐仁铸（致靖之子）、陈宝箴、陈三立（宝箴之子）、王锡蕃、江标、宋伯鲁、李岳瑞、张元济、熊希龄等均革职，永不叙用；李端棻、张荫恒革职，遣戍新疆；康有为、梁启超、王照革职拿办，逮捕家属，查抄家产；先期已被革职的文廷式，现又遭拿办，逮捕家属；黄遵宪也被免职通缉。此外，康有为的弟弟康广仁，政变后抗疏请慈禧"撤帘归政"的御史杨深秀，以及军机四卿杨锐、林旭、刘光第、谭嗣同6人，于9月28日不经审讯即被处斩，史称"戊戌六君子"。

为了纪念"六君子"，梁启超在《戊戌政变记》中，特别撰写了一篇《殉难六烈士传》。其中《谭嗣同传》记载，谭嗣同被捕前曾有日本志士多次劝他东逃日本，他则说，各国变法时，都付出过血的代价，而唯独中国还没有听说过谁为变法流血，这也是变法无果的原因所在，他要做为变法流血的第一人。

谭嗣同被捕入狱后，在狱中墙壁上题诗一首："望门投止思张俭，忍死须臾待杜根。我自横刀向天笑，去留肝胆两昆仑。"临刑前，他又高呼："有心杀贼，无力回天，死得其所，快哉快哉！"戊戌六君子以他们殷红的鲜血揭露了腐朽透顶的清王朝的顽固与暴戾，以他们宝贵的生命演绎了变法维新运动中最悲壮的一幕。

康有为是戊戌变法的领袖，梁启超是他最主要的助手，清政府当然不会放过他俩。在处决"六君子"的第二天，就有一道缉捕康、梁的上谕，认定康有为是逃脱的"叛逆之首"，要求各地官员全力缉拿康、梁。

那么，此时的康、梁究竟在哪里呢？政变发生的前一天，康有为在英国人的帮助下逃出北京，后在天津搭乘英国军舰逃到上海，接着经上海到香港，再由日本人宫崎寅藏接到日本。9月21日政变发生的那一天，梁启超正与谭嗣同在一起。他俩对坐在床上，商讨如何营救光绪皇帝的事。忽然，有人来报，说清军要查抄康有为的南海馆，然后又传来慈禧太后垂帘听政的消息。谭嗣同知道维新运动大势已去，但心里却十分平静。他告诉梁启超，当初想救皇上的时候，他无能为力；现在他也无力救助康有为，他已经是什么事都做不来了，只求一死。他还劝梁启超到日本使馆去避难，并设法救助康有为。在他看来，如果大家都不走，将来就毫无希望，如果没人流血牺牲，就对不起皇上。他决心以死报效皇上，而要求梁启超设法活下来，继续他们未竟的事业。于是，两人拥抱而别。

梁启超自投身变法运动起即已将个人生死置之度外，他在来北京前曾对同仁表示，只要能拯救陷入危机的国家，他不惜一死。政变发生后，京城笼罩在一片白色恐怖之中，康有为生死不明，皇上已被幽禁，梁启超心中万分焦急。现在，他所担心的不是自己个人的安危，而是皇上的处境和康有为的安全，为此，他跑进日本使馆，向日本友人寻求帮助。日本驻华代理公使林权助在《谈谈我的七十年》一书中，详细记载了此事：

　　　　梁启超跑到公使馆来，说一定要会见我，这时正是午后二时。我和伊藤公（即伊藤博文，曾任首相，当时在北京访问）吃完饭正在谈话，无论怎样，让梁到另室会面。一见，他的颜色苍白，漂浮着悲壮之气。不能不看出事态之非常。梁直截地说：请给我纸。马上自己写出下面的文句："仆三日内即须赴市曹就死，愿有两事奉托。君若犹念兄弟之国，不忘旧交，许其一言。""……如果我也被捕，最迟在三天内也将被杀。我的生命早就准备献给祖国，毫无可惜。请解皇帝之幽闭，使玉体安全，并救康有为氏。所说奉托之事，只此二端。"

我决断地说："可以。君说的二事，我的确承担。"我又说："你为什么要去死呢？试好好想一想，如果心意改变，什么时候都好到我的地方来。我救你啊！"

梁听了我的话，暗暗落泪，同时仓皇而去……到了夜晚，公使馆门口骚闹着。我正在奇怪的一刹那，梁飞快地跑了进来，那么这个问题便搁在我们身上了。我无论如何，把梁放进一个屋子里。没有办法，所以把这件事情的经过告诉伊藤公，伊藤公说："这是做了件好事。救他吧！而且让他逃到日本去吧！到了日本，我帮助他。梁这个青年对于中国是珍贵的灵魂啊！"

当时，使馆也不太安全，所以，林权助决定把梁启超交给正好逗留在京的日本驻天津领事馆郑永昌领事，并让他俩化装成打猎的样子，乘火车去天津。可是，在天津车站月台上行走时，梁启超被人认出，两人迅速隐藏到人群里。9月25日，梁启超在日本友人的精心安排和帮助下，乘快马号小艇由海河驶向塘沽，在那里转乘大岛号军舰，逃往日本，开始了他一生中长达14年的海外流亡生涯。

第三卷　海外逋人　启蒙新星

日本初旅

　　数小时后，梁启超乘坐的日本军舰便越过大沽口，驰进了浩渺无垠的渤海之中。如果说维新变法的失败客观上改变了梁启超的人生道路，那么这趟东逃日本的征程主观上埋下了思想转变的种子。此时的梁启超，心里稍稍平稳了一些。几天来，理想的惨败、逃亡的恐慌、师友的落难、家人的消息未卜……已弄得梁启超憔悴不堪。他走出船舱，望着眼前的大海，在大海那深厚的内蕴中找到了灵感，于是他欣然命笔，写下了著名的《去国行》。"割慈忍泪出国门，掉头不顾吾其东"。梁启超怀着悲壮激越的心情，带着"君恩友仇两未报"的遗憾，割慈忍泪、去国离家，踏上了东去日本的征程。这一年，梁启超25岁。在这首诗里，他形象深刻地表达了彼时彼境的心情：有激愤、有眷恋、有震醒，洋溢着一股败不气馁，奋发进取的精神。

　　梁启超抵达日本后，住进了东京牛込区马场下町。几天后，康有为依赖英国人的帮助，也自香港转至日本。师生相见，百感交集，各自诉说着"逃亡"经历。政变失败，康有为逃到香港，便以"更生"为号，并且表示要游历各国，向全世界道明中国的苦难，寻找可以救助光绪帝的力量，他要效仿申包胥哭秦廷之举。梁启超深受感动，也表示一切从头开始。于是，人们又看到了梁启超那踌躇满志、奋发图强的身影。

精通外文，乃梁启超的夙愿。逃亡日本，为梁启超创造了学习外文的环境。梁启超决定先学日文。他认为，中国与日本有唇亡齿寒的关系，中国变法强国要靠日本的帮助，日本自明治维新后经济发达，国力强盛，是学习西学取得成功的典型。

梁启超学习日文是极其勤奋的，他尽可能地利用那里的条件。他广交日本朋友，并给自己起了个"吉田晋"的日本名字（康有为也化名叫"夏木森"）。他交的日本朋友中如犬养毅、高田早苗、柏原文太郎等，还是当时日本外务大臣大隈重信的亲信。这些人与梁启超来往频繁，每次来，梁启超便请他们为自己讲解日本文法。

为了更好地安心读书，到日本的第二年春天，梁启超便携罗孝高到了日本著名风景区箱根。这里春光明媚、环境幽雅，有温泉、瀑布、火山、雪峰，景色宜人。梁启超在这里度过了一段极其愉快的读书生活。知识的汲取填补了羁旅的空虚，也带来了日文的飞快进步。他半年后就能读日文书报，并且找到了一条适合自己的日文学习方法，最终与罗孝高合著的《和文汉读法》问世了。

值得一提的是，学习日文，读日文书报给梁启超的思想带来了深刻的变化。梁启超一直津津乐道此事。如他在《论学日本文之益》一文中激动地表示过，他在日期间，通过读日本的文章书籍，极大地开阔了自己的眼界，接触到了更多新式思想，有幽室见日、枯腹得酒的感觉，为此他"沾沾自喜"。

因为逃亡，梁启超到了日本；因为学习日文，梁启超开辟了一条新的求知途径。自此，他越发兴奋，也越发自信。

梁启超一生与报刊、学校有着不解之缘。1898 年冬在横滨，梁启超创办了《清议报》。《清议报》为旬刊，每期 40 页。资金主要是旅日华商冯镜如提供的。《清议报》历时 3 年，共出 100 期。停刊后，梁启超召开了隆重的 100 期庆典大会，反响极为热烈。

梁启超创办《清议报》的直接动因是"为国民之耳目，作维新之喉舌"，继续彰扬"维新"大旗。具体地说，《清议报》的宗旨有四点：一是维持支那之清议，激发国民之正气。二是增长支那人之学识。三是交通支那日本两国之声气，联其情谊。四是发明东亚学术以保存亚粹。

在栏目安排上，《清议报》设置了支那人论说、日本及泰西人论说、支那近事、万国近事、支那哲学、政治小说等重要栏目。这些栏目鲜明地反映了该报的"维新"宗旨。

在内容上，《清议报》更是丰富详实、自由活泼，不仅首次发表了谭嗣同的《仁学》、章太炎的《儒术新论》等文，而且梁启超本人也发表了《饮冰室自由书》《国家论政治学案》《戊戌政变记》《瓜分危言》《亡羊录》《少年中国说》《过渡时代论》等 100 多篇文章。这些文字，或"以精锐之笔，说微妙之理"，或"养吾人国家思想"，或"陈宇内之大势，唤东方之顽梦"，或"开文章之新体，激民气之暗潮"，等等，无不令"闻者足兴"、"一读击节"。

正因为这样，尽管清政府一再强压抵制该报，但《清议报》还是通过各种渠道，大批输入国内，甚至在世界范围内也产生了影响。

虽然《清议报》在中国乃沧海一粟，在世界乃大千一尘，但在梁启超的生命中却有着极其重要的位置。梁启超一直视《清议报》为一生的骄傲，他曾不止一次激动地称那个时期为"清议报时代"。

《清议报》不仅集中体现了当时梁启超的思想风貌，而且也是维新派人士的精神家园。"清议报时代"的梁启超思想激进，对清政府顽固派更是恨之入骨，他时时撰文，旗帜鲜明，大肆攻击清廷顽固派。这种激烈程度几乎与孙中山的革命主张相差无几。

冯自由曾说当时的梁启超及《清议报》"除歌颂光绪圣德及攻击西太后、荣禄、袁世凯诸人外，几无文字"。这话虽然有些偏激，但"清议报时代"确实是梁启超一生中思想最激进的时期。梁启超当时的言论在客观上唤醒了一部分人的反清思想，展示了历史进步色彩。

在创办《清议报》的同时，梁启超也在为办学积极忙碌。他曾担任横滨中国大同学校策划，且先后创办了神户同文学校和东京高等大同学校，这些突出体现了他"开民智、振民气"的办报宗旨，也反映了他的教育观念。

横滨中国大同学校由华侨冯镜如和邝汝磐于 1897 年冬季创办。梁启超亡命日本后，被聘为该校教员，同时也成了该校的主谋，以至该校办学的宗旨、方针等等，皆出自梁启超之笔。他曾撰《日本横滨中国大同学校缘起》一文阐述了创办该校的宗旨，取名"大同"的原由以及教育方针。他希望在教授儒学的基础上再教授西方新式学科，培养新式人才。总体来说，创办该校对开化民智、网罗人才、变法维新，意义非同一般。

梁启超在积极参与横滨大同学校活动的同时，于 1899 年夏，往神户与华商麦少彭等商设华侨教育，受到当地侨民的赞成与欢迎，秋季在神户创办学校。1900 年春天，校舍落成，正式挂牌"同文学校"，开门招生办学。

这样，维新派在日本的华侨教育有了小学和中学，办高等学校迫在眉睫。于是，梁启超于 1899 年 9 月，联合华商曾卓轩、郑席儒等人创立东京高等大同学校。《东京高等大同学校公启》一文就详细陈述了建立该校的必要性及深远意义。该校对吸收日本、南洋和美洲各地华侨学校毕业生，招揽国内英才及留学生，起到了不可替代的作用。它培养了林圭、蔡锷、秦力山、范源濂等一批优秀人才。

可以看出，梁启超不仅十分重视教育，而且有着自己的教育设想。他既有审时度势、高瞻远瞩的办学气魄，又有"合群并举，则声气易通，拾级以升，则高才益劝"的教育思想，更有招揽人才、教育人才、重视人才的人才学说。梁启超这一系列的教育举措，可以说既扩大了自己的影响，也确实为各地华侨子弟和留学日本的中国青年提供了就学深造的机会，像办报一样，塑造了一批新型国民。

在中国近现代史上，孙中山、梁启超是两颗耀眼的明星。研究二人的交往史，是件非常有意义的事。

孙中山与梁启超都是广东人，梁启超比孙中山小 7 岁。在梁启超刚投身政治活动时，孙中山已是奔走呼喊多年的"老"革命了，已成为不少年轻人心中的偶像而时时引起梁启超的注意。早在 1894 年末，梁启超给汪康年的信里就提到了孙中山，说孙中山懂西学、忧国家。梁启超如此关注孙中山，也是因为当时正值甲午中日战争起，他"惋愤时局"，却苦于人微言轻，时有吐露无人喝彩。他只好勤奋读书，广求同志，开倡风气，心里自然渴慕着去认识孙中山这样的革命者。只是这份渴望、这份期待一直伴随梁启超到日本才得以实现。

孙、梁二人如此艰难的相见，阻力主要来自康有为。其实，孙中山早在广州挂牌行医、从事反清活动时，就想与康、梁结交。1896年正月，孙中山派谢缵泰与康、梁的代表康广仁在香港品芳酒楼见面。席间，谢缵泰痛言时弊，力陈两党联合救国的必要性，康广仁极首肯。但是，是年10月，谢缵泰与康有为会晤于惠升茶行，因宗旨不合，所谈不得要领而散。自此，康有为便绝意两党联合之事。不过，孙中山仍然没有放弃。

是年冬，华侨冯镜如、邝汝磐等在日本横滨倡办华侨子弟学校。孙中山考虑到兴中会会员中从事教育的比较少，而康有为讲学多年，生徒甚多，于是便极力推荐梁启超到该校从事校务。此事遭到康有为的强烈反对，以种种理由为梁启超推辞。维新变法失败，孙中山曾千方百计营救。康、梁到了日本，孙中山又派人去看望，并转达自己的问候。可是对这些，康有为并不领情，他依然铭记着光绪帝的"恩遇"，以身奉"衣带密诏"自命，大有赴汤蹈火、视死如归之势，对孙中山的"革命"主张，更是不屑一顾，肆意抵制。所以，当日本友人犬养毅想为两党合作帮忙，亲自出面约孙、康、梁等人到他寓所会谈时，康有为碍于情面，只好派梁启超前往，自己依然托辞不去。

1899年春，康有为离开日本后，梁启超与孙中山来往日密。夏秋间，关系已非同一般了。冯自由《中华民国开国前革命史》曾收录梁启超当时给孙中山的两封信，信中言语恳切、感情真挚，可以看出孙中山与梁启超二人由陌生到熟悉再到日趋密切的关系。

二人的关系发展如此迅猛，这是奠定在他们的情感与思想基础之上的。当时他们都是清廷通缉的要犯，皆流亡到日本，"同为天涯沦落人"的感慨成为二人相见的情感基础。变法失败，"戊戌六君子"血的教训加深了梁启超的"反清"情绪，有了接受孙中山"革命"主张的可能性，二人便有了进一步接触的思想基础。于是他们往来日趋频繁，谈话内容也就日渐深入。章太炎赴日见到孙中山，就是在梁启超处，由梁启超介绍的。唐才常、林圭等人回国实施武装勤王计划，梁启超与孙中山共同举杯为他们饯行。并且，林圭临行前又去拜访孙中山，请求指点。孙中山为他介绍了汉口某俄国商行买办兴中会会员容星桥。其后，林圭在汉口得到了容星桥的大力帮助。

在梁启超的努力下，他的周围有了一批要求"排满"、"革命"的维新派人士，如欧榘甲、唐才常、林圭、罗普、韩文举、罗伯雅等等。这样，孙、梁二人的交往就逐渐超越了个人之间的联系，而使两党合作出现了一线光明。因康有为不在日本，组党计划进展很快，一致推举孙中山为两党合并后的会长，梁启超为副会长。至于康有为，孙中山等尊之为师，位置更尊。倘若康有为不答应，梁启超说："惟有请康先生闭门著书。由我们出来做去。他要是不答应，只好听他，我们也顾不了许多了。"他并且起草了一封上康有为劝退书，足见他当时思想的激进。

可是，事情并非如梁启超预料的那样。他与孙中山合作的事，很快就被徐勤、麦孺博等人写信告诉了康有为。当时康有为在新加坡，接到信，恼羞成怒，立即派叶觉迈携款赴日，勒令梁启超即赴檀岛办理保皇会事务，不许稽延。梁启超不得已，只好遵命赴檀。不过，梁启超毕竟受到了孙中山较深的影响。临行前还约孙中山共商国事，表示"合作到底，至死不渝"。

因檀香山为兴中会的发源地，按梁启超的要求，孙中山修书为他介绍了许多同志。梁启超到达后第十天，便给孙中山回信，介绍过基本情况后，还表示既然已经达成了合作意向，那么日后行动时必然不会再有分歧。

但是，好景不长，康有为并没有放松警惕，不时地写信遥控梁启超。"恩师"之言，一语九鼎。在康有为软硬兼施的攻势下，梁启超开始"颇自克励"、"洗心涤虑"，"悔悟前非"了，那股"革命"热情也逐渐淡化，与孙中山的关系也日趋疏远。这在庚子勤王之役中，已有较明显的表现。

1900 年前后，孙中山准备谋划广州起义，梁启超也盯上了这块地盘。于是，他屡次致书康有为催促他尽快行动，他指出，孙中山等人一直在筹划谋取广东，一旦广东落入孙中山之手，保皇派就没有机会了，万万不能因革命派暂时不成气候就置之不理。表面上要合作共创，实则对孙中山暗放冷箭，以图私利。又致书叶湘南、麦孺博说自己始终不相信孙中山，希望能安排人仔细调查他。这种态度，哪有朋友忠信可言，纯然敌对态度，疑心重重。

到 1900 年 4 月 28 日，梁启超给孙中山的信里已看出二人观点已是同少异多，关系濒临崩裂了。梁启超认为，为了减少变革阻力，应该利用时局，拥护希望变革的皇帝，没必要打倒皇帝重头开始。反而指责孙中山的不是，希望孙中山改弦易帜，投到他的麾下。当然，这时梁启超与康有为相比，言行依然比较激进。

直到 1903 年，梁启超游美归来，才放弃"革命"主张，正式又回到康有为的旗下。孙中山对梁启超的行为十分气愤，尤其是梁启超在檀香山，打着孙中山的旗号，高唱两党合作，拉拢了一批兴中会成员加入保皇会，变檀香山这块兴中会的发源地为保皇会的基地。1903 年冬，孙中山亲赴檀岛，澄清事实，揭穿了梁启超的诡计。从此，孙、梁彻底断交，随之便仇敌相视，笔墨相抗起来。

孙、梁的断交，有着历史的必然，但如果没有康有为的阻碍，二人的关系也可能会是另一番情形，梁启超或许会走向新的道路。

解救光绪

变法失败，光绪帝被幽闭。这一消息对康、梁等维新志士来说，不啻于五雷轰顶。因为在他们的心中，光绪帝可是"英明仁厚，旷古罕有"的一代圣主呀！梁启超在《光绪圣德记》中曾动情地描绘过这位"绝代"明主，诸如"上舍位忘身而变法"、"新政无人辅佐而独断"、"群僚士民皆许上书"，而且豁达大度、日昃勤政、求才若渴、从善如流、俭德谨行、好学强记、爱民忘位、养晦潜藏等等。可谓一切美德，光绪帝应有尽有。

"戊戌六君子"血的教训，并没有让康、梁等维新人士清醒，他们仍然抱着维新变法的思想，认为中国非变法不能图强，而变法只有依赖光绪帝。我们从梁启超对光绪帝这些溢美言辞里，完全看到了梁启超对光绪帝的厚望，只要光绪帝能重新复位，变法何愁不成？国家又何愁不富强？于是，一场维新派人士解救光绪的运动在国内国外不同层次不同程度不同方式地开展起来，梁启超更是一马当先。

在清廷捕快已密布街头的 1898 年 9 月 21 日，梁启超就与谭嗣同不顾危难，拜谒英国传教士李提摩太，期望他通过英国公使使用外交手段，解救光绪于幽闭。此事终因英国公使远在北戴河疗养，没有进一步发展。但是，梁启超始终没有忘记谭嗣同慷慨就义前要"救皇上"的临终嘱托，在亡命东瀛的途中，面对夕阳，眺望浩渺的大海，解救光绪的念头始终萦绕其脑际。

到了东京，在康有为仿效申包胥哭秦廷的同时，梁启超也与日本外务大臣的代表志贺重昂举行笔谈，目的就是想利用外交手段，借日本等外国政府的力量，解光绪之幽闭，助其复位。虽然梁启超认为这是"勤王"的上策，但是外国政府不可能为了一个没有实权的皇帝来折腾自己的兵力。此计不成，梁启超、康有为等就开始走下策。这就是"义师清君侧"的武装"勤王"运动，史书又称"庚子之役"。

这次"勤王"运动从地区划分上可分国内、海外两大块。海外主要是康、梁等"保皇会"成员的活动。1899 年 7 月，康有为在维多利亚、温哥华率先成立了保皇会。全名又称"保救大清光绪皇帝会"、"保救大清皇帝公司"或"中国维新会"。此会成立不久，很快推向了美洲、澳洲和南洋等地，大力鼓吹保皇维新运动。

康有为亲自撰写《保皇会歌》，其第五章唱道："皇上亡不复位兮，中国必亡。皇上之复位兮，大地莫强。同志洒血而愤起兮，誓光复夫我皇。"足见康有为的决心。此时，梁启超积极配合康有为的"勤王"活动。尤其突出的是，梁启超在檀香山，加入当地的"三合会"，取得了他们的信任，被"三合会"尊称为"智多星"。不久梁启超就控制了"三合会"，壮大了保皇会的势力。

康、梁的海外"保皇"活动，在思想上、经济上、舆论上有力地支持了国内"勤王"运动，推动了勤王的进程。但是他们毕竟流亡海外，鞭长莫及，不可能代替国内的实际活动。国内的"勤王"活动大致又可分成两路：一路是康、梁直接领导的两广"勤王"；一路是康、梁间接干预的自立军起义。从社会影响来说，自立军起义远远超过了两广"勤王"。这次武装"勤王"运动，从酝酿到失败，历时近两年。关于武装"勤王"的萌发原由，梁启超在《清代学术概论》《护国之役回顾谈》《蔡松坡遗事》等数篇文字中都谈及了。

时务学堂解散后，时务学堂学生唐才常、林圭、蔡松坡等11人，挣脱各种压力，志气昂扬寻师梁启超到了日本，希望继续聆听梁启超的教诲，这令梁启超异常感动。当时，他们都是亡命之客，梁启超又是清廷缉拿的要犯。但严峻的客观环境摧垮不了他们的高昂热情。没有住处，只好租了三间房子，晚上十几个人打地铺，当卧室；早上再卷起被窝，当教室。

他们依然按照时务学堂的学习方法，读书写札记，并且"天天磨拳擦掌要革命"，时常一起商洽武装"勤王"之事。不久，唐才常等人就回国做准备工作。

冯自由在《中华民国开国前革命史》上编，曾描述唐才常、林圭等人自日本归国时的动人场面："出发之日，梁启超、沈翔云、戢翼翚等在红叶馆设筵祖饯，孙中山、陈少白、平山、宫崎皆在座，各举杯庆祝前途胜利，大有'风萧萧兮易水寒'之慨。"

正当此时，国内传来废立事件，清廷准备废除光绪帝，立多罗端郡王载漪长子15岁的溥儁嗣位。这消息反而加快了"勤王"步伐。于是，康、梁等人便紧锣密鼓地全面布置起来。唐才常、狄葆贤等回国主持长江流域一线（主要是沪、汉），梁炳光、张学璟等负责两广一带。这就是国内"勤王"的两路人马。而叶湘南、麦孟华等驻日本，徐勤运动于南洋，梁启田奔走于美洲。保皇会的总会设在澳门，由何穗田、王镜如、欧榘甲、韩文举等人负责。梁启超则在檀香山筹款，康有为驻新加坡主持全局。由此可以看出，康、梁等人使出了浑身解数，在保皇会上上下下来了个大动员。

唐才常、林圭等人回国后，便积极地组织会党，团结人心，网罗义师，以至"会党"成为这次武装"勤王"的主要组织形式。他们先是在上海，表面上以日本人田野橘次名义组织东文学社，实则酝酿组织正气会，后来改为自立会，称其军为自立军，联络了上海一批维新志士；同时，自立会在上海开设富有山堂，联络了长江一线的哥老会组织。

唐才常组成的自立会可以说是个非常复杂的组织，它既不同于孙中山的兴中会鲜明提出的"驱除鞑虏，恢复中华"的宗旨；也不同于康有为的保皇会"专以救皇上"的宗旨，而是兼而有之。这种矛盾性集中反映在自立会的领导集团组织形式上。当时自立会一面接受康、梁领导，一面又遥戴孙中山，称之为"极峰"。这种矛盾性可以说是唐才常此时思想矛盾性的反映。

1900 年 7 月 26 日，唐才常又集合社会名流 80 多人，在上海愚园的南新厅，成立了中国国会。此次大会推选容闳、严复为正副会长，选举唐才常为总干事，并主持日常工作。他们打出了"不认满清政府有统治中国之权"、"请光绪帝复辟"等主张。这同样是一张充满矛盾的宣言。

不管怎样，唐才常等人在自立会、国会的旗帜下，以"勤王"为宗旨，联络了 10 多万会党群众。一时间，气势逼人。"这次起事，原计划分七军，以武汉为中心，湖北、湖南、安徽三省同时发动；联络所及，东至江浙，南通两广，西至巴蜀，北达豫陕。"可是，这场声势浩大，酝酿一年多的自立军"勤王"，却因康、梁答应筹集的款子迟迟不到，起事只好一再延期。

有关自立军的消息也很快泄露出来，传进了张之洞等清廷官员的耳朵。8月7日，大通的自立军被迫仓促起事，毁于一旦。22日，张之洞逮捕了唐才常等一大批自立军成员，唐才常壮烈牺牲。自立军的起义被消灭在萌芽之中。

与自立军起义相比，康、梁直接领导的两广"勤王"活动更是不堪一击。1900年春，由于清政府的软弱媚外和帝国列强的肆意掠夺，山东、天津、北京等地爆发了轰轰烈烈的义和团反帝爱国运动。清政府陷入了内忧外患、危机四伏的境地。

康、梁认为，正当清政府内部对义和团的意见纷繁复杂，或剿或抚，举棋不定的时候，是武装"勤王"的大好机会。他们指使梁炳光、张学璟活动于两广。他们的计划是想利用各地清军防勇反正，作为武装"勤王"的力量，先"从闽粤发难"，然后"以全力取桂、袭湘、攻鄂，而直捣京师"。当时两广总督是李鸿章，所以梁启超多次建议康有为派人劝说李鸿章脱离清廷，拥兵在两广成立"自立国"，助光绪帝复位。同时，他又建议利用外交手段，取信英国，以助其一臂之力。对这套方案，梁启超十分得意，信心十足，似乎大局已稳操在手。

然而，事实的发展令梁启超大失所望。因为义和团运动迅速发展和清政府的暧昧态度，1900年6月，八国联军发动了侵华战争。一时间，天津失陷，北京危在旦夕，国内形势发生了新的变化，外国列强之间与国内各种关系又组成了新的格局。于是，虚情假意且贪婪成性的英国政府和狡猾多端的老官僚李鸿章，皆为了各自利益，双双疏远直至抛弃了康有为、梁启超。康、梁的如意算盘，在自立军起事失败前，便"寿终正寝"了。

在这场"勤王"运动中，梁启超奔波于东京、檀香山、上海、新加坡之间。他热情高涨，十分活跃。据统计，他在檀香山为"勤王"发出的联络信函就有数百份，扮演着这场运动领导者的角色。

首先，他本着"解救光绪"的原则，统一会党思想。他在给康有为的信中说："我辈所以如此千辛万苦，为救皇上也。"俨然一派忠君报国的形象。于是在他的建议下，自立会删去"灭洋"的口号，以图得到洋人的帮助；于是在他的鼓动下，一批会员群众士气振奋，视死如归。

其次，他本着"阔达大度，开诚布公"的原则，网罗人才。他认为要举大事，必须要足够包容，团结尽可能多的力量。他自己曾想组织菲律宾散勇，聘请美国一大将回国"勤王"，又曾多次写信给国内组织者，网罗如大刀王五等义师。

再次，在这场活动中，梁启超最焦心最忙碌的是募捐筹款。这次"勤王"海外共筹款得 30 多万，梁启超一人筹得近三分之一。而且梁启超去美洲筹款的设想因故落空，不然筹款更多。另外，梁启超还采取极力讨好孙中山，刺杀李鸿章、刘学询等手段，帮助"勤王"。

总之，为了"解救光绪"，梁启超确实力尽其才，置生死于不顾。面对自己被清政府悬赏十万大洋不问死活缉拿的险境，梁启超于 8 月一度返国，在上海虹口朝阳馆住了 10 日，而且慷慨作成《东归感怀》一诗。诗中洋溢着一股壮志未酬、视死如归的精神，足见梁启超的决心与诚心。

"勤王"失败的原因很复杂，但梁启超也有一份责任。他和康有为一样，不是全心全意为准备比较充分的自立军服务，而是分散精力、财力、人力去搞毫无希望的两广"勤王"。在两广问题上，康、梁二人又有分歧。康有为倾向广西，梁启超偏向广东。相互拆台，无法统一步调。

当然，这次"勤王"，是梁启超思想处于异常激进的时期，他付出的代价也最大，因而"勤王"失败对他的刺激也最深，可谓"忧思百结"，苦不堪言。尤其当秦力山等起义者和广大华侨怀疑康、梁贪污捐款，指责他们贻误大局，要和他们算账时，梁启超气愤地要进山当和尚。同时，唐才常等志士血的教训，再次震痛梁启超，把他带进了深深的思索之中："热血一腔谁可语，哀哀赤子吾同与。"

远足檀澳

梁启超初旅日本，度过了一年零两个月后，离日赴美。不过，这趟赴美"远差"，因种种原因，不得不随时更改。他在檀香山住了半年，又取道日本回上海住了 10 日，后趋往新加坡逗留数日，接着游澳洲半年之多，才回东京。在辗转颠簸中，国内外形势千变万化，梁启超的思想情感也在变化着。

戊戌变法的失败，着实令梁启超成熟了一些；初旅日本，他创报办学，广交朋友，同时耳濡目染，潜心研习，也确实让自己练达了许多。1899 年夏，章太炎到日本见到梁启超，就觉察到梁启超的变化。他在给汪康年的信里感叹地说："松柏非遇霜雪，不能贞坚，斯人今日之深沉，迥异前日矣。"正因为如此，梁启超的社会影响日趋深广。

在他首途赴美前 5 日，日本友人柏原东畝在箱根的环翠楼为他设宴饯行。席间出缣纸向梁启超索书。梁启超激动地写下了"壮哉此别"四字，并系一首小诗："丈夫有壮别，不作儿女颜。风尘孤剑在，湖海一身单。天下正多事，年华殊未闻。高楼一挥手，来去我何难。"足见梁启超当时的风采，情景极其悲壮。

1899 年 12 月 19 日，梁启超始发东京，当晚，大同学校干事诸君，饯之于校中。高等学校发起人诸君，又饯之于千岁楼。散席后，梁启超与同学诸君在清议报馆，畅谈了一个通宵。20 日正午，梁启超乘香港丸，发横滨。此时，到江边为他送行的人有数十人，把他送上船的有十几人，这番数人相送、珍重而别的场面，令梁启超感慨万端：一年前亡命东瀛，是何等的凄凄孤寂；现在，又是何等的"荣耀"与"声势"！

于是，梁启超带着激动、兴奋；揣着宏图、嘱托，驰进了太平洋，大海再一次拥抱了这位天之骄子。

12 月 31 日，梁启超抵达檀香山，受到当地华侨民众的欢迎，于是他暂时放弃去美洲，在檀香山滞留了数日。后来因治鼠疫，华人不得赴美，遂居夏威夷半年，按梁启超自己的话说，此次远行"任重而道远"，所以这半年，梁启超主要为保皇会、"勤王"运动奔忙，他集会、演讲、募捐，联络各界人士等等，以至使檀香山成了"勤王"运动的一大指挥中心。

梁启超在檀期间，住在华侨梁任南家中，二人相处甚洽。梁启超离开檀香山时，曾为这位爱国华侨留诗四首。这四首诗中，既有"与君兄弟交"和"岂直意气交，每为道义谈"的情谊，又可见梁启超"万一事不成，国殇亦足豪"和"努力造世界，此责舍我谁？来日舒且长，大地坦且夷；与君一挥手，毋为儿女悲"的爱国襟怀。可见当时梁启超对"勤王"运动抱着义无反顾的献身精神，充满着乐观与豪情。

1900 年 8 月，梁启超因"勤王"事急归上海。第二天，汉口难起，"唐、林、李、蔡、黎、傅"庚子六君子先后就义。梁启超滞留上海 10 天，便取道香港，赴新加坡去见康有为，汇报有关事情。

在新加坡居数日，应澳洲保皇会的邀请，梁启超于 9 月期间自印度樗伽岛乘英国轮船起程去澳洲。在澳期间，他自西向东，环游一周。每到一处，皆受到人们的殷勤款待，被捧为偶像供养、羡慕。但是，"勤王"运动的失败影响了梁启超的心绪，又因为"勤王"失败，华商捐款热情低落，梁启超的心里更是萧瑟凄凉。所以这次游澳洲，梁启超的心境远不如在夏威夷时轻松与浪漫。

1901 年 6 月 3 日，他给康有为的信里在谈到为保皇会捐款奔走一事时，那缕萧飒低落的心绪就不自然地流露了出来。他此时的诗文中同样笼罩着一股悲怆气氛，无法寻觅到昔日的狂妄与自信。梁启超于 1901 年 6 月复返日本，等待他的将是再一次的振奋勃发。

檀山恋曲

纵观梁启超一生，他每做一事皆热情高涨，偶尔的萧简，也最终被激情冲去。不过，在暴雨恶浪中逐渐成熟，尽展"英雄"气概的梁启超，也有着情意绵绵的儿女情长。

梁启超的一生总是与其家人离多聚少。他自甲午中日战争起，开始了浪游生涯，那时他往来于京师、广东、山海关、上海、杭州、武昌、长沙之间；维新变法失败后，他亡命海外 14

年。在这 14 年中，他并非滞留一地，而是以日本为中心，远足檀、澳、美洲等地；再后来，他又漫游欧洲一年多。即使回国后，也是因时势变幻，踪影不定。不过，梁启超是一位"忠孝"两全的人，在为国事为理想奔波时，他同样深深地惦念着远方的亲人们。

在异国的月夜里，在狂风怒号的太平洋上，或是在痛苦孤寂时，在兴奋得意时……"家"总是梁启超的精神故乡，犹如一湾温柔的港湾，让这位热情高涨的"斗士"、"骄子"得到慰藉。不管浪游何地，不管遇到何等大事，梁启超总是想方设法与亲人们通信联系。在初旅日本、远足檀澳的日子里。梁启超因惦记家事，更是频繁致书。从这些书信中，我们既能看到在社会漩涡中叱咤风云的梁启超，也可以欣赏到在亲情氛围中眷意绵绵的梁启超。他为因自己的逃亡，清廷查搜了新会原籍，家人只好避居澳门而惭愧；他为自己不能尽子之义、尽夫之责而不安，等等。真可谓父子之义、夫妻之情、兄弟之谊，尽在其中。

在亲人中，尤其值得一提的是他的妻子李蕙仙。梁启超与李蕙仙的结合，不是青梅竹马、两小无猜，而是媒妁之言。但是他们却一见如故、情投意合。最能反映这俩人肝胆相照情意的，要数梁启超在檀香山时，相遇女郎何蕙珍一事。我们姑且称为"檀香山恋曲"。

在一望无际、湛蓝雄浑的太平洋中，有一个由 8 座小岛组成的岛屿，这就是檀香山。女郎何蕙珍就生活在这里。她是一位华商的女儿，芳龄二十，天资禀赋与良好教育造就了她独特的才华和非凡的魅力。她通西文，尤善操西语，以至檀香山无一男士能与她相比，学问见识皆甚好，有丈夫气，喜谈国事，又妩媚动人。16 岁从教，言传身教的生活又为她增添了一份高雅的气质。不过，何蕙珍给梁启超的第一印象却很一般。

何蕙珍的父亲是一位保皇会会员，有一天他宴请梁启超，同时应邀的有西国缙绅名士及妇女十数人。席间，他们请梁启超演说，何蕙珍充当了翻译。初见蕙珍，梁启超见她粗头乱服如村姑，没有在意。然而入座传语、流利顺畅、悦耳圆润的西语，顿时令梁启超大吃一惊。留神一看，才觉察出她目光迥迥，聪慧喜人。

宴毕临行，梁启超与众人握手道别。何蕙珍一番细语拨动了梁启超的心："我万分敬爱梁先生。可惜仅爱而已，今生或不能相遇，愿期诸来生，但得先生赐以小像，以遂心愿。"这席话使梁启超如入梦境，不知所对，只好唯唯而已。

第二天各大西报遍登梁启超的演说之辞，称颂梁启超的名论，同时也大赞何蕙珍的才华。其时，有一家西文报纸，大肆诬谤梁启超，何蕙珍却屡次隐名写文章予以驳斥，梁启超知悉后，越加感服何蕙珍。蕙珍的音容笑貌已时常萦绕在他的心头，"剪不断、理还乱"。几天后梁启超便按何蕙珍的要求赠她小像一枚，蕙珍回赠了自织的两把小扇。

不久，梁启超航海到附属各小埠演说。这段时间，二人虽未见面，但期盼之情常存。梁启超由敬爱到特别思念蕙珍，蕙珍则越加眷念梁启超。半个月后梁启超返回。一回来，友人便为蕙珍来说媒，并告诉梁启超，数年前，何蕙珍因檀香山无一男士足当她一盼，而发誓不嫁。唯有见到梁启超后，情感的堤坝被冲开，有"直教生死相许"之势。她虽然知道梁启超有妻室，但只要梁启超愿意，她宁愿以侍妾身份相伴，也毫无怨言。

听完这段话，梁启超如梦初醒，蕙珍不仅才华横溢而且胸怀大志，对自己更是一往深情。梁启超陷入了困惑之中，而正是这种困惑，反映了梁启超的真实情怀。以情感上说，他被蕙珍的痴心感动；从道义上说，他又不能接受。于是他动情地告诉友人，他当初曾经参与创建了一夫一妻世界会，提倡一夫一妻，自己是决不能违背自己的信义的，况且他如今流亡海外，被朝廷通缉，随时可能丧命，连原配夫人他都无力照顾，又怎么能再拖累一人呢？梁启超的一番表态，令人油然起敬。

5 天后，何蕙珍的老师宴请梁启超，蕙珍又为梁启超充当翻译。此次相见，俩人深谈良久，虽没有道明心事，但他们从中国女学不兴、整顿小学校、造切音新字、劝梁启超入耶稣教，到未来的展望，真是无话不谈，甚是投机。更让梁启超心动的是，此时何蕙珍毫无爱恋抑郁之态，而是滔滔不绝、长篇大论，一派大丈夫气概。酒阑人散，终夕不能成寐，梁启超愈益思念蕙珍，几乎不能自持。

何蕙珍点燃了梁启超的情感火焰，也把他带进了困惑的沼泽。为了理想，为了信念，也为了一夫一妻制的模范表率作用，梁启超最终理智战胜情感，与何蕙珍以兄妹相称。这出"檀香山恋曲"是梁启超情感世界里的一件大事。我们从中看到了一个有血有肉的青年梁启超，看到了英雄气概外具有细腻心灵的梁启超。

更可贵的是，通过这件事，我们看到了梁启超与李蕙仙的真诚情怀。在梁启超因何蕙珍心乱如麻的时候，他首先想到的就是向自己的妻子李蕙仙诉说心事，让她分担。表面上看，这不合情理，但这恰恰说明他们肝胆相照的情义。

梁启超向李蕙仙分析了自己爱恋何蕙珍的原因，不仅是由于自己"风云气多，儿女情少"，何蕙珍有男儿气，而且他希望能通过何蕙珍学习好英文，以便他将来更方便地游走于世界。李蕙仙接到信后，心里不是滋味，她准备将此事禀告公公。梁启超连忙复信解释："其于蕙珍，亦发乎情，止乎礼义而已。"

三十而立

1901 年 6 月，梁启超由澳洲返回日本，第二年，他迎来了30 岁的生辰。30 岁的梁启超，已从康有为的"框框"中走出，并以"与康有为并驾齐驱"的角色活跃在政治、学术舞台上，引起了世人的瞩目。这正应了"三十而立"的古训，它标志着梁启超自我意识的崛起与成熟。

万木草堂、公车上书时期，梁启超是"康门高足"，他与康有为没有大的分歧，"夫子步亦步，夫子趋亦趋"。时务学堂、戊戌变法时期，梁启超思想一度激变，他与康有为已有"原则"上的不同，只是在外人看来，梁启超仍然是康有为的影子。他偶尔的"新"观点也被认为是康有为的想法。变法失败后到 20世纪初的几年中，梁、康的分歧由暗到明、由隐到显，首次公开了。这次分歧集中反映在"革命"、"保教"等问题上。

我们在介绍梁启超与孙中山关系时，曾说过梁启超和康有为在革命问题上有争论。这里再补充一些。"勤王"运动失败后，梁启超的情绪曾一时低落，然而当他看到清廷顽固派在经过义和团、庚子"勤王"、广州起义等一系列的变故之后，依然没有好转，而且故态屡萌，旧病复发，于是他耳目所接，皆增愤慨，言论再次激烈起来。他创办《新民丛报》，同时又办了《新小说报》，计划以此鼓吹革命。这种热情一直持续到 1903 年的美洲旅途中，他承认中国除了革命外再也没有出路了，仍然没有放弃革命主张。

面对着梁启超通过政论、杂感、诗歌、小说等多种形式鼓吹革命，康有为当然不满意。为了"拯救"自己"迷途"的弟子，康有为先是责备，而后婉劝，软硬兼施，以此对付梁启超的革命主张。

不过，梁启超的革命、排满主张与革命派的主张不是一回事。梁启超不是彻底的革命排满论者，而只是一位改良派中的激进者。他当时主张的只是武装改良，推翻以慈禧为代表的清廷顽固派，让光绪帝复位罢了。所以，在革命与改良之间，梁启超的心里充满着矛盾。正是因为有这种固有矛盾，所以在康有为的指责规劝下，在漫游美洲之后，保守性战胜了进取性，他的革命主张又灰飞烟灭，一去无踪了。

"托古改制"、"尊孔保教"是康有为一生的思想武器，更是为变法鸣锣开道的急先锋。那时，梁启超也是因为受到康有为"孔子改制"等思想的影响，加入了万木草堂的弟子群，并以此作为自己政治宣传的指导思想。

他多次撰文（如《复友人论保教书》《论支那宗教改革》等），批驳那些鄙薄孔教的言论，维护孔教的独立地位。他认为既然西方部分国家因"以保教，而教强国强"，那么中国也可以走"以教强国"的道路。于是他们挟"孔教"而令天下，大造舆论声势，大兴孔庙仪俗。

不过，当时梁启超心里也很困惑，他承认自己采取托古改制的办法撰写的《古议院考》没有根据，"自知其说之讹谬矣"。他佩服严复敢于说"教不可保，而亦不必保"的胆识，等等。只是他当时"未敢昌言之"。

流亡海外后，梁启超读懂了日文，涉猎了大量的西方学说，心中的困惑顿时释然。原来保教不一定能保国，也不一定能强国，况且欧洲一些民族保教力量最强，但人皆退化、国也日衰。鉴于此，梁启超思想为之一变，30 岁以后就不再谈伪经，也很少谈及改制。而康有为依然不放弃这些思想，对于那些附和康有为的人，梁启超则会站出来加以驳斥。

梁启超对"保教"的驳难，有一个由浅入深的过程。写于 1901 年的《南海康先生传》开始微露端倪。梁启超在这本传记中，饱含深情地描述了康有为的"功德"，同时也表示对"保孔教"有异议。他指出，当他开始大规模接触西方学说后，开始意识到康有为的学说和真正的西方学说有差别。不过，梁启超在这里没有进一步说明他的观点到底如何。

1902 年，梁启超发表了《论宗教家与哲学家之长短得失》一文，指出人类社会是需要宗教思想的，尤其立身治事更加迫切。因为宗教思想有"统一"、"希望"、"解脱"、"忌惮"、"魄力"等功效。但是，应遵循"信仰自由"的原则，个体的信仰应时应地应人而别，不能加以束缚。而康有为的"保孔教"就是强加国民。

这一思想在同一年撰写的《保教非所以尊孔论》中得到系统的发挥：第一，宗教非人力所能保。国家必须恃人力以保之，宗教则不然。第二，孔教不是真正意义上的宗教，"孔子者，哲学家经世家教育家，而非宗教家也"。第三，宗教力量在今日已趋于衰颓，"科学之力日盛，则迷信之力日衰；自由之界日张，则神权之界日缩"。第四，法律上主张信教自由。第五，保教之说束缚国民思想。第六，保教之说妨碍外交。最后，他认为孔教不保，也不会消亡。与此同时，梁启超在与康有为、黄遵宪、章太炎等人的通信中，也多次谈到"保教"的问题。从中可见梁、康二人的分歧。

如果说康有为主张"托古改制"、"尊孔保教"在戊戌时期代表着历史的进步，那么自此以后，他仍然对此恪守不变，就反映了他的保守和落后。相反，梁启超冲出康有为的樊篱，由"昔也为保教党之骁将"到"今也为保教党之大敌"的转变，客观上顺应了历史的进步，也为自己的学说指出了新的方向，标志着康、梁学派遂分。

这种转变虽然与梁启超"流质易变"有关，但还有个重要原因，这就是梁启超所谓的"吾爱孔子，吾尤爱真理；吾爱先辈，吾尤爱国家；吾爱故人，吾尤爱自由"。正是这股爱真理、爱国家、爱自由的精神，带给了梁启超勇气与胆识。

这使我们想起了梁启超 29 岁时所写的几首诗，如《自厉二首》《志未酬》《举国皆我敌》等。其中著名的诗句有"平生最恶牢骚语，作态呻吟苦恨谁"；"献身甘作万矢的，著论求为百世师"；"吁嗟乎男儿志兮天下事，但有进兮不有止，言志已酬便无志"；"百年四海楚歌里，寸心炯炯何所撄"。诸如此类，不绝如缕，字里行间，激情澎湃，意气飞扬。

于是，梁启超沉醉在自我创造的幸福之中，他的创造性得到了惊人的发挥，同时也呼唤着他的一个新时代的到来！

新民时代

1901 年冬季，《清议报》停刊。梁启超的"办报办学"思想并没有搁浅，他那支令人生畏的笔更没有闲置。他又重新走上以文字为业的道路。

1902 年 2 月 8 日，梁启超主编的《新民丛报》在日本横滨创刊。当时他认为中国报馆兴起已有较长的时间，可是这些报纸不是剿说陈言，就是翻译外论，而且记事繁简失宜，编辑混杂无序。中国报馆没有一家能与东西各报相颉颃，仍然处于幼稚时代。梁启超有感于此，故创办了这份高起点、高标准、高档次的报纸。不过，梁启超兴致未尽，11 月，他又创办了《新小说报》作为《新民丛报》的补充。

这两份报纸的创刊令梁启超声誉大增，也唤起了人们对"清议报时代"的梁启超的回忆。正如《新民丛报》《新小说报》以"新"字当头，梁启超也以新的姿态出现，标志着他人生征途中一个新的时代——"新民时代"的到来。这时期是梁启超最辉煌、最灿烂的一页，"舆论骄子"、"宣传界执牛耳者"、"天纵文豪"等美誉，铺天盖地席卷而来，令这位 30 岁左右的青年目不暇接，倍感振奋与鼓舞。

那么，梁启超的"新民时代"有哪些显著的特征呢？

戊戌时期，当康有为锐意于官制改革时，梁启超就主张应首先做好"民主启蒙"工作。流亡海外，梁启超全身心投入到读书、办报、著述、办学之中，很大的愿望就是做好启蒙工作。他创办《清议报》，一言以蔽之，就是"广民智、振民气"。他创办《新民丛报》，宗旨之一就是"欲维新吾国，当先维新吾民"。他创办《新小说报》，目的也是通过小说的艺术形式感化民心，启迪民智。

梁启超曾说："欲新一国之民，不可不先新一国之小说；欲新道德，必新小说；欲新宗教，必新小说；欲新政治，必新小说。"这句话表面上是为了突出小说的地位，实际上是为了"新一国之民"。总之，梁启超"述其所学所怀抱者，以质于当世达人志士，冀以为中国国民道铎之一助"。李泽厚也认为这段时期是"梁启超作为资产阶级启蒙宣传家的黄金时期"。

梁启超一生充满着矛盾,他的思想屡转屡变,"新民时代"尤其突出。这时期跨度较长,如果加上"清议报时代",到1907年《新民丛报》因火灾停刊,历时近十载。在这10年中,梁启超的政治思想从维新到革命,从革命到保皇,又从保皇到立宪,可谓变化无端。尤其以1903年为界,梁启超由革命到保皇更是根本性的转变。这种转变清楚地反映在《新民丛报》的文字中。

梁启超曾说:"本报为吾国前途起见,一以国民公利公益为目的。持论务极公平,不偏于一党派;不为灌夫骂坐之语,以败坏中国者,咎非专在一人也。不为危险激烈之言,以导中国进步当以渐也。"

不过,梁启超并没有完全落实这条宗旨。他的思想就是《新民丛报》的灵魂,随着他思想的变化,《新民丛报》的内容也要变化。于是《新民丛报》前期是维新急进派的舆论阵地,后期变成了保皇派、立宪派的舆论阵地。

在与革命党论战时,梁启超利用《新民丛报》对革命党狂轰乱炸,尽自己所能事,危险激烈之辞随处可见。在为清廷立宪活动助威时,也忘掉了"国民公利公益"的目的。1907年,杨度给梁启超的信里就指出了这种现象:"谓《新民报》于二年前监督政府,二年以来纯然监督国民,此学界最有势力之议论。"

另外,"新民时代"的梁启超总是与"舆论骄子"、"天纵文豪"联系在一起。其实,梁启超对自己在"勤王"之役后能重操文字之业,有着比较清醒的认识。他说:"顾自审我之才力,及我今日之地位,舍此更无术可以尽国民责任于万一。"于是主意拿定,决心一下,便一发而不可收。

这前后他沉醉于写作的高峰期，他的文字涉及到了政治、经济、思想、教育、外交、学术等各个领域，平均每天就有数千字。这些文字无不是有感而发，纵议时局。梁启超曾说："吾辈之为文……应于时势，发其胸中所欲言。"因此，他的文章或褒或贬，或庄严或自由，皆与现实密切相关，而且对重大事件，梁启超绝不会放过。

刚到日本时，梁启超便撰写《戊戌政变记》，及时以文字形式公布了"百日维新"这一历史大事件。又如《瓜分危言》采用了纵横交错的手法，陈述了中国面临被瓜分被掠夺的危境，摧人震醒，如警钟长鸣。再如《维新图说》揭去清廷假维新的面纱，涤清人们双眸等等。

总之，梁启超以政治家的谋略、思想家的敏锐、学问家的认真，迅速及时地挥洒笔墨，捕捉人们所关心期待的事情。他所评所议，吸引着读者，在舆论界起着导向作用。

1902 年 12 月，黄遵宪致梁启超信里说，当时国内有四五十家报纸，几乎都是跟梁启超的风，他们所刊载的事件、发表的观点，都是照着梁启超发表过的言论效仿而来。由此可见梁启超当时的影响力。

当然，1903 年前后，梁启超在舆论界有如此高的声誉，不仅是他的"新思想"、"新知识"、"新学说"满足了 20 世纪初的中国读者的渴求，带给他们精神的慰藉，而且他那"笔锋常带感情"、形式轻松活泼、自由洒脱的"新文体"也感染了读者，引起他们的共鸣。

晚清文坛，百家争鸣，群雄逐鹿。当时一批青年文学家，都曾掀起文体改革运动。如谭嗣同、夏曾佑、章太炎、严复、林纾、陈三立、马其昶、章士钊等等，然而他们或"难通俗"，或"难问世",或"高古淹雅",或"无巨大气魄",或"格局不宏",或"固执桐城,作茧自缚",总之,他们都没有真正赢得读者。唯有梁启超可以做到情感丰富、文笔流畅、雅俗共赏。

黄遵宪读到《新民丛报》中梁启超的文章,激动地指出,《清议报》的水平远胜《时务报》,而《新民丛报》又胜《清议报》百倍。《新民丛报》的文字惊心动魄,一字千金,感情真挚,就算铁石心肠的人也会被感动。梁启超就像《西游记》里的孙悟空,斩妖除魔,而其他人就像是猪八戒,只能对孙悟空顶礼膜拜。

当黄遵宪读到《新小说报》时又认为,《新小说报》的文字更加有力,而且在《新民报》之上。因此,从《时务报》《清议报》到《新民丛报》《新小说报》,清楚地留下了梁启超"新文体"成长的轨迹,经过十几年的努力,梁启超获得了成功。

诚如他自己所说,年轻时他就不喜欢桐城派这种古文,学的多是晚汉魏晋时期的文章,他后来的创作中,吸取了魏晋时代的自由文风,又借鉴外国语法,加以新词汇,最终成了人们所说的"新文体"。这种新文体令老辈人痛骂,但是对于新一代读者来说,却有着极大的魅力。梁启超的"新文体"影响了一代人,如鲁迅、胡适、郭沫若、徐志摩、吴宓以及毛泽东、林伯渠等人,青年时代都受过梁启超思想或文字的洗礼。

然而,若想比较全面地了解梁启超这个时期的精神风貌,那么必须一睹他这时期的学术风姿。

学术风姿

20世纪初，梁启超如大鹏展翅，翱翔在学术的天宇，尽展绚丽风彩。这时期的学术研究，奠定了他晚年学术思想的基础。

1898年到1903年，中国知识界兴起了介绍西方学说的热潮。1902年2月，蔡锷在《军国民教育篇》中最早用"欧风美雨之震荡"来形容那个时候的局势。接着，梁启超又用"莽莽欧风卷亚雨"一句表达心灵的体验。在这股"欧风美雨"的浸润中，中国涌现出了一大批西方学说的介绍者。如梁启超、杨廷栋、张相文、马君武、严复、章太炎、麦孟华等，在这群人中，梁启超无疑是最突出者之一。

那个时期，西方学说主要是通过日本的途径介绍到中国的。日本明治维新的成功，中日甲午战争日本大获全胜，令中国一批人感到耻辱却又十分佩服日本的先进。因此日本成了中国留学生选择的对象，尤其东京——横滨更是中国知识分子密集的地方。清政府往日本派遣留学生始于1896年，共派13名，然后逐年增长，1903年已增到1300名左右。这些留学生大多抱着"富国强兵"的愿望，东渡日本，他们一边学习一边翻译，介绍了大量西方学说。

一方面，日本的政治学术思想、伦理道德意识对梁启超产生了深刻的影响。如他在《东籍月旦》中曾大篇幅地介绍过日本的学术思想体系。又如梁启超就是受到日本武士道精神的启发，然后汲取斯巴达的尚武精神，结合王阳明的道德哲学和大乘佛教中严以律己的进取思想，才形成了他自己的"中国武士道"思想体系。

另一方面，数十年前，日本就一直不断地翻译着西方学说著作，梁启超身处日本，又读懂了日文，因而有了阅读西方学说的机会。他指出，1902—1903 年间，翻译事业尤为盛行，定期出版的杂志不下数十种。每当日本出版一本新书，往往就会有好几位中国的翻译家进行翻译，极大地传播了新思想。梁启超自己就是其中最活跃的一员，如他翻译过瑞典学者伯伦知理著的《国家学纲领》，辑译过卢梭、孟德斯鸠等人著的《近世欧洲四大家政治学说》等。

梁启超在《清代学术概论》中曾自豪地宣称，他所主张的是要尽可能多地吸收世界上的各种学说。现在看来，他所说的绝非虚言，那个时期他介绍过近六十位国外学者及其学术，其中他较深入研究写成专文的就有十来位，其中包括卢梭、孟德斯鸠、达尔文、培根、笛卡尔、康德等人，另外有一批人物传记，包括《匈加利爱国者噶苏士传》《意大利建国三杰传》《近世第一女杰罗兰夫人传》《新英国巨人克林威尔传》，等等。

值得注意的是，梁启超笔下的"人物系列"都是对近代社会产生影响的世界级人物，而且涉及了哲学、经济、政治、法律、宗教、道德等各个领域。这些人物及其学说犹如一颗颗熠熠闪光的明珠，镶嵌在人类历史文明的长河中。梁启超恰恰就是出色的采撷者与传播者。尽管他只是粗略地叙述，没有去精深地研究，但是在那个时代，需要的正是这样把众多的思想输入国内，启迪感染震醒民众的"通人"。梁启超功不可没。

当然，要一睹梁启超的学术风采，绝不能忽视他当时对中国学说思想的研究。梁启超的学术文化观具有开放性、融合性。他主张中西并重、兼容并蓄，建构中国新学说。为此他对以下两种学者提出了批评：一是徒为本国学术思想所窘，而于他国者未尝一涉其樊。二是徒为外国学术思想所眩，而于本国者不屑一厝其意。这两种学者无论哪种都囿于视野、作茧自缚。

所以 20 世纪初，面对着"欧风美雨之震荡"的形势，梁启超感慨地说："自今以往二十年中，吾不患外国学术思想之不输入，吾惟患本国学术思想之不发明。"于是他自为表率，在积极介绍外国学术思想的同时，也写下了一系列关于中国学术思想的文章，洋洋数十万言，涉及了各个领域。如《论中国学术思想变迁之大势》《中国改革财政私案》《中国专制政治进化史论》《中国法理学发达史论》等等。这不仅在数量上与外国的学术研究相媲美，而且在质量上也远胜外国的学术研究。梁启超这时期的中国学术思想研究，借鉴了西方学说的新思维、新知识，"抉破罗网，造出新思想"，为他晚年几本著名的学术专著打下了深厚的基础。

以上我们对梁启超在 20 世纪初的学术风姿作了"全面扫描"。梁启超如此辛勤耕耘于学术园地，其直接目的是为他的政治活动服务，当时，他的学术研究是政治生涯的一部分；其间接原因（也是深层原因）是他认为左右世界的永恒势力，不是"威力"、"权术"，而是"智慧"与"学术"。在这种原动力的催迫、鞭策下，梁启超热血沸腾，干劲十足，几年中，他犹如着了魔中了邪，驰骋于世界学术之野。在这方天地，他完全以一名"世界人"身份，旁征博引，左右逢源，一派"大家"、"通人"风范。限于篇幅，我们不可能详细介绍梁启超在各个领域的研究成果，但也不能弃之不说，否则实在可惜。下面，我们撷取他那时的几缕思想火花，以飨读者。

力本论思想：中国学术本无"哲学"名目，只以经史子集分门别类。梁启超亡命海外，初入此道，译为"智学"，并形成

了以"动力说"为本体论的哲学思想体系。他曾撰《说动》
《释革》等文给予阐释。他认为动力是宇宙间的客观存在，是宇
宙进化的原动力，整个世界的发展是本着"物竞天择、适者生
存"的天演论规律进行的，诸如"灭国者，天演之公例也"，
"革也者，天演界中不可逃避之公例者也"皆是力本论思想的延
伸，由此出发，"创新"、"变革"、"竞争"、"富国强民"等一
系列范畴也就时常出现在梁启超的意识之中。

梁启超的力本论思想主要来源于达尔文的进化论学说和
《易经》里"生生不息"的生成学说。同时，物理力学等自然
科学的发展，他那热情多变的个性以及世界形势的迅猛变化，
"瓜分狂潮"、"殖民主义"等现象的出现也促使梁启超接受了
力本论思想，并以此作为自己学术研究的指导思想和他行动人
生的行为准则。

可以说，力本论为梁启超学术研究指出了新的方向，开辟
了新天地。他说："君子之学，恒其动也。"他不断地倡立各种
"新学说"，这本身就是力本论的表现。他这时期的政治学、经
济学、道德学、宗教学等等，无不渗透着力本论思想。

如他对中国近代衰弱的原因分析：其一，就国体而言。中
国先秦时代与欧洲相近，列国并立，竞争淘汰，总有一股推动
力，文明逐渐发达。欧洲自罗马以后仍为列国并立态势，所以
无一日不在并立竞争之中，国力遂强。而中国秦王朝一统天下，
结束了列国并立格局，政策循其轨而不易，竞争不烈，国力遂
弱。其二，就国民文化心理而言。中国人受到老子"无为"、
"宁静"消极思想影响太深，视"安静"、"持重"、"老成"为
誉人词；视"喜事"、"轻进"、"纷更"为贬人词；人们墨守成
规，顽固不化，几千年前后的人几乎没有差别。总之，违背了

力本论思想，缺乏竞争力，中国近代积弱就在于忽视了"力本论"。

于是，他在《过渡时代论》中又从力本论角度指出了中国的希望，他认为中国当时正值过渡时代，过渡时代是人类社会进化的一个必经阶段，充满了希望与危险。然而只要中国民众能改造自己，服从"力本论"原则，勇往直前，那么20世纪就是中国的世界。

史学精神：梁启超自幼便对历史著作感兴趣，他熟读过《史记》《汉书》等史籍；1903年前后，他对史学的热情更加高涨，以至史学精神成了青年梁启超思想的核心之一。

梁启超十分推崇史学的地位。他认为，史学家学识渊博，史学则是国民的一面镜子，也是爱国思想的源泉。梁启超曾把学术分成天然学与历史学两大类。其中天然学类似自然科学，而历史学类似社会科学。他在《东籍月旦》中详细介绍了历史书籍，而没有太多介绍经济、政治、法律等方面的书籍，原因就在于他认为这些学科被史学所包容了。他认为欧洲文明发达，其史学的功劳居半；中国文明衰退，其史学的弊病居半。

于是，梁启超萌发了撰写新史学的念头。尽管他撰写《世界史》《政治史》《文化史》的计划没能实施，《中国通史》也只起草了部分（残稿尚存），但是他在《中国史叙论》《新史学》及各类"传记"、"学案"、"传奇小说"中，已奠定了他的新史学观，也为他后来的学术专著埋下了思想基础。

梁启超的新史学观是在"力本论"的摧化作用（尤其是进化论学说）和对中国旧历史观的批评中逐渐形成的。他认为因为不懂得进化之公理，所以中国没有真正的史学和史学家。他指出中国旧史学有四弊二病三恶果。四弊者，一曰知有朝廷而不知有国家，二曰知有个人而不知有群体，三曰知有陈迹而不知有今务，四曰知有冲突而不知有理想。缘此四弊，复生二病：其一，能铺叙而不能别裁；其二，能因袭而不能创作。合作四弊二病，则所贻读者之恶果又有三端：一曰难读，二曰难别择，三曰无感触。如此，中国旧史只是王朝家谱，个别人物墓志铭；只是纪念死人而不顾生人；只有骨架，没有精神灵魂：只有千篇一例，没有启迪与创作。这样的史学不能激发国人奋起救亡图存，不能适应时代发展的需要。

所以，梁启超大声疾呼，他认为，中国的史学如果不革新，中国将无药可救，在各项事务中，革新史学是最重要的。他以雄伟的气势、犀利的笔锋，在《中国史叙论》和《新史学》两部论著中，对旧史学进行了尖锐的批判。在向旧史学挑战的基础上，梁启超提出了自己的新史学观，他认为，历史要能够体现出进化论的思想，而且要叙述人群的进化现象，通过人群的进化现象，找到公理之所在。

当然，梁启超对历史学的界定，不够严密也不尽合理，但他对进化学说的肯定与利用，使他的史学精神闪烁着历史理性的光芒。

新民学说

那个时期，梁启超对国家与国民的关系十分感兴趣。他认为"富国强国"是最终目的，但中国当前首要任务是"富民强民"，启蒙培养新型国民——"新民"。他曾一度以"新民子"、"中国之新民"为笔名，表示自己主张"新民学说"的赤诚之心。"新民学说"无疑是梁启超那个时期最重要的学术思想。

　　梁启超在《新民说》中对"新民"的含义有过明确交待。他借《大学》"新民"的旧范畴，装入自己的思想。他指出，所谓新民，并不是要全部放弃原有的东西而毫无保留地跟从他人，而是在保留自己精华的基础上，取长补短，否则将一事无成。梁启超认为，对中国传统人格中至今依然有用的精粹成分应当给予保留并刷新。梁启超吸收了儒家"刚健豪迈"、"自强不息"精神和陆王"自我修养"学说，充实了"新民"。他摒弃了老庄"束身消极"的人格观。同时，梁启超强调要吸收外国民族中优秀的人格观念丰富中国国民。诸如"国家思想"、"权利意识"、"合群观念"等等。这部分是梁启超"新民学说"精华之所在。

　　那么，"新民"到底应具备哪些内容呢？大致说来，可分为"公德"、"私德"两大部分，另外包括"民气"、"政治能力"等补充内容。梁启超认为"公德"是贯注联络人类群体的规则规章，为利群利国而服务，即"人人相善其群者"。他认为"私德"就是"个人修养或自我修养"，即"人人独善其身者谓之私德"。关于"公德"、"私德"的关系，他的看法有个变化过程。

　　开始，他认为中国国民最缺乏的是"合群"、"国家"等公德意识，所以就竭力鼓吹"公德"。后来他认识到中国国民虽然有自我修养的传统，但当今中国国民的自我修养已经退化衰落，以至阻碍着公德的实现。其主要原因就在于"私德"一蹶不振。他为"私德"堕落找到五种原因：专制政体的陶铸，近代霸者的摧锄，屡次战败的挫沮，生计憔悴的逼迫，学术匡救的无力等。于是他要重振"私德"，大倡"私德"乃当今第一急务，并提出了"正本、慎独、谨小"等涵养"私德"的方法。总之，梁启超认为"公德"、"私德"相辅相承，缺一不可，是构成"新民学说"的两大支柱。

不过，"新民学说"中占大部分内容的还是"公德"，梁启超共提出十二种要求，它们是：国家思想、进取冒险、权利思想、自由、自治、进步、自尊、合群、生利分利、毅力、义务思想、尚武等。他认为这些要求都是当时中国国民所缺乏的，有的是压根儿就没有，如国家思想、合群等；有的是原先有但退化了，如进取冒险、尚武等。梁启超本着"中外兼顾"原则，吸收了大量资产阶级民主政治学说，从而使"新民"带有鲜明的资产阶级人格特色。

梁启超"新民学说"的有关文章在《清议报》《新民丛报》上连载后，很快引起人们的重视，启人深思，催人震醒。只是现在看来，梁启超的主张也有许多不合理之处。

如他在介绍外来文化、剖析中国文化时多有偏激之辞，像因过分推崇"民族主义"而欣赏"人种优劣论"，把中国的衰落过多归结为国民的劣根性等。

又如他的"新民"内容模糊不清，有时主张包括民德、民智、民力、民气等多方面，但有时只注重"公德"、"私德"的"民德"部分。其实，民智民力民气跟不上，徒言"民德"也是枉然。

再如因"新民学说"从酝酿到形成跨度较长，梁启超1903年前后思想的转变也反映在其中，于是"新民"自身充满着矛盾。像前面所说的"公德"、"私德"谁轻谁重的矛盾，再像"一切破坏"、"破坏一切"到不赞成破坏主义的矛盾等。

不过，这些对梁启超来说，瑕不掩瑜，丝毫也不影响梁启超在那个时代作为启蒙新星的地位。

梁启超如此推崇"新民"，也是有原因的。

首先，19世纪末20世纪初，在世界范围内卷起了一股民族帝国主义的狂潮，它们或以兵力或以商务或以工业或以教会为组织形式，积极地向外扩张。中国倍受欺凌，正面临着被吞噬、瓜分的危险境地。这种强烈的危机感促使一部分人震醒，他们认为国家富强首先必须民族富强、国民富强。梁启超也说："自16世纪以来（约300年前），欧洲所以发达，世界所以进步，皆由民族主义所磅礴冲激而成。"因此，中国也要掀起民族主义的热情，富民强民。

其次，"物竞天择，优胜劣败"的天演公例，已深深地扎在梁启超的心里。这种看似科学却无情的道理如同一柄魔剑，令梁启超坐立不安。他感到科学发达交通便利、闭关自锁狂妄自大的观念已成为过去，各民族自然而然地卷进竞争漩涡之中。如同斗蟋蟀，百蟀各处一笼，各自称雄；并而一笼，一日而死十六七，两日而死十八九，三日所余者仅一二焉。因此振奋中国国民、富强中国国民，正是当今第一任务。

再次，鸦片战争的大炮把中国国民由一国之民推到了世界之民的位置。在西方文明、科学、进步面前，中国人的落后便暴露无遗。别的不说，梁启超曾痛惜地批评中国国民把希望都寄托在明君贤相身上，却很少看到自己的责任所在，"责人不责己、望人不望己"，这才是中国难以维新的根源所在。因此，他大呼改造国民性，挑起启蒙国民的重担，著"新民学说"。

历史地评价这时期梁启超在文化、学术方面的地位，不是一件容易的事。他曾在《论学术之势左右世界》一文里把学术领袖分为两类：一类有左右世界之力，如培根、笛卡尔、达尔文等；一类有左右一国之力，如福禄特尔、福泽谕吉、托尔斯泰之辈。梁启超应该属于后一类。虽然他不一定"自出新说"，但"以其诚恳之气、清高之思，美妙之文，能运他国文明新思想，移植于本国，以造福于其同胞，此其势力，亦复有伟大而不可思议者"。这正是梁启超的自我写照，也是他的历史写照。

第四卷

论战旗手　宪政灵魂

美洲归来

梁启超蓄志游美已有数年。1899 年冬，他首途日本，路经檀香山时恰遇防疫之事，美洲之途暂停；1900 年夏，他准备从檀香山赴美洲，又恰遇上海急电，他只好为"勤王"之事返回上海，这次美洲之梦未圆。直到 1903 年春，梁启超始续旧游，游美洲的心愿才得到实现。

2 月 20 日，梁启超发程日本横滨，乘印度皇后船驶进了太平洋。23 日，他在船上度过了 31 岁生日。

此次远游美洲，梁启超任重而道远，目的有五六项，它们是：运动美洲各地保皇分会，筹款集股办实业，调查美国社会现状及风俗，调查研究美洲华人等。胸揣这么多计划，梁启超一路行色匆匆。3 月 4 日凌晨抵达加拿大的温哥华，后至满地可（蒙特利尔），5 月 12 日再驱往美国纽约。随后游览了哈佛、波士顿、华盛顿、费城、必珠卜（匹兹堡）、先丝享打（辛辛那提）、纽柯连（新奥尔良）、圣路易、芝加哥、舍路（西雅图）、钵仓（波特兰）、旧金山、罗省杜利（洛杉矶）等二十多个城市。11 月 28 日复至加拿大温哥华，30 日遂乘中国皇后船返回亚洲，12 月 11 日到达日本横滨。此次美洲之行，历时近 10 个月，足迹几乎遍及北美全境，有的地方又是多次重游。这期间，梁启超耳闻目睹，潜心调研，大开了眼界，思想也潜移默化地变化着。

征程中，梁启超受到海外华人的热烈欢迎，他们像迎接一名中华民族救星一样款待梁启超。所到之处，保皇会成员在码头、车站、街道夹道欢迎，或鞭炮或锣鼓或军乐礼接；每次聚会，保皇会成员如众星捧月恭迎梁启超，梁启超的讲演总是在欢呼声中开始与结束；没有保皇会的地方，梁启超只要讲演数次，保皇会就会成立，而且富丽庄严的会堂也很快筹建起来。对此，梁启超感到惭愧、慰藉又兴奋，思想情感上也由"革命"、"破坏"倾向了"保皇"。他觉得，海外华人对于中国的维新事业如此热心，他有必要再做些事，否则就对不起他们。

了解认识美洲华人是梁启超此行的一大目的。他每到一处，调查此地华人的人数、组织情况、职业性质、经济状况、社会地位、思想教育、风俗习惯等内容，成为一项常规性任务。他在《新大陆游记》中有着比较详细的记载，尤其对美洲华人的组织形式有过细致统计，如"公立团体"、"慈善团体"、"文明团体"、"秘密团体"、"族姓社团"等。

梁启超一方面赞扬华人吃苦耐劳、勤俭节约的奋斗精神，以及爱乡心甚盛（即爱国心所自出也）、不肯同化于外国（即国粹主义独立自尊之特性，建国之元气也）、义侠颇重、守信用等优点；另一方面指出了华人社会的许多缺点，如有民族资格而无市民资格，有村落思想而无国家思想，只能受专制不能享自由，无高尚的目的，缺少社会公德，相互仇视，打架斗殴等。

应该肯定，梁启超对美洲华人的研究有一定的合理因素。只是他太看重华人社会的缺点，认为生活在美国这样一个共和制国家的华人尚且如此，那么中国国民素质的低下可想而知。因此，"革命"、"共和"、"破坏"等主张于中国皆不适合。

美国，这个第一个建立资产阶级共和制的国家，一度是梁启超的梦寐之地。当他踏上这片土地时，心情十分激动。因而他不辞疲倦地奔波，如饥似渴地调查美国社会，眼光几乎触及到了各个角落。

旅美期间，他实际考查了所到地方的风俗、历史、人口、学校、军队、财政等等；他走访了上至总统罗斯福，下至平民、移民等各个阶层的人物；尤其令他满意的是他与美国一批政治家、思想家、教育家及企业家们有过多次攀谈；他对美国的议会、政党、宪法、选举制度有过比较认真的研究。

可以说，美国的富强繁荣确实曾让梁启超羡慕不已。他羡慕美国推行"门罗主义"，积极向外扩张的气魄与勇气；他留恋于哈佛、耶鲁等大学的壮丽繁盛；他赞叹美国宪法的完善，劳力者的优待，妇女地位的提高，民主自由的蒸蒸日上等，以至梁启超时有不虚此行的感慨。

然而，随着他调查的深入，美国社会的阴暗面便暴露了出来。梁启超对"黑人地位低下"的种族歧视，酷刑的存在，官场营私舞弊如拍卖场，美国总统多庸人，第一流人才不当总统。选举"以媚取众"，贿赂成风，分配不公等社会现象进行了揭示与评论。尤其当他看到美国华人的地位低下，心中对"共和"好感顿时削减。梁启超感到共和制美国并不是心中的桃花源，共和制的社会只适用于美国而不适用于中国，"共和、共和，吾与汝长别矣"。

这次美洲大陆之行，梁启超如同换了一个人，思想为之大变。不过，这次变化有个明显的过程。4月1日，梁启超在《与勉兄书》里说："中国实舍革命外无别法，惟今勿言耳。"4月11日在《与勉兄书》里说："长者（指康有为）此函责我各事，我皆敬受矣。惟言革事，则至今未改也。"随着旅程的推进，再加上师友的规劝，发现革命党的腐败，自身根深蒂固的"保皇基因"等原因，梁启超的思想逐渐加快了迈向改良的步伐。

8月19日，他给蒋观云的信里说："中国之亡，不亡于顽固，而亡于新党，悲夫！悲夫！""然弟近数月来，惩新党梦乱腐败之状，乃盖不敢复倡革义矣。"梁启超回到日本后，发表了《论俄罗斯虚无党》《答飞生》《答和事人》等文章，自此他完全放弃了"革命排满"、"破坏主义"的主张。

1904年3月至4月在香港召开保皇会代表大会。梁启超在日本逗留两个月左右便返国参加保皇大会。保皇大会原定于1903年秋季举行，因筹办不及而延期。这次大会以康有为、梁启超、徐君勉以及各地保皇分会的代表为主，康有为亲自主持大会，中心议题"专以商会为事"，讨论如何筹办商务公司。

康、梁在从事政治活动时，并没有忘记实业救国的道路。梁启超于1901年在上海开办了广智书局，1902年在日本横滨集股创办了译书局。然而，梁启超可能天生不是商人。广智书局因起初用人不当，连年亏损无法赢利，招来许多非议。译书局虽颇获利，可当梁启超准备扩充股份时，却卷进了保皇会自家"官司"中。

当时，康有为倡议在香港成立"商会"。梁启超接到这个通知之前，已派人到香港为译书局扩股奔波，自然引起香港"商会"总局人的误解，他们认为梁启超纯粹想问难"商会"，拆

"商会"的台。于是他们大肆攻击梁启超与译书局。

一时间，谣言四起，波澜丛生。原本就对梁启超不满的康有为又偏信港中"商会"，他屡次写信责备梁启超。开始，梁启超还年轻气盛，力辩众议。可这番举动更加激怒了康有为等人，梁启超受到的责备有增无减。在美洲的旅程中，梁启超烦恼痛愤的事之一就是这场"金钱"纠纷。

最后，梁启超由政治思想的转变，导致在这个问题上的"自我批评"，归顺了康有为。保皇大会的召开又进一步消除了康、梁之间的隔阂，也统一了保皇会成员的思想，在与革命党论战中表现了较强的阵容。

保皇大会结束，梁启超大约在 4 月中旬由香港至上海，留数日后便返回日本。在上海几天，梁启超与狄楚青、罗孝高等人日夕筹办《时报》诸事。该报虽是奉康有为之命在上海谋划，但梁启超实为暗中主持，从命名、发刊词到体制皆出自梁启超。6 月 12 日，《时报》出版。其初办时所登论说，大多也是梁启超撰写从横滨寄来的。梁启超有《时报缘起》一文，其中"跬步积以致千里，百川汇以放四海，务先后追随于国家之进步，而与相应焉，则本报所日孜孜也"，可代表梁启超当时心境。

正当梁启超以高昂的热情为"保皇"奔走呼号时，却"痛失黄遵宪"，情感上受到了一次大冲击。1905 年 3 月 28 日，黄遵宪以肺疾卒。4 月 2 日，梁启超得到噩电，痛悼异常，当即流泪在《饮冰室诗话》里记录了黄遵宪的事迹。

黄遵宪在维新派、保皇党中是一位极其重要的人物。他的政治观点除"保教"外，皆与康有为相似。梁启超与黄遵宪交往甚深，他在《嘉应黄先生墓志铭》里说，自己年少时跟随黄遵宪学习，后来亡命海外，黄遵宪仍旧关怀备至，几年内，黄致梁的信就达数十万字。

梁启超有感这位"平生风谊兼师友"的黄遵宪，他忘不了的正是黄遵宪对他"反对保教"的主张给予了鼓励，对他创办《清议报》《新民丛报》《新小说报》给予了热情支持，对他的文章赞叹不已。梁启超更忘不了的是黄遵宪为他定日课，指点人生迷津，指出他小说缺乏"神采之趣味"，也指出他个性性格上的不足。

当然，从历史的眼光看，黄遵宪对梁启超也产生了一些消极影响，如黄遵宪反对"革命"，不主张"破坏主义"等。可是就当时的梁启超来说，他考虑不到这么多，除了感到痛楚，就是从悲抑中走出，在极力与革命派的论争中，大肆宣扬自己的"新主张"。

目标冲突

改良派与革命派的言论对峙自"兴中会时代"便滋生。最先是章太炎于1901年8月在《国民报》上发表《正仇满论》，批驳康有为保皇和君主立宪的主张，指名批驳梁启超在《积弱溯源论》里所说的中国只能立宪，不能革命的观点。

1902年，康有为广为散发《南海先生最近政见书》，阐述他的保皇立宪的思想。于是章太炎于1903年5月又发表《驳康有为论革命书》。另外1902年冬，革命派的广州起义失败，遭到保皇派的广州《岭南报》的攻击，说革命派的"革命排满"为大逆不道，于是，革命派的香港《中国报》起来论战，"笔战逾月"。

1903年秋，孙中山改组檀香山的《隆记报》为《檀山新报》，发表了《告同乡书》和《驳保皇报书》，该地保皇会《新中国报》起来应战。1904 年，徐勤在香港为保皇会创办《商报》，同《中国报》对峙，"笔战十数续稿"。

不过，这个时期两派论战不是很激烈，大多就事论事，不成体系，社会影响不大。同盟会时代，两派交锋呈现白热化状态，由于清王朝的腐朽日益加深，中国未来去路再次严峻地摆到了人们面前，人们必须思考"中国将要建立怎样的国家"、"将如何去实现"等一系列问题。而且革命派、改良派的组织逐渐完善，阵容增大，各自提出了自己的看法，双方"磨刀擦枪"，火药味也越来越浓。

1905 年 8 月，中国同盟会在日本东京成立，11 月，该会机关报《民报》出版，并从第一号起，发表了孙中山的发刊词、汪精卫的《民族的国民》、朱执信的《论满洲虽欲立宪而不能》、陈天华的《论中国宜改创民主政体》等文，宣布同改良派论战。于是革命派以《民报》为主阵地，孙中山、章太炎挂帅，冲锋陷阵；改良派以《新民丛报》为主阵地，梁启超为旗手、为灵魂。

双方在两年多的激烈笔战中，涉及的内容极其繁杂。集中而言，无非两大问题：一是目标冲突，即未来的中国应该建立怎样的政体为最合适。二是手段分歧，即最好采取怎样的途径去实现未来的目的。围绕这两方面，梁启超自 1905 年起，在《新民丛报》上发表了《开明专制论》《驳某报之土地国有论》《答某报第四号对于新民丛报之驳论》《申论种族革命与政治革命之得失》《暴动与外国干涉》《中国不亡论》等多篇文章，比较系统地陈述了自己的思想。

就目标而言，革命派与改良派都是资产阶级的组织，都想在中国建立资产阶级性质的国家。只是革命派主张建立资产阶级共和制国家，梁启超则主张未来的中国应有两个目标：一是近期目标（或称过渡目标），即"开明专制"时代；二是远期目标，即"君主立宪"的国家。

梁启超的政治学说渗透着他的力本论思想。他认为所谓的国家精神就是"外助竞争，内调和竞争"，人们必须建立一个良好的形式、体制，才能为国家精神服务。只是良好的形式有多种多样，如"共和制"、"君主立宪制"、"开明专制"等，应该选择哪一种呢？这时，梁启超从斯宾塞"适者生存"的进化论思想出发，认为应该找最适合本国的制度，而不是最好的制度，一个好制度如果不符合国情，一样发挥不出其优势。基于此，梁启超努力地寻找一条适合中国的政治体制。

首先，"中国今日万不能行共和立宪制"。梁启超曾说："夫议院政治之美，其谁不艳羡焉。"议院政治指的就是共和立宪制。梁启超自己承认共和立宪制确实优良，人人艳羡，但对当时的中国并不适宜。不适宜的原因有多种，最根本的就是当时中国国民还没有行共和立宪的资格，不够其标准。

一方面中国国民自治力差，合群意识淡薄，国家思想薄弱等等，一但革命而实行共和立宪制，内乱外患等弊端就会接踵而来，共和立宪随之成为泡影。所以，梁启超指出，中国当时是君主专制国家，如果要用共和制来取代，必然要革命，但是，革命之后绝不可能得到共和，只能是更加专制。

另一方面，共和立宪制必须有行议院政治的条件，要求议院大多数人有批判政治得失的常识；同时议院政治必须有发达完备的政党为基础。

针对这两个条件，当时中国又是如何呢？梁启超认为当时中国国民不是顽固的老辈就是一知半解的新进，都是不懂共和政治的人，因此，中国大多数人没有平心静气地批评政治得失的常识。又，梁启超认为当时的中国"无三人以上之团体，无能支一年之党派。虽今后或者稍进乎，然亦仅矣"，因此，中国也没有发达完备的政党。另外，梁启超又列举了其他一些原因。于是，他断言当时中国政治不可行共和立宪制。

其次，"中国今日尚未能行君主立宪制"。君主立宪制是保皇党的政治纲领，但梁启超认为只能是远期的目标，当时中国不能实行。他按照立宪的精神，依据各国议院的通例，找出当时中国不能实行君主立宪的许多理由。主要有：

（一）人民程度未及格。如，君主立宪制必须开设议院，而中国国民对议院知识知之甚少，诸如弹劾权、协赞法律权、协赞预算权等，因而议院不可发挥其监督政府的权力。又如，政府逮捕议员必须经过议院许诺，但中国"幼稚之民"往往因辩论而生意见而生仇视，动则挥拳拔刀，不能节制，屡生恶作剧，何谈什么议院精神？再如关于选举方面的知识，像选举权的义务，选举的自由意志，选举的正当竞争，议院代表人民等，皆是知之不多。如此国民，怎能行君主立宪制？

（二）施政机关未整备。梁启超随念所及，拉杂举出十数条理由。如中国国籍法未编定，义务教育尚未行，税法尚未备，选举区未划分，另外自治制度、诉讼法、民法、刑法、行政法等皆未制定。诸法未立，不能取信于民，无法颁布宪法；施政机关一片瘫痪，也不能执行立宪制度。因此，当时中国不能实行君主立宪制，唯有等待而已。

综上，共和立宪不可行，君主立宪不能遽行。但是中国不可能永远处在专制君主的体制下，必须寻找另一种制度。梁启超认为这就是"开明专制"。

梁启超心目中的"开明专制"是与"野蛮专制"相对照的。简单地说，"发表其权力于形式，以束缚人一部分之自由，谓之制"。"由专断而以良的形式发表其权力，谓之开明专制"。"以所专制之客体的利益为标准，谓之开明专制"。这里"客体"或指国家或指人民。因此，梁启超所说的"开明专制"是以国家或人民利益为准绳，以一种良的形式实现权利的专制制度。

他为了取信于人，引述了古今中外有关开明专制的"国家"与"时代"，诸如"民智幼稚之国"、"幅员太大之国"、"种族繁多之国"、"国家初成之时"、"国家当贵族横恣、阶级轧轹时"、"国家久经不完全专制时"、"国家久经野蛮专制时"、"国家新经破坏后"等等。换句话说，只有当时的中国最适宜"开明专制"。梁启超十分自信中国实施开明专制有好处无穷，不仅充分体现了"国家精神"，而且"实立宪之过渡也"，"立宪之预备"，为最终自己的政纲作准备。由此可见梁启超奉行改良主义的苦心。

梁启超"开明专制"论一出，革命派当即予以驳斥，一针见血地指出梁启超之所以弃共和立宪，远君主立宪，择开明专制，就是由于梁启超害怕"流血"，依恋清帝，走的是"改良"路线。

手段分歧

在梁启超与革命派的论争中，我们再也看不到他初到日本时对"革命"的激进态度，看到的只是他极力回避和惧怕"革命"。可以说，正是因为梁启超对"革命"态度的转变，导致他放弃"共和"理想，以"开明专制"为目的。下面，我们就来分析他此时的"革命观"，借此回答他实现"开明专制"的手段。

简单地说，梁启超与革命派在"救国"手段上的分歧，即是改良与革命的不同。改良是梁启超一贯的思想，即使在他一生中思想最激进，满口"革命"、"破坏主义"的时候，也没有完全抛弃改良的意识。

1902 年，他为了倡"革命"，写了一篇《释革》文章。该文一面鼓吹世界永恒地变化运动，批判那些忌革骇革忧革的保守顽固派，而另一面认为"易姓者固不足为 Revolution，而 Revolution 又不必易姓"。革命不必易姓，言下之意，清王朝可以存在，光绪帝可以存在，其中深藏着改良主义的种子。

1903 年元旦，他在《敬告我国国民》一文中，虽然"革"义未除，坚持"破坏主义"，批驳"温和主义"，但是他提倡了一种"预备"精神，认为"革命"不是现在的任务，而是将来的任务。这显然放慢了节奏。美洲归来后，他一反当初，言论大变。他以一种极其谨慎的态度对待"革命"。

1904 年，他写了《中国历史上革命之研究》。除继续发挥他的"预备精神"，又指出中国历史上"革命"具有"七大恶"，即具有私人革命，而无团体革命；有野心的革命，而无自卫的革命；有上等下等社会革命，而无中等社会革命；有复杂革命，无单纯革命；革命时日太长；革命家之间为敌；革命时代有外族入侵等。一句话，中国历史上革命的共同点是：革命必乱，革命解决不了问题，只能带来恐怖，让人民遭殃。

他采用他惯用的"历史论证"法，认为当时的中国与历史上的中国相似，因果相倚相会，革命党"革命"的结局同样避免不了"七大恶"。因此当时中国不能选择"革命"的道路。1905 年后，改良派与革命派论战进入激烈状态，梁启超又撰写一系列文章，阐述他的"革命"观。

梁启超把"革命"划分成"种族革命"、"社会革命"、"政治革命"三大类。他主张当时中国只能走"政治革命"道路，而不能走"种族革命"、"社会革命"的道路。

首先，他否定了这三类"革命"同时实行的可能性。他不止一处"忠告"革命派"勿并张种族革命政治革命社会革命之三帆"。三帆并举，必生冲突，必生大乱。他宣称，他一定会全力反对在中国实行全面革命，如果要在中国推行全面革命，那就是民族的叛徒，国家的罪人，四万万人共诛之。

其次，他坚决反对"社会革命"。梁启超所说的"社会革命"就是革命派的"平均地权"、"土地国有"的政策。"平均地权"或"土地国有"是孙中山为首的资产阶级革命民主派所倡导的"三民主义"中"民生主义"的主要内容，是资产阶级革命的一大内容，目的就是变封建地主土地所有制为资产阶级土地国有制。具体做法是：通过核定全国地价，将现有的地价归还原主；以后因社会进步新增加的地价，则归国家所有，国民共享，并逐步将土地收为国有，使之达到"家给人员"，从而使革命毕其功于一役。

可是，这项措施毕竟触动了封建地主阶级的利益，所以"民生主义"一经提出，立即受到封建顽固派的责难与非议。梁启超也站在封建地主阶级立场对其大加驳难，于是他理直气壮地表示，在革命问题上，其他问题都能让步，唯有这点决不让步，同时也闪过一缕慌恐之色。他的《开明专制论》一文从社会角度分析了土地国有论的不可性，余意未尽，又在《驳某报之土地国有论》一文中，从财政方面、经济方面列举了33条理由，指出土地国有制不必行、不能行，足见梁启超的"良苦用心"。

梁启超站在改良主义的立场，是无法认识到孙中山"民生主义"的真正历史内涵的。他认为封建土地私有制是历史的产物，有强大的生命力，而"土地国有"违背了历史规律，阻碍了社会发展和国家进步，只不过是想要借助武力屠杀国民，掠夺其田产，有人性的人是不会这么干的，革命派只不过是煽动下层人，诸如赌棍、盗偷、流氓之流的情感去反对政府而已，等等。总之，"土地国有"制不可行，社会革命不能行。

再次，梁启超反对"种族革命"。资产阶级民主革命派主张"驱除鞑虏，恢复中华"，有着深层含义，这就是通过革命手段，推翻清政府，挽救民族危机，变半殖民地半封建的中国为独立的国家。孙中山曾说："就算是汉人为君主，也不能不革命"，说明了革命的诚心与决心。

梁启超对通过"革命暴力"推翻清政府的手段深恶痛绝，于是他不仅曲解"种族革命"的深义，片面宣传孙中山的"民族主义"只不过是"复仇主义"，而且做出耸人听闻的言辞。他认为，"今日中国"搞种族革命，必然摆脱不了"七大恶"，乱敌四起，乱民蜂拥，民不聊生，国家无法进步，最后作茧自缚，永坠九渊。

如果说梁启超反对"社会革命"，说明他的情感倾向于封建地主阶层，远离了下层劳动人民，那么他反对"种族革命"，则是他的情感倾斜于清廷王朝，远离了历史进步。

最后，梁启超赞成的只是他的"政治革命"。他按照万国公例认为，政治革命就是要用立宪取代专制，无非是君主立宪和共和制，然而当时中国不可能行共和立宪制，因而"政治革命"实指"革君主专制而为君主立宪"。这就是梁启超实现"开明专制"、"君主立宪'的主张。

具体地说，梁启超的"政治革命"主要有两大方针：一曰劝告，二曰要求。所劝告者在开明专制，所要求者在立宪。那么怎样完成劝告、要求呢？梁启超认为首先必须以开明专制、君主立宪为政治目标，做到有的放矢，得此则止，不得勿休。其次，围绕这些内容，向中央政府谏议，要求并适当加以督责。此时要做到温柔敦厚，诲人不倦，如同子女对父母提要求，如同父母教育子女一样。所提要求要量政府的能力，不能太虚也不能太高，更不能向政府提出办不到的要求。否则政府日受百鞭，也不知改正。另外，假如劝告、要求不行，可以对政府加以相当的惩罚，甚至不排除"暗杀"方式，但是，这种惩罚只是为了提醒政府，而不是暴力；这种"暗杀"方式只是对付个别"冥顽不灵"统治者的"最后之武器"，绝对不能滥用，更不能流化成暴力或革命。

梁启超对这套温和的改良手段十分得意，认为这是当时"救国"的唯一最好的手段，他多次把政治革命、种族革命和社会革命三者相比较，认为只有"政治革命"最适宜中国，有着无穷多的好处。政治革命能建设国家，种族革命和社会革命只能诱导外国势力的侵入，只能使国家混乱、灭亡。总之，政治革命对当时的中国有百利而无一弊。

至此，梁启超完成了他的"革命观"，也完成了他那一套改良主张。

主动休战

这场论战在舆论界产生了相当大的影响，除了《民报》《新民丛报》这两个主要阵地，两派的其他刊物大多也卷了进来。当时，革命派与改良派的论辩刊物主要有：香港，《中国日报》对抗《商报》《岭海报》；曼谷，《华暹新报》对抗《启南新报》；仰光，《光华报》对抗《商务报》；南洋，《中兴日报》对抗《南洋总汇新报》；檀香山，《自由新报》对抗《新中国报》；旧金山，《美洲少年报》《大同报》对抗《世界报》《文兴报》等。可以说，这对革命派与改良派双方都是一次大动员、大讨论。随着论战全面展开，讨论深入，资产阶级改良派的弊端便逐步暴露出来。梁启超面对着革命派连珠炮似的驳难，也陷入了理屈词穷，难以招架的窘境。于是他就想主动休战，退出这场笔墨官司。

1905 年，梁启超以文字始交徐佛苏。徐佛苏，湖南长沙人。曾与刘揆一、黄兴等人共谋革命，失败后逃到了日本，不久便寄给《新民丛报》一篇文章，该文备受梁启超的赞赏，二人的交往自此开始。经过一年多的书信往来，虽然徐佛苏一直没有见到梁启超，但已受梁启超影响甚深，二人的友谊也非同一般，以至彼此每发一言未尝不契。

当时，徐佛苏是一位活跃于改良派与革命派之间的人物。所以，当梁启超休战的念头一出，徐佛苏就成了他的最佳"中介"候选人。开始，徐佛苏按照梁启超"作一来函登报，以停止论战"的要求写了一篇《劝告停止驳论意见书》。该文于1906 年 7 月发表在《新民丛报》第 11 期上，大肆鼓吹休战。此言一出，立即受到革命派坚决彻底的反驳，要求把"论战"坚持下去。

接着，徐佛苏又遵照梁启超的要求拜访了宋教仁，并通过宋教仁把梁启超"以后和平发言，不互相攻击"的意思，传给了孙中山等人。只是孙中山等人对此皆不以为然。直到后来一场大火烧了《新民丛报》上海支店和时报馆，1907 年 8 月《新民丛报》被迫停刊，改良派自动放弃了主阵地，梁启超的精力也转向了其他方面，论战才自然宣告结束。

论战虽然结束了，但是以失败而告终的结局对梁启超的影响并不会轻易地消失。美洲归来后，他刚参与到论战中时是那么的自信、"义正辞严"，甚至"狂妄"。可是，三年的论战如同三年的跋涉；梁启超"精疲力竭"，失败的挫折时时折磨着他。

1907 年冬，他曾一度孤寂地徘徊在横滨乡间，异乡的陌生、羁客的孤独、隆冬的凄凉、失败的惨淡等等，一股脑儿撞击着他的心神。于是他不自禁地吟道："泪眼看云又一年，倚楼何事不凄然。独无兄弟将谁怼，长负君亲只自怜。天远一身成老大，酒醒满目是山川。伤离念远何时已，捧土区区塞逝川。"他的既凄凉又悲壮的内心世界跃然纸上。

这次论战范围大，费时长，双方都投入了大量的人力物力财力，在客观上推动了历史的进步。正因为这场论战，擦亮了人们的眼睛，使人们认识到清政府的腐朽，外国列强的贪婪，改良的道路不可行，革命民主的观念深入人心，成为中国近代史上一次大的思想解放潮流。甚至 1907 年《新民丛报》也登载文章承认这一事实，认为通过论战，革命派组织越来越严密，革命观念越来越深入人心，即便是底层人民，也开始大谈革命。

这次大论战是一次全民大教育，为辛亥革命的到来奠定了思想基础。

论战中，革命派与改良派都以激烈的论战证明自己的合理与进步。论战虽然以改良派主动退出而宣告结束，但结束之后，梁启超及其改良派并不是一蹶不振，销声匿迹。双方仍然各沿着自己既定的方针路线继续为救国而奋斗，革命派去走暴力革命的道路，发动了千波万澜的武装起义；梁启超和他的改良派则投入到如火如荼的宪政运动中。

立宪顾问

历史进入 20 世纪，中国形成了清廷、改良派、革命派相互角逐的政治格局。在改良派、革命派的夹攻下，清廷也在想方设法"自我解救"着。庚子年间，西方列强入侵中国。津京陷落后，慈禧太后被迫仓皇出逃，在"西狩"途中，饥寒羸瘵，困无床榻，渴无饮水，尝尽了颠沛流离之苦，皇太后的尊严一扫而光。遭受如此震撼，以慈禧为首的，一向视"维新"、"立宪"为毒蛇猛兽的顽固当权派，面对着内忧外患的现实，这群木讷脑瓜们也嗅出了一丝气味。于是 1901 年 1 月 29 日，慈禧太后以光绪皇帝的名义在西安颁布了"变法"、"革新"的上谕，揭开了晚清最后 10 年"新政"的序幕。之后便陆续在政治体制、军制、教育制度等方面作出"革新"的举动。

清廷摆出"新政"姿态，确实鼓舞了一批人。流亡海外的康有为、梁启超等保皇维新派，更坚信他们君主立宪的主张；一些不甘清王朝覆灭的臣僚，如张之洞、刘坤一、袁世凯等，在"各举所知，各抒己见"的上谕感召下，纷纷奏议变法；国内的一批维新人士如张謇等人，也从"新政"中得到了慰藉，跃跃欲试，提出了较为完整的"君主立宪"理论主张。可是，此时的清王朝已是油干灯枯、颓垣断壁。这次迟到且易逝的"变法自强"活动，已不可能自我拯救。一则中国资产阶级革命派已在中国政治舞台上出现，清廷的"新政"遭到他们无情的揭露和猛烈的抨击。二则清廷"新政"举措只是洋务运动、维新变法的翻版，已如残羹剩饭，不会从根本上变革（如"立宪"问题），不能引起人们太多的兴趣，甚至改良派也很不满足。

1905 年日俄战争结束。这次战争俄国战败，并在当年爆发了俄国资产阶级革命，沙皇被迫实行立宪。这些消息在中国立即掀起轩然大波，一致认为不是日本人战胜了俄国人，而是日本的立宪制度战胜了俄国的专制制度。一时间，以康、梁为代表的海外立宪派，以张謇、汤化龙为代表的国内立宪派和清廷官僚立宪派遥相呼应，为"宪政"推波助澜，卷起一股"立宪"热潮。

此时的清廷顽固派面对这种局势，也犹如冷水浇背，惶惶不安。为了抗击资产阶级革命派越演越烈的革命烈火。拉拢、抚慰资产阶级立宪派，取悦帝国主义列强，也为了自我解救，不步俄国后尘，清廷拉开了历时 8 年的"预备立宪"活动。

大致说来，清廷"预备立宪"活动经过了慈禧、载沣、袁世凯三个阶段。慈禧阶段居于开始时期。清廷迫于"立宪之声嚣然遍天下"的形势，分别在 1905 年 7 月 16 日、27 日先后两次下谕派遣载泽、戴鸿慈、徐世昌、端方、绍英等五大臣出洋考察政治，此次受到革命党人的阻挠。五大臣尚未出都门，革命青年吴樾等人就在正阳门外火车站发动了炸弹行刺事件。11 月，清廷重新组织了由载泽、端方、戴鸿慈、尚其亨、李盛铎组成的出洋考察政治班子，并"分途出洋"。"五大臣"回国后，向慈禧面奏"请行宪政"。

慈禧于1906年9月1日，以光绪的名义颁布上谕，宣布预备立宪，并进行了一些官制改革。1907年8月，清廷颁布上谕，设立宪政编查馆。同月，颁布《钦定宪法大纲》《九年筹备清单》。9月，派汪大燮、达寿、于式枚分别出使英、日、德三国考察宪政。10月，光绪下谕命各省设立咨议局。"预备立宪"在缓慢中前进。

正当慈禧等清廷顽固派比较清醒地意识到，立宪可能是拯救清王朝免于倾覆的唯一重要措施时，光绪、慈禧却在11月14日、15日相隔不到一天相继死去。之后，溥仪即位，载沣摄政"监国"，清廷"立宪"活动进入载沣阶段。为了表示"立宪"的决心，取信于民，12月3日（宣统帝继位的第二天），载沣就以宣统帝的名义发布上谕，重申9年立宪期限。1909年3月，再次重申"预备立宪，维新图治"的宗旨。10月，各省咨议局成立，并照章开会议事。1910年10月，资政院开院。11月4日，清廷宣布提前到宣统五年召开国会。1911年5月8日，清廷组建了臭名昭著的以庆亲王奕劻为内阁总理大臣的"皇族内阁"，13名内阁成员中，满人9名（皇族占了6名），汉人仅4名。10月10日，武昌起义爆发，清廷被迫重新起用袁世凯，"皇族内阁"溃散。

袁世凯为实现自己的野心，续演清廷"立宪"剧，提出了"明年即召开国会"等要求，颁布《宪法十九条》等。只是还没有来得及兑现诺言，1912年2月12日，清帝下诏退位，清廷的"预备立宪"活动也就结束了。

清廷在"预备立宪"上的态度，受到"专以倡宪政为义"

的立宪派的赞扬和欢呼。梁启超更是情绪激昂、兴奋不已，紧跟清廷"立宪"的举措，作出了积极的反应。在改良派与革命派的思想论战中，宪政问题就是一个重要问题，梁启超反对民主共和，主张君主立宪；反对望国民以民权立宪，主张望政府以开明专制；等等。

五大臣出洋考察政治，梁启超等人则为他们起草奏件。当时清廷以端方主张宪政甚力，他频繁以书札与梁启超沟通，主要是咨询有关宪政事情。仅 1905 年秋冬间，梁启超就为他代草考察宪政、奏请立宪等相关奏折，达 20 余万字，其中就包括后来清廷御前会议通过的《考察各国宪政报告》。1907 年，清廷法部尚书戴鸿慈曾致书梁启超，询问法部与大理院权限问题。1910 年正月，梁启超曾上书载涛，历陈"立宪"的策略。这几年，溥伦、善耆等清廷许多大臣亲贵也都与梁启超书信往来密切，商讨的主要内容就是立宪。

这时期，梁启超有关"宪政"的文章也如雨后春笋，层出不穷，如《咨议局权限职务小论》《立宪政体与政治道德》《论政府阻挠国会之非》等数十篇之多，梁启超通过这些文章比较系统地表达了自己的观点。他以日本和英国的宪政为理论依据，规划着中国"君主立宪"的未来。君主（皇帝）作为国家的元首，代表国家发布法律、批准签定条约、任免官吏等，有着至上尊严。其次，下设国会。他认为国会在法律上代表国家机关，在政治上网罗各方面势力。他认为二院制最适宜中国。其中上院（左院）由皇族、各省代表、敕选、蒙藏议员组成，下院（右院）由选民选举的议员组成，平等代表全国国民。梁启超给予了议院以极高的权力，如参预改正宪法、提出议诀法律、质问政府等权力。

　　但是，明眼人一看便知，清廷轰轰烈烈的"预备立宪"，到最后只能是一张空头支票。他们只是想利用"立宪"作为幌子，慰藉民众，稳固清王朝的统治，苟延残喘而已。对此，梁启超也深有感触。如1906年，清廷宣布厘订内阁官制结果，梁启超对这个有名无实的改革大为感叹，认为改革的力度根本就达不到所期望的程度。因此，梁启超对清廷的"立宪活动"有支持也有批评，有督促也有请求。总而言之，清廷的"预备立宪"带给了梁启超慰藉、兴奋、自信。

　　早在1906年，当他在日本看到清廷"预备立宪"明诏时，激动地致书蒋观云说，见到朝廷要立宪的诏令，就意味着政治革命的问题已经无须再虑。几个月后，他在东京发表演说也宣称，朝廷下诏立宪，是大快人心的事。他强烈感到"立宪"的责任非己莫属，自己才是当时中国"宪政灵魂"。不能因无望而失望，不能因受阻而退缩。不过，若想一睹梁启超此时"宪政灵魂"的风采，若想品味一番此时他的喜怒哀乐，就必须读一读他的"党事"生涯。

党事风波

　　1906年冬季，梁启超离开横滨《新民丛报》社住处，来到了距离神户约80里的须磨怡和别庄。此处虽为一荒村，但有临海小楼，长松千株，风景殊佳。梁启超在与革命党激烈的论战中偶尔偷闲，并不是游山玩水，怡心养身，而是在酝酿一次更大的计划，这就是准备组建政党。

　　组建政党一直是梁启超心里的一件大事。在此之前，他虽然参与组织了强学会、各种报社、保皇会等组织，但是它们或是社团组织或是经济性质，而不是真正意义上的政党。清廷"预备立宪"诏书一下，海内外的立宪派人士掀起一股建立公开立宪团体或党派的热潮。张謇、郑孝胥等人在上海成立了"预备立宪公会"。康有为等人改保皇会为国民宪政会（亦称国民宪政党）。在这种氛围下，梁启超的情绪也高涨起来，他认为这是组建政党的好机会，绝不能放弃。

不过，这次梁启超组建政党还有一个极其重要的目的，就是死战革命党。当时，海内外革命党的势力迅猛发展，令梁启超十分害怕，滋生了强烈的危机感。他在给康有为的信中直截了当地说，当前保皇派与顽固派的矛盾是第二位的，与革命党的冲突才是第一位的，是你死我活的关系。这番露骨言论，恰恰代表着梁启超、康有为的心思：革命党一但夺得天下，哪有他们的市场。因此，乘清廷"预备立宪"的天赐良机，组建政党，扩张立宪派的势力，乃迫在眉睫的当今第一要务。

这个时期，梁启超在政党的性质、纲领、组织形式、人员安排、地点选择等方面，都发表过看法，基本上形成了自己的政党观。他认为东西各国政党最主要的性质是忠于其主义，而非忠于某个人。标举一主义，可以集贤纳才，号令天下；标举一人，势必推戴此人，这在当时的社会环境下难以用来号召海内外豪杰英雄。

梁启超这种"党于主义不党于人"的主张也是有感而发的。当时国民宪政会章程中过分推戴康有为，遭到许多英雄名流的非议。所以，梁启超后来组织政闻社时，一直没有把自己和康有为推到前沿阵地，只是在后台指挥操纵。

梁启超这种"党于主义不党于人"的建党观点确实有一定的科学性、进步性，应属于不刊之论。只是我们也要认真分辨他头脑里的"主义"。梁启超在给康有为的信里说他的"主义"有三大纲：一是维护皇室，二是争取民权，三是打击不负责任的政府。仍然是保皇改良的路子，为清廷"预备立宪"擂鼓助威罢了。

可以看出，梁启超谈起道理时，滔滔不绝、满腹经纶，然而在具体组建过程中，却连续受阻，风波不断。大的阻力一次来自立宪党内部，一次来自革命党。

梁启超建党地点首先选中了日本东京，他认为这里学界人数多，这批人回国后大多遍布要津。其中他看中了几位在日本学界颇有影响的人物，如杨度、蒋智由、徐佛苏、熊秉三等。在给蒋智由的信里，梁启超十分谦逊地表示，如果蒋智由能出面组织政党，他愿意鼎力相助。在旅日众人中，梁启超一开始非常推重杨度。他在向康有为汇报组织政党工作情况时，曾郑重地举荐过杨度。在梁启超看来，杨度国学学识修养极深，研究佛理、近世政法之学，亦能确有心得，乃是东京最可信且最有势力者。

可是，事情的发展不像梁启超想象的那样轻松顺利。在组建工作开始不久，蒋智由与杨度之间因职位安排、观点分歧等问题，酿成一场风波。二人相互攻讦，各自拉帮结派，露出分裂的端倪。梁启超很不情愿同时失去这两位不可多得的英才，曾企图斡旋其中，谋求统一合作，终因蒋、杨二人裂痕太深而放弃。最后杨度组织了宪政公会，梁启超与蒋智由、徐佛苏等人组织了政闻社。

值得注意的是，史家在介绍这场风波时，常常把原因推向蒋智由与杨度的矛盾上，而忽视了梁启超与杨度之间的思想分歧。其实，蒋、杨的分裂只是这场风波的导火线，梁、杨的矛盾才是真正原因。

当时，梁启超正与革命派论战，他视革命党如仇敌，因此他的言论常把矛头指向革命党，他组建政党的目的之一就是对付革命党。可是杨度不一样。此时杨度虽主张立宪，但他并不敌视革命派。他对梁启超批驳革命党的积极态度有着比较清醒的认识。他曾致书劝说梁启超，请他不要只驳斥革命党，批评国民。再加上杨度为人比较高傲，常置梁启超于外。如此一来，梁启超与杨度的裂痕也越来越深。

1907 年夏，梁启超在给康有为的一封信里，口吻大变，认为杨度"颇有野心"，想利用保皇党的金钱名誉，居心叵测，让人难以放心等等。这样梁启超由推重杨度转为贬抑杨度，直至分道扬镳。

梁启超稍稍从这场风波中得以解脱，便为成立政闻社积极谋划开来。为了得到袁世凯、岑春煊等人的支持、赞助，他于1907 年 6 月一度由日本返回上海。只是梁启超并没有见到岑春煊等人，在上海扑了一个空，心绪沉闷抑郁，离开上海后填有《金缕曲·丁未五月归国旋复东渡却寄沪上诸子》一词。

在这首词里，梁启超自比"飘流燕"，形象细腻，再现了当时心境，既有报国无门的羁旅情思，又有未见到岑春煊等人的无奈与怨恨；既有国破家亡的凄凉萧瑟，又有为国献身的热诚与殷切。总之，整首词中暗隐着一股执着的爱国精神。正是有了这股动力，经过几个月的酝酿商讨和权衡筹备，1907 年 10 月17 日，梁启超等人在东京神田区锦辉馆召开了政闻社成立大会。

然而这次大会很不顺利，会议中途，革命党人与立宪党人发生了全面冲突，史称"锦辉馆风波"。这次大会可以说是海外立宪派的一次大型集会，参加者除立宪派人外，还有日本名士犬养毅等人，日本的一些留学生、革命党人也组织了一批人前往。

正当梁启超发表讲演，畅言他的改良立宪主张时，革命党人张继、陶成章等人一边骂，一边冲向讲演台，于是双方在锦辉馆里一群混战。那么，当时的梁启超是如何表现的呢？立宪派、革命派说法不一。其中徐佛苏在《记梁任公先生逸事》里说，梁启超当时神情镇定，从容不迫，继续他的演说。而章太炎在《记政闻社员大会破坏状》里却写道，梁启超见形势危急，慌忙逃离会场，有人拿破鞋丢向逃跑的梁启超，砸中了他的脸颊。一个是泰然自若的大将风度，一个是落荒而逃的可怜虫。谁是谁非，实难抉择。

总之，政闻社开幕式受到革命党人的轰闹而不欢而散，成为一盘没有下完的棋，最后变成了革命党的讲演场，张继、宋教仁分别登台讲话，宣传同盟会的宗旨，痛斥清廷的"伪立宪"，批驳立宪派的错误观点。梁启超在锦辉馆风波中也受到了一定的刺激，第二天，梁启超的父亲便来信规劝，劝说他不要太相信清廷"立宪"主张，也不必过分与革命党为敌。数日后，康有为也致信以"谨卫保身"四字，叮嘱梁启超。不过，梁启超并没有因此而退缩，他在"党事风波"后，对政闻社的热情越发高涨起来。

"政闻"速写

政闻社成立后，各项工作便开展起来。这里，我们撷取梁启超直接参与或特别关注的几件大事，描绘一下政闻社短暂的历程。

1907 年 10 月 7 日，蒋智由主编的政闻社机关报《政论》在上海创刊出版。梁启超在第一号刊上发表了一篇洋洋数千言的政闻社宣言书。他站在改良立宪派的立场，极有层次、极有系统地陈述了成立政闻社的必要性、迫切性。

在这篇文章里，梁启超指出政闻社当前的任务主要是督促清王朝做以下工作：一是实行国会制度，建设责任政府；二是厘订法律，巩固司法权之独立；三是确立地方自治，正中央、地方之权限；四是慎重外交，保持对等权利。梁启超认为这四条主张关系国家安危存亡，关系中国将来前途，一切为了立宪。至于军事、财政、教育等问题，他认为只有等国会开设后由新的政府去完成。

值得注意的是，政闻社时期梁启超的改良思想有增无减，他一再强调："政闻社所执行之方法，常以秩序的行动，为正当之要求，其对于皇室，绝无干犯尊严之心；其对于国家，绝无扰紊治安之举。"这简直就是他的"政治革命"的再版，而且有过之而无不及，由不敢冒犯清廷到向清廷许诺忠诚，由不会采取革命手段到讽刺挖苦革命派。当然，梁启超说得如此露骨，也是为消除清廷的戒心，为政闻社安全健康发展营建温室环境。

恭迎马良，是政闻社成立后一次大张旗鼓的举动。政闻社的活动一直由梁启超、康有为在暗中主持，他们二人没有挂任何职务。不过，表面上政闻社总应该有一个领头的。这样，他们选中了马良为总务员。马良的道德学问饮誉当时，他深通中国经世之学，精研哲理法政诸学，旁通拉丁、罗马、英、德诸国语言。有这样一位德才兼备的人作为政闻社的"旗帜"，面子自然风光。于是梁启超特派汤觉顿到上海迎马良东渡日本，并对这次活动作了大量宣传。

70岁高龄的马良到了东京，四处发表演说，拍照留影，产生了较大的影响。这样，立宪派党势大张，声势盛极一时。顺着这股风潮，政闻社本部按计划于1908年正月由东京迁往上海，由总务员马良、常务员徐佛苏等主持其事。政闻社本部迁沪后，已开始的各项事务又迅猛发展。具体地说，有设立《江汉公报》、江汉公学，倒袁，速开国会等事务。

在武汉设立《江汉公报》（又称《大江日报》）、江汉公学乃是梁启超极力主张的。在他看来，政闻社正值草创阶段，必受清廷摧压。若想在国内扩张政闻社的势力，必须选择一座有一定条件且清廷力量薄弱的城市作为基地。北京、上海等固然重要，但那里是清廷势力集中地，故不可选。而武汉则是必争之地，无异于世外桃源，最易于办报办学。于是，梁启超从人员安排、资金筹划等方面为《江汉公报》、江汉公学谋划开来。其中他认为办好《江汉公报》是政闻社立足武汉的最好方式，江汉公学则是模仿日本早稻田的办法，为立宪党培养人才。不过，这两件事终因资金不足，一推再推，未能及时创办。这种惨淡之状令一部分人心灰意冷，丧失了原有的积极性，有人主张改办经营印刷业，有人主张干脆不办，只是梁启超依然坚持着。经过多方努力，《江汉公报》终归办成，而江汉公学只好停办。

政闻社开展活动，阻挠反对的人很多，袁世凯就是其中一位。梁启超与袁世凯一个"善变"，一个"趋炎附势"，二人关系极其微妙。戊戌变法后，梁启超一度对袁世凯恨之入骨，密谋派人暗杀袁世凯。清王朝"预备立宪"活动拉开序幕，袁世凯是附和者、赞成者，因此梁启超在组建政闻社时曾设想拉袁世凯作为暗中赞助人。

可是袁世凯是惯使手段的人，他赞成清廷"预备立宪"，默认政闻社活动，仅仅是为自己升官发财着想。当康有为、梁启超等人想速图光绪帝复辟，实行"君主立宪"制，康、梁等立宪派人士的声势越演越烈时，袁世凯便开始弹压政闻社了。与此同时，梁启超、康有为等人自然萌发了"倒袁"的念头。虽然由于袁世凯作鬼，慈禧下令解散了政闻社，但是政闻社解散后，政闻社成员"倒袁"活动并没有停止，而且梁启超主张"倒袁"的心愿越发强烈。

不过，当时袁世凯身居要职，掌握着清王朝军事、外交大权。对梁启超、康有为这帮书生来说，别无他途，只有依靠别人的力量来排挤袁世凯。于是他们走上了与清廷官僚权贵们相结合的道路。面对着清廷那帮"顶戴花翎"，他们看势力看地位看交情，选来选去，最满意的只有庆亲王奕劻、醇亲王载沣、肃亲王善耆等人。其中，奕劻以贪赃闻名，可行贿赂；载沣是光绪帝的弟弟，必念兄弟情谊；善耆为帝党，而且至今宗旨不变，好下交处士，一派名士风度，因此，依靠他们"倒袁"应该有可能。

于是，梁启超等人四处活动，竭尽全力。只是奕劻的作用不大，梁启超为此损失了他从欧洲买来的水晶床。然而他们选准了载沣与善耆。当时，善耆任民政部尚书，自袁世凯入主军机后，他的权力缩小、地位受压，心里自然痛恨袁世凯。慈禧、光绪帝死后，载沣摄政，他也感到留袁世凯在清廷对自己的危胁，为了自己，也为了自己儿子的帝位，他决心革职袁世凯。

当然，载沣、善耆想排挤袁世凯并不是梁启超所想的因为光绪帝的缘故，但袁世凯要被革职的消息确实让蒙在鼓里的梁启超兴奋不已。他在给蒋智由的信里，激动地把摄政王载沣比作古代的周公，用尽了赞美之词。当袁世凯于 1909 年 1 月 23 日奉命"回老家养病"的消息传来，梁启超彻夜难眠，第二天便致书肃亲王善耆，表达了"除掉"袁世凯后的激动心情，并进一步主张宣布袁世凯罪状，坚持彻底倒袁。

于是，梁启超将自戊戌以来对袁世凯的积怨在这封书信里倾泄而出：袁世凯煽动了东学党之乱；为了一己功名，酿成甲午战祸；为了一己富贵，包藏祸心离间宫廷；纵容义和团，酿成滔天之祸；植党营私、招权纳贿、虚耗公款，等等。此时在梁启超眼里，袁世凯一无是处，浑身瘤毒。

由于梁启超在"倒袁"一事上的努力，受到摄政王载沣的夸奖，同时袁世凯的革职也确实给梁启超带来了欢欣，一时间，他感到立宪有望、国家有望、自己前途有望。但好景不长，随着时间推移，他发现载沣等人并不看重他，他在给梁启勋的信里吐露了这番心思，认为载沣可没有光绪的"贤明"，只当他是个凡夫俗子。抚今追昔，一种受冷落、被利用的苦闷屈辱感油然而生。

速开国会是立宪派的最大目标之一，政闻社、预备立宪公会、宪政公会等组织更是对此极力主张。在组建政闻社时，尽管梁启超与杨度分道扬镳，裂痕较深，但梁启超十分欣赏杨度"专提倡开国会"的主张。他在给杨度的一封信里说，这是以简单直捷的方式约束国民心理，能得到一针见血的效果，诚为良策。

政闻社成立后，梁启超在《政闻社宣言》里提出政闻社第一条纲领就是"实行国会制度"。在这一点上，立宪派人士可以说达到了高度共识，他们一致认为开成国会是实施宪政的前提与基础。梁启超一直竭力谋求与国内立宪派头面人物张謇、郑孝胥、汤寿潜等互通声气，使海内外立宪派遥相呼应。

可是当他们认识到清廷"预备立宪"活动只是"预备"而不是"立宪"时，目睹时艰，心急如焚，于是一时请愿速开国会的呼声遍及东西南北，有立宪派诸团体、绅商士民，也有一部分地方督抚和驻外使臣。其中1908年7月初政闻社以全体名义致电宪政编查馆，认为开设国会一事，关系到中国的存亡，必须要有准确的时间表，以稳定人心。要求三年内召开国会。

与此同时，政闻社在海内外发起了速开国会签名请愿运动。国内有马良、徐佛苏、麦孺博、徐勤等一大批政闻社社员，遍及许多省份；国外有康、梁等联合海外侨民上请愿书，主张撤帘归政，尽裁阉官，迁都江南，改国号为中华等等，这次签名请愿运动引起了国民的关注，也触动了清廷敏感的神经，激起了一些清廷大吏的妒忌和愤恨之火。于是清廷一方面颁布九年预备立宪的上谕，安抚舆论；另一方面取缔立宪团体的计划同时地进行了。

1908年7月至8月，政闻社社员法部主事陈景仁等电奏请定3年内开国会，同时因赴德考察宪政大臣于式枚主张缓行立宪，而请革于式枚职以谢天下。慈禧见此电文，初不甚怒。袁世凯却抓住不放，面奏慈禧说陈景仁受到康、梁等人的暗中指使。慈禧大怒，立即下谕以"臆度率请"、"附和比昵"、"倡率生事"等罪名革职陈景仁。17天后，即8月13日便下谕取缔政闻社，接着又封闭汉口《江汉日报》，政闻社匆匆而逝。

不过，立宪派并没有因清廷的镇压而放弃自己的主张。在国内立宪派领袖张謇等人的号召下，各省咨议局请愿速开国会代表团很快成立。1909年12月17日，各省代表陆续汇集上海，在不到一年的时间内，他们发起了三次声势浩大的国会大请愿活动。

那么在这段时间，远在海外的梁启超又是如何表现的呢？可以说，政闻社虽然被解散，但是梁启超及其政闻社成员仍然没有灰心丧气。梁启超继续发挥他的舆论界骄子的威力，频频撰文。他积极为徐佛苏主持的《国民公报》撰稿，在该报开办数月之内，梁启超几乎每三四天就寄文一篇，以至使《国民公报》继《新民丛报》之后，成为立宪运动的舆论主阵地。

1910 年 3 月，梁启超等人又在上海创办了《国风报》。该报表面上是"以忠告政府，指导国民，灌输世界之常识，造成健全之舆论为宗旨"，其实质也是为国会请愿活动推波助澜。此时梁启超的文章或是痛责清廷，或是感慨时局，或是鼓舞鞭策，或是出谋划策，尽展"宪政专家"的余风。尤其明显的是，梁启超这时期一直在实行通过控制咨议局、资政院来影响清廷立宪政策的方案。

早在 1907 年 12 月，资政院总裁溥伦东赴日本，梁启超不顾政闻社其他成员的反对，熬夜撰写《上资政院总裁论资政院权限说帖》，目的就是拉拢溥伦，借资政院要求开设国会。之后，梁启超便派大批政闻社成员回国，或推荐为官僚的幕僚，或鼓励入京应试，甚至不惜为汤觉顿捐官，目的就是尽可能让政闻社成员多参与到咨议局、资政院中去。其中，徐佛苏、徐勤二人就是梁启超与咨议局、资政院联络的代理人。

徐勤在《梁任公先生逸事》一文中曾说过，当时梁启超常寄函上海，嘱徐勤注意联络咨议局、资政院的议员。梁启超对他的工作比较满意。当他听说徐勤同各省咨议局国会请愿代表一道北上时，欣慰无比，三天就有一封指导信。徐佛苏活动能量更大，政闻社被迫解散后，徐佛苏就以个人身份正式参加各省咨议局的代表团体，从事请愿国会活动。梁启超和各省咨议局代表的接近，大半是徐佛苏的努力。1910 年冬，国会请愿同志会解散，组织成帝国宪政会，1911 年成立了宪友会，徐佛苏是三人常务干事之一。梁启超也是通过徐佛苏始终参闻宪友会的事务，并为此撰写了《宣言》《党纲》等文。

海外余话

随着梁启超不惑之年的临近，他的海外流亡生涯也到了最后阶段。他不禁感慨万分，过去的事一幕幕地展现着：由主张革命到保皇立宪，由初学日语到漫游新大陆、成为世界人，由相识何蕙珍到论战革命党……十几年的海外生活，一直忙忙碌碌，并没有虚度光阴，而且赢得了世人的瞩目，许多美誉称号戴到了他的头上。

可是，设身处地想一想，梁启超毕竟过着"羁臣"的流亡生活，这段时光正是他年富力强、风华正茂的黄金时期。而且，最令梁启超伤心和不安的是，自与革命党论战失败后，整个保皇派事业濒临危机，梁启超的事业一度滑坡，陷入低谷，多项活动连连受挫：《新民丛报》停刊后，拟别办一份专言法律政治经济的报纸，受阻未能实现，积极策划的江汉公学失败，政闻社只有一年的寿命而被迫解散，心中的圣主光绪帝不幸仙逝，新掌权的摄政王载沣并不重视他，清廷假立宪的真面目逐渐暴露，国民常识会的计划泡汤，振华公司案的牵累，还有一直谋救党禁之事，结果清廷宽待了其他人，唯不放过康、梁二人……可以说，这种种事情无不令梁启超心寒，他是在百无聊赖、忧思苦虑中度日。

这时期，梁启超的身体也一直欠佳，小病不断，生活困窘，只好卖文为生。他在给梁启勋、徐佛苏、康有为的信里时常提起生活拮据困苦的状况，甚至曾致书向徐佛苏借钱还债。当时，立宪派人士也非常关心梁启超的身体状况。徐佛苏多次致信劝告梁启超要注意卫生方法，"百方调养"等。我们从梁启超《双涛阁日记》（1910年）中可以看到，梁启超这个时期确实注意了调养，生活逐渐规律化了。

这样，梁启超一方面事业受挫、身体欠佳、生活窘迫，另一方面救国心愿、实现理想的动机又时刻不停地困扰着他。可以说，梁启超是在生理与精神的双重痛苦、双重压力下度过了他海外流亡生涯的最后光阴。

首先，我们来看看梁启超这时期的读书作诗生活。1908年秋政闻社解散，自此有好几个月，梁启超意态萧简，唯有读书著书作诗疗饥。1909年夏，他在给梁启勋的一封信里说，最近几个月来，他都是通过著书来打发时间的，同时还给自己安排功课，继续学习。之后，他在给徐佛苏的信里，更是详尽地描绘了这年以来的生活与心境。他说，入春以来，他放下各项事务，专心读书、著书，在看日文书的同时，还学习德文，由于手头拮据，他只得卖文度日。可以看出，梁启超在为立宪活动奔波的同时，努力地寻找慰藉心灵的方式。可是读书著述乃"刻意"所至，所带来的宁静与安慰只是表面的和短暂的，隐藏其中的则是种种慌恐、无奈与忧患。言为心声，让我们慢慢地读一读他此时的几首诗。

1908年《戊申初度》第二首曰："一出修门已十秋，黄花见惯也应羞。无穷心事频看镜，如此江山独倚楼。何处平芜下秋隼，却怜沧海著沙鸥。尊前百感君休问，哀乐中年未易收。"

这首诗形象地再现了他此时的心境。漫游海外已十载，可现在国家前途茫茫，自己一事无成，怎能不"无穷心事"，怎能不百感交集！

1909年《独夜》曰："滔滔逝水何尝住，历历星辰只独看。瘦叶得风秋瑟瑟，虚堂无月夜漫漫。梦回鸡塞飞魂苦，倚近危阑出手难。料得明朝视明镜，鬓丝摇飏不胜寒。"股股忧伤，缕缕哀愁，弥漫在这孤独的夜空。此时此刻，梁启超深感时光飞逝，理想无望，故国不能回，不禁黯然神伤，万般无奈，也只好孤寂地守着这清冷无月的夜空。

确实，我们从梁启超的诗中已读不到如《二十世纪太平洋歌》中那涛涛海水声，那蓬勃的气势，那火热般的激情；也读不到如《少年中国说》中的朝气、傲气和骨气。不过，我们从这个时期梁启超的诗作中，依然能感受到他那不灰心、不失望、不气馁的心脉；在清冷哀怨的境界中，隐藏着那颗跳动着的救国爱国、献身政治的心；在"白发"、"白首"、"忧患"、"惆怅"、"繁霜"等字眼之下，依然流淌着那股持之以恒的探索精神，只是多了几分沉稳、几分悲观、几分萧瑟。

其实，正值中年的梁启超仅靠读书著述作诗，不可能完全消除他心中的政治欲望。真正的解脱只能是继续投入社会，发挥他的才用。梁启超在给徐佛苏的一封信里，曾把自己"养晦"的原因说得一清二楚。他说："十年来，以虚誉忝员一部分人民之望。社会之恩我不为不厚。此身惟有奉献之于政治界耳。若外界之阻力，则纡曲其途以达之可，时机之未熟，再养晦以待之可也。"他在给梁启勋的信里也说："吾辈今惟绩学待用耳，它无憾焉。"而且此时，梁启超读书尽可能避免好博的弊病，稍稍有所定向。其中他对财政、外交的兴趣越来越大，发表了较多的意见。

梁启超注意财政问题的研究，是有原因的。其一，他认为财政问题关系中国的存亡富弱，不仅中国近些年一蹶不振是因为财政的薄弱，而且中国将来的发展也与财政关系密切，外国大可以通过制约中国的财政来限制中国的军备；其二，清廷"预备立宪"的举动使梁启超感到，"政治革命"可以告一段落，往后应集中研究如何建设问题，所以他抓住了财政、外交等基本问题。

梁启超这时期的财政思想比较丰富，撰写有关文章达十数篇。他针对中国人轻视财政的观念，在《中国改革财政私案》《论国民宜亟求财政常识》等文中，指出改革财政的重要性，强调国民具备财政常识的必要性。他针对清廷币制的混乱状态，根据格里森货币原则，分别撰写了《中国古代币材考》《论币制颁定之迟速系国家之存亡》《币制条议》等文，提出采用虚金本位制，整顿清廷币制。

他针对清廷当时外债累累、国库空虚状况，撰写了《公债政策之先决问题》《国民筹还国债问题》《外债平议》等多篇文章，提出了自己的看法。他认为应当慎重使用公债，小心使用外债。他既反对大量引进外债，认为这无异于饮鸩止渴，剜肉饲虎；又反对一点不利用外债，认为这不利于经济建设。他主张中国应有计划地引进外债，做到有的放矢。他反对用"爱国义捐"的形式偿还外债，因为这是以爱国之盛心，造出病国之恶果。

另外，他针对清廷税收杂乱的状态，写了《中国改革财政私案》《论地方税与国税之关系》《地方财政先决问题》等文，提出整顿田赋，改正盐课，裁减旧税目、增加新税目等税制改革方案。

最后，他针对清廷严重的财政浪费现象，撰成《节省政费问题》等文，提出了"量入为出"原则，这虽不是最好的方法，但当时只好如此。

总之，梁启超对中国财政用力甚勤。回国后，他更是以此为骄傲，常以财政专家的派头自居，并一心想把自己的主张付诸实践，终究得到了段阁财政部长的位子。只是好景不长便辞去了"宝位"。一句话，一介书生，只会纸上谈兵。

梁启超一生都比较注意外交策略，而这时期他对中国的外交热情猛增，这与当时国际形势有关系。随着美德日英四国协约的签订，世界格局发生了变化，中国再次陷入"危危乎"的境地。帝国主义列强对中国的策略无非是维持中国被瓜分的现状或机会均等地再次掠夺中国。

面对如此局势，国内一部分人掀起了"同盟论"，主要为"中美"、"中德"同盟论，目的想通过同盟寻求强国帮助，摧垮帝国主义列强的联手阵地。对此，梁启超甚不以为然，撰成《中国外交方针私议》等文反驳同盟论。他认为当时中国是弱国，而弱国外交应采取"均势"、"中立"的方针。

具体而言，这就是吸收了英国政府以前采用的"名誉孤立"策略，也继承了中国传统的"以夷攻夷"、"远交近攻"的外交对策，以"离间"、"中立"的方式，取得均势的处境。至于有人认为梁启超是为了反驳"中德"、"中美"同盟论，主张"中日"同盟论，才坚持"均势"外交方针的，这种说法没有充分依据。

虽然梁启超有赖日本政府的帮助，逃脱清廷虎口，亡命海外后主要生活在日本，而且他对日本的君主立宪制也十分推重，从情感上说，梁启超应该"亲日"。但梁启超不是"汉奸"式人物，尽管他复杂多变，但他的救国爱国之心恒定不变。他一惯主张中国应自立自强，活跃在世界强国之林。所谓"均势"、"中立"，就有这层含义。他不希望中国结同盟依靠任何一国，而希望靠自己完善的内治走向富强。可惜的是，他的主张在当时于清廷于帝国主义列强，都是不可能的。

梁启超苦苦思索的"均势"、"中立"外交策略，其实就是李鸿章惯用的斡旋伎俩。这对中国当时来说，毫无益处，顶多只能维护清廷小王朝苟且偷安的生活，是一种极其消极的做法。梁启超没有认识到，凭着当时清廷的综合国力，只有靠被帝国主义列强随意"宰割"才能换来一点"平安"、"平衡"的日子，清廷哪有什么"离间群雄以自益"、"中立"的能力呢？

梁启超潜心读书没多久，便又重返政治界。1911 年 3 月 24 日，梁启超携汤觉顿及长女梁令娴（梁思顺，字令娴）乘船游台湾。此次台湾之行，梁启超主要有两大目的：一是筹款，二是调查。近些年，保皇立宪派出现滑坡，其最明显的征兆就是经费不足，筹款困难。许多事都是因筹不到款而作罢，以至梁启超等维新派人士的个人生计也面临困境。只是梁启超并不甘心，便有了台湾之行。

然而一个月的旅程中，梁启超除了作了点调查，其他一无所获。他再也感受不到美洲之行中受到的热烈欢迎，一路上唯有几名遗老相伴，杯酒相待，再没有别的活动，这深深地刺激了梁启超。劳者思歌，穷而后工，梁启超台湾之行作诗 89 首，填词 12 首，其中无不流动着一缕萧瑟失望的情怀。

如《浣溪沙·台湾归舟晚望》一词曰："老地荒天闷古哀，海门落日浪崔嵬，凭舷切莫首重回。费泪山河和梦远，凋年风雨挟愁来，不成抛却又徘徊。"一愁莫展，苦闷徘徊，又不无悲壮气氛。这番心情在他的《游台湾书牍》里有着详细的记载。该书中写道，他在临行舟中有一段自白："顷行矣，归舟所满载者哀愤也。舟中西望故国，岂惟慨叹，直不寒而栗耳。"这段话就是梁启超台湾之行最好的总结语。

不过，失望归失望，悲观归悲观。梁启超台湾之行结束后回到日本，仍然没有改变他的改良主张，他又重新为开放"党禁"活动而奔波，希望清廷解去他羁臣的枷锁，能让他自由地从事救国活动。于是他通过潘若海、麦孺博等人活动于载涛、载洵、善耆等亲贵门庭；他通过徐佛苏等人活动于国会请愿代表；他通过罗杰、方还等人提议于资政院等等，可是清廷对此无动于衷，"高处不胜寒"，直到武昌起义爆发，才改变了梁启超的流亡命运，他才真正有机会返回他阔别 14 年的祖国。

第五卷 联袁主谋 国家桢干

八字方针

　　1911 年初，大买办盛宣怀提出"利用外资开发实业"的建议，清政府据此大借外债，并和美、英、法、德四国银行团订立了铁路借款合同，宣布铁路国有政策。这样，既侵吞了人民的血汗钱，又损害了许多绅商的切身利益。于是，民族资产阶级的上层代表立宪派，发动了一场有广泛群众基础的保路运动。他们叩头请愿，要清政府收回成命。然而清政府的成命不但没有收回，不久，四川总督赵尔丰又制造了枪杀请愿民众的"成都惨案"，全国舆论顿时沸腾起来，保路运动很快发展成声势浩大的武装起义。

　　保路运动爆发后，湖北两个革命团体文学社和共进会认为，发动武装起义的时机已经成熟。于是，他们加紧了革命活动，于 8 月组成湖北革命军总指挥部，推举文学社负责人蒋翊武为总司令，共进会负责人孙武为参谋长，刘光澄、彭楚藩等为军事筹备员，筹划起义。后因孙武等人制造炸弹时不慎失事，孙武头部受伤，被送进医院，起义计划暴露，部分革命党人被捕，蒋翊武出逃，情况十分危急，起义被迫提前。

10 月 10 日晚（宣统三年八月十九日），武昌起义爆发。当晚 7 时许，驻武昌城内新军工程第八营的革命士兵，在熊秉坤、金兆龙的率领下，打响了武昌起义的第一枪。接着，起义士兵直奔楚望台军械库夺取弹药，那里的士兵也纷纷响应，一举占领了楚望台。随后，工程营左队队官吴兆麟被推为临时总指挥，率领起义队伍进攻总督衙门。这时，各标营新军也闻风而动，加入到起义队伍中，经过一夜的激战，第二天拂晓，武昌被起义军全部占领。11 日晚至 12 日晨，汉口、汉阳的新军相继起义，武汉三镇全部光复。

随着武昌起义的胜利，起义军面临着如何建立一个革命政权的问题。就是在这个重要的政权问题上，中国民族资产阶级的妥协性和软弱性充分表现出来。他们认为，新的革命政权的领导者，必须由在社会上有声望的名人来担当。当时，孙中山还在国外，起义前被推为总司令和参谋长的蒋翊武和孙武，一个逃亡在外，一个尚在医院治疗，而各标营的代表又不够资格。在这种情况下，清朝新军协统黎元洪被认为是最合适的人选，革命党人把他从楼梯下的暗室里拖出来，用枪逼着他当上了中华民国第一个军政府——湖北军政府的都督，国内立宪派首领汤化龙为民政总长。

武昌起义后，革命风暴席卷全国，到 1911 年 11 月，全国绝大部分省相继宣告独立。形势的发展需要一个统一的领导机构，11 月初，宣告独立的各省代表齐集南京，商讨成立临时中央政府。12 月 29 日，孙中山被选举为临时大总统，并于 1912 年元旦在南京宣誓就职，中华民国正式诞生。不久，具有中国第一部资产阶级宪法性质的《临时约法》，也由大总统孙中山明令颁布，这就是中国近代史上有名的"辛亥革命"。

武昌起义的爆发，不仅敲响了清王朝和封建帝制的丧钟，同时也揭开了梁启超政治生涯新的一页。从此，他将结束海外流亡生涯，走向民初政治舞台的前沿。

武昌起义以后，国内形势扑朔迷离，瞬息万变。帝国主义列强从他们在华的利益出发，力图绞杀革命，扶持袁世凯上台。作为他们在华的新的代理人；清政府看到革命形势迅速发展，满清王朝正处于土崩瓦解之中，则显得万分惊恐，为了挽救危局，他们只得起用已被赶下台的袁世凯；革命党人则要推翻清王朝，结束封建帝制，但是外有帝国主义列强的威胁，内有资产阶级立宪派的压力，他们要速定共和，也不是一件容易的事；而立宪派人物和一些清朝官僚眼见清王朝行将灭亡，便纷纷转向革命，他们摇身一变，成了民国功臣、政坛要人。

武昌起义的突然胜利，并非身在海外的梁启超意料所及。他承认："此次政治革命之成功，颇出意外也。"面对国内出现的新局面，梁启超凭借他的政治智慧，迅速调整了斗争策略，一改过去死战革命党、搞垮袁世凯的既定方针，提出了"和袁、慰革、逼满、服汉"的新的八字方针，以此应付国内出现的新形势，并指示徐勤将此八字方针，转告国内的立宪党人。

八字方针是梁启超经过深思熟虑而提出的，武昌起义爆发后，他就开始分析国内局势的发展，研究将要采取的政策。在10月29日致徐勤的信中，梁启超陈述了他对时局的看法。他认为革命党人不可能"奠国家于治安"，因为黄兴与黎元洪有矛盾，孙中山与黄兴也不和睦，而各省军队皆各有所拥戴，再加上帝国主义列强正磨刀霍霍。种种情况表明，革命即使取得暂时的成功，破裂也是必然之事。原有的社会秩序一旦被破坏，再要建立起新的社会秩序，需要很长时间，这段空白期，只能是让外国势力坐享渔人之利。所渭"革命军杀尽满人之时，即中国瓜分之时也"。

鉴于对时局的这种分析，梁启超认为现在还不是彻底推翻清政府结束帝制的时候，此时的清政府如附骨之疽，"骤去之而身且不保，故不能不暂借为过渡"。如此说来，中国只有实现君主立宪制，通过立宪使政权全归国会，皇帝不过是一具傀儡，存之废之，无关大局。既然只有立宪才能救国、才能安民，那么立宪党人当然也就要乘此天赐良机而大显身手，建立奇功伟绩了。所以，梁启超踌躇满志，摆出一副指点江山的姿态，提出"和袁、慰革、逼满、服汉"的八字方针，作为指导国内立宪党人在武昌起义后的行动纲领。

曾几何时，康、梁宪党与袁世凯、革命党和满清政府，或有深仇大恨，或是矛盾重重，现在突然来了个一百八十度大转变，要"和袁、慰革、逼满、服汉"，这是为什么呢？简单地说，就是为了左右国内局势，实现君主立宪，建立资产阶级民主政治。详而言之，则又有多方面的原因。

先看"和袁"。自戊戌政变后，立宪党就与袁世凯处于势不两立的矛盾斗争之中。袁世凯因出卖康、梁而官运亨通，由直隶按察使一擢而为刑部侍郎，再擢而为山东巡抚，李鸿章死后，又升任直隶总督兼北洋大臣，他罢官前的最后一个官职是外务部尚书兼军机大臣，虽说授他这个官意在搞掉其实权，但清政府为此是费了一番心机的，并且先调张之洞晋京入阁办事，以释袁疑，由此可见他在当时的地位是何等重要。

而康、梁宪党在海外一直视袁为眼中钉、肉中刺，在党内制定了"以倒袁为先"的既定方针。双方互相攻击，各不相让，先是袁搞垮了立宪党的政闻社，后又有康、梁乘袁被罢官回籍而落井下石，必欲置之死地而后快。然而，武昌起义改变了国内的形势，袁世凯东山再起，当上了内阁总理大臣，掌握了清政府的一切军政大权，内有北洋军队的支持，外有帝国主义列强的援助，成为权倾一时、炙手可热的实力派。立宪党人若想在政治上有所作为，迅速控制国内局势，则不能不利用袁的势力。因此，梁启超提出"和袁"一策。

再看"慰革"。立宪派与革命派是中国民族资产阶级内部两个不同的派别，这两个派别在同封建专制进行斗争的过程中，既有合作又有冲突。具体而言，戊戌政变后，梁启超曾一度支持以暴力手段推翻清朝统治，欲与革命派首领孙中山合作。但是不久，他又激烈反对革命，在《新民丛报》与《民报》的论战中，死战革命党，视革命为"腹心之大患"，以至两派成为水火不容的冤家对头，到了"有彼则无我，有我则无彼"的程度。

然而，梁启超很快就发现这样做不妥，因为他认识到："立宪、革命两者，其所遵之手段虽异，要其反对现政府则一而已。"于是，他托人带信给革命党人，意欲讲和。现在革命党人在国内首先发难，革命形势迅速发展，立宪党人纷纷参加革命。梁启超适时地提出"慰革"方针，一者可以缓和两派的敌对情绪，集中力量对付清王朝；一者可以分化麻痹革命党人，使暴力革命转化为立宪政治。

最后是"逼满服汉"。立宪派对清政府一直是恩恩怨怨，态度矛盾。戊戌变法时期，他们幻想由圣明君主通过自上而下的改良来变革社会。幻想破灭后，他们又主张在中国实行君主立宪制，推行开明专制。然而，清政府却搞出"皇族内阁"这么个"怪胎"，使立宪党人大失所望，改革受阻、幻想破灭，梁启超认为清政府已无可指望了。但是，这个"附骨之疽"又不能马上切除，所以梁启超提出了"逼满服汉"的方针，要清政府停止对革命党人的进攻，废除八旗制度，皇帝改换汉族姓氏，满人也都改换汉族姓氏。这样，国会可以掌握实权，满族权贵也被"革命"了，如此便可以消除汉人及革命党人对清王朝的怨愤情绪。

这个方针旨在建立一个真正的君主立宪制，实行资产阶级民主政治。它所要保留的皇帝已不是戊戌变法时期能够主宰一切的封建旧皇帝，而是君主立宪制下听凭国会摆布的新傀儡。这样，立宪派就能以非暴力的方式达到与革命党同样的目的。

初返国土

梁启超不仅在理论上提出了指导国内立宪党人行动的"八字"方针，而且也在为"八字"方针的实施做一些具体的实际工作。戊戌变法的惨败使梁启超明白了武力的重要性。因此他虽不主张暴力革命，却意识到要"逼满服汉"，没有武力做后盾是不行的。数月来，他一直为此而努力。

首先，他尽量多地安排立宪党人打进禁卫军。辛亥革命前，朝中贵族能与立宪党人共事者，只有载涛、载洵两人，载洵无实权，帮不上立宪党人什么忙，载涛则为禁卫军总统官，掌握着宫中的兵权。梁启超企图利用载涛的禁卫军，为此不惜花费巨款。武昌起义后，他天真地以为禁卫军可以为他的"逼满服汉"的宪政理想服务了，曾不无得意地说，可以利用禁卫军，驱逐奕劻、载泽等无能的皇族，而让载涛出任总理，同时杀了盛宣怀以安抚天下民心，紧接着就召开国会。

其次，他积极抚慰运动新军第六镇统制吴禄贞。吴禄贞，字绶卿，湖北云梦人，留日一期士官生，继段祺瑞、赵国贤后任新军第六镇统制。他是与革命派和立宪派关系都很密切的新军将领，曾先后参加过兴中会和华兴会，政治方面受梁启超立宪思想影响很大，坚持"维护清室，革新政治"的方针。武昌起义后，他赴滦州约张绍曾、蓝天蔚等举兵反清，又到石家庄运动晋军，策划北方新军起义。梁启超对吴及北军寄予厚望，有"用北军倒政府，立开国会"的行动计划，把吴视为中国由衰而盛的关键人物。

第三，为应付国内迅速发展的革命形势，实现自己立宪政治的目的，梁启超派人四处活动，西方各省长官暂时脱离清政府的控制，自行镇压革命党起义，同时也不参与清政府的相关行动。这样，各省保持中立，既可以遏制迅速发展的革命形势，又可以孤立北京政府，使局势朝着立宪的方向发展，从而为立宪党人控制国内局面铺平道路。按照这个计划，此项工作宜从南方各省先行展开。梁启超已经运动了广东、广西、云南几省听其所言，而一省倡之，他省必从，"然后稍有时日，足供我布置，布置一定，则各省复合为一，此反掌之功耳"。看来，梁启超似乎已经稳操胜券了。

梁启超是个喜欢"冲锋陷阵"的人，当计划安排妥当，事情交待完毕后，他便不愿在海外坐等事成，而必欲回国亲自指挥立宪党人行动。就在他写信给徐勤，说不日将赶回国内，参加党人行动，虽事败身亡，亦在所不辞的同一天，国内发生了一件大事——"滦州兵谏"。

10月29日，驻滦州的新军第二十镇统制张绍曾和驻奉天的第二混成协协统蓝天蔚等，电请清政府宣布立宪，提出12项政治条件，要求政府立即改组内阁，起草宪法，开放党禁，否则将率兵进攻，喋血京都。清政府万般无奈，不得已于次日下诏罪己，接受立宪条件。开放党禁的上谕中声明，赦免所有戊戌政变以来的政治犯，这样，遭到通缉13年之久的梁启超，终于可以名正言顺地回国了。

1911年11月6日，梁启超迫不急待地乘"天草丸"号轮船，由日本踏上了回国的征途。11月9日，梁启超抵达大连。在将抵大连时，他给大女儿梁思顺写信，谈他此行的打算：9日晚由大连往奉天，在那里小住半月，然后再到滦州，由滦入京，入京时也许还能带上一支数百人的部队，得意之情溢于言表，以至他连袁世凯也没有放在眼里。他表示，如果袁世凯良心未泯，就应该和他一起为国家出力，如果袁世凯执迷不悟，那就取而代之，袁世凯的生死则任凭梁启超处置。

可是，老谋深算的袁世凯又岂是梁启超所料想的那样容易对付！禁卫军之重要，不仅梁启超知道，袁世凯也十分清楚。他出山后不久，就策划炸死反袁的禁卫军将领良弼，随后又调冯国璋回京任禁卫军总统官，把这支重要的皇家御林军牢牢控制在手中。

另外，吴禄贞的起义计划也被袁世凯所侦悉，袁世凯不能让吴进军北京，颠覆政府，破坏他夺取政权的计划，所以他秘密派人于11月6日（即梁启超启程回国的那一天）在石家庄车站将吴刺死。于是乎，梁启超原来的筹划就成了泡影。

不过，当梁启超到大连后听说吴已死，虽然大吃一惊，但是还没有失去信心。他打算即刻由奉天入京，用张绍曾、蓝天蔚的军队来维持混乱不堪的京城秩序，还自信地说，他到后一周内就能解决问题，之后的事情就不需他操心了。并且，他仍然没有把袁世凯放在眼里，认为要取代袁是十分容易的事，只要资政院一投票就行了。

就在梁启超沉浸于书生的幻想中时，袁世凯又以军人的果断将张绍曾解职，掌握了滦州的新军。至此，梁启超方感到大势已去，他曾经去见日本关东军的军官，希望由日本方面出面，组织各个大使馆，维护北京的秩序，压制袁世凯。此时，北京又传来消息，说蓝天蔚将有不利于他的行动，劝他即回日本。于是，梁启超只得取消入京计划，再次东走日本，另作他谋。

虚君共和

1911 年 11 月 1 日，庆亲王奕劻为首的"皇族内阁"垮台，袁世凯继任内阁总理大臣。16 日，袁世凯新内阁组成，内阁成员 20 人，其中梁启超为法部次官。

袁世凯为了显示他"不遗贤才，共济时艰"的诚意，在内阁中也给了立宪党人（如梁启超、张謇、杨度）几个徒具虚名的位子，而重要的军政、外交、财务等部门则都由他的私党把持。

身在海外的梁启超得知自己名列袁世凯新内阁，立即致电袁，坚辞次官一职。梁启超在电文中声称，自己才疏学浅，无力担任要职，希望可以辞去职务。袁世凯随即致电梁启超，以示青睐。他在电文中声称，梁启超才华横溢，世之罕有，出任内阁职务，是民心所向，希望他为天下计，不要推辞。

在这一辞一请的电文中，昔日的深仇大恨已荡然无存，过去的冤家对头也不见踪影。不久，清政府又两次致电梁启超，劝其速回国就职。可是梁启超并没有回国就职。他为什么坚辞不就呢？是嫌官职太小？不是的。法部次官也是堂堂的二品大员，这对于从政欲极高而又一直没有做过什么大官的梁启超来说，还是有相当吸引力的。然而，梁启超毕竟是一个有思想、有学问、有洞察力的政治活动家，而决不是一般的政客。他从政是为了实现自己的政治抱负，在中国建立君主立宪的资产阶级政权，使中国摆脱积弱不振的面貌，救国家民众于灾难之中。因此，他有自己的打算和安排。在致袁的电文中，他还说："超一月以来，殷忧深念，从各方面穷思国家前途安危，悲喜参半，颇有所怀，容别函布。"梁启超此时所苦思极虑的正是新中国建设的大问题，也就是武昌起义后中国要选择何种国体、政体的大问题。

为解决国民"心目所悬之诸大问题"，统一纷扰嘈杂的舆论，梁启超发表了《新中国建设问题》一文，提出了内通于君主立宪的"虚君共和"的政治主张。这篇文章分上下两篇，上篇论"单一国体与联邦国体之问题"，下篇论"虚君共和政体与君主共和政体之问题"。关于国体问题，2000多年来，中国一直是大一统的封建帝国，本不存在单一国体、联邦国体的问题，只是武昌起义后，各省相继宣告独立，才生出此一问题。梁启超认为，联邦制国家只是一种过渡形式，是国家想要实现单一制但是却无法实现，不得已采取的权宜之计，那些所谓的联邦制国家，都是些小国家组成的联合体。而中国本来就是一个统一的国家，采用联邦制就等于历史的倒退，毫无意义。所以，他不赞成在中国实行联邦制，并强调中国最需要的是一个强大而统一的中央政府。显而易见，这种强固统一的中央政府只能建立在单一国体的基础之上。这是梁启超的言外之意。

关于政体问题，梁启超认为，今后新中国当采用共和政体，这已不成问题。只是共和政体也种类繁多，千差万别，且各有利弊，中国将采用何种共和政体，不可不慎。他列举了六种不同的共和政体：

第一种，人民公举大统领而大统领掌行政实权之共和政体，美国为其代表；

第二种，国会公举大统领而大统领无责任之共和政体，法国为其代表；

第三种，人民选举终身大统领之共和政体，罗马奥古斯丁时代和法国拿破仑时代为其代表；

第四种，不置首长之共和政体，瑞士为其代表；

第五种，虚戴君主之共和政体，英国为其代表；

第六种，虚戴名誉长官之共和政体，英属自治殖民地为其代表。

以上六种共和政体中，第六种不行于完全独立之国，可置而不论，其他五种皆各有利弊。选择何种政体，梁启超认为要根据国情来定。在对五种共和政体的利弊进行分析比较后，梁启超指出，唯有"虚君共和"政体最适宜中国国情。他认为，"虚君共和"政体虽然不是最好的政体，但是就当时的情况来说，是最合适中国的政体形式。这种政体框架内，会有一个没有实权的君主，而国家的大小事务则是由内阁主持，而内阁则是由国会产生，国会则由人民公选，本质上依然是主权在民。

然而，就是这种最适宜于中国国情的"虚君共和"政体，在当时要实行起来也非常困难。因为中国300年来一直是拥戴异族为君主，而此异族君主大施暴政，民众毫不信任，以至满汉之间，势若冰炭。梁启超痛惜地说，结合了各国经验的虚君共和制既符合民主的要求，也是中国百姓最为熟悉的，现在弃之不用，真是万分可惜。

民主共和制因种种原因而不可行，虚君共和制又因种种原因而不能行，难道新中国建设问题真的没有办法解决了吗？梁启超写作此文，就是要从理论方面贡献其解决当前问题的意见，不拿出方案来怎么行?! 于是，他提出两个折衷方案：一是让满清皇室改换汉姓，成为"汉人"，以便获得国民的认可。这种做法，中外都有先例。外国则比利时、挪威等国皆迎立异邦人，使其宣誓入籍，然后即位；中国则有北魏孝文帝改拓拔为元氏；另一方案则舍现存皇统，取孔子后人为虚君。不过，这两个方案也都有一些疑义，因而梁启超没有作肯定的结论。他最后表示，他所能做的，就是尽可能多地找出可供参考的案例，让国民自行选择，国体的问题绝不是一两个人可以决定的，要听命于全体国民。

"虚君共和"的建议既已提出，梁启超便派人四处活动，力图使国内各种政治势力统一到"虚君共和"的认识上来，以共建大业。经过他周密的安排，一批立宪党人纷纷行动起来，罗惇曧、蓝公武至北京联络袁世凯，盛先觉到上海运动章太炎，张汉章、谭奎昌往山东拉拢地方势力，麦孟华则入广东游说岑春煊。

然而，各方面传回的消息，却使梁启超颇为失望。上海方面，章太炎认为，如今清廷大势已去，革命党即将掌权，再谈论保留清帝之事就不合时宜了，并说梁启超所论"亦愚者之见"。较温和的章太炎尚且如是说，其余态度激进的革命党人就更不用提了。盛先觉只得如实向梁启超汇报，说革命党人万不能同意虚君共和之策。

山东方面，袁世凯已抢先一步，乘军队混乱之际，取消了该省的独立活动，山东的形势已完全在袁世凯的掌控之中。广东方面，情形复杂，龙济光已成为革命党；岑春煊鉴于北兵大增、政府势盛，亦不敢贸然行动。

当然，最让人伤脑筋、最难对付的还是袁世凯。他怀着不可告人的目的，一面与立宪党人虚与委蛇，表面赞成虚君共和，对梁启超大肆吹捧，一面别有用心地操纵南北和谈，与南方革命党人讨价还价。他派唐绍仪为议和的北军总代表，交待了议和的主要条件是：要共和政体，就得让他当大总统；不让他当大总统，就得君主立宪。可见，袁世凯早就把梁启超鼓吹的虚君共和撇到九霄云外，他正以清帝的去留为筹码，与革命党人大搞政治交易。而革命党人对袁世凯也抱有很大的幻想，于是双方在 1912 年 2 月达成协议，只要清帝退位，孙中山即将临时大总统之位让给袁世凯。中国民族资产阶级的软弱性和妥协性再次表现出来。

袁世凯的和平欺骗手段达到了目的，他就转过来威吓隆裕太后，逼清帝逊位。他和徐世昌，一个在宫外编造革命党人和外国势力将进攻北京的假消息，一个在宫内劝说隆裕只有宣布逊位，皇室才有保障，演出了一出"袁徐双簧"戏，弄得隆裕只得让徐世昌草拟逊位诏书，宣布清帝立即退位。至此，梁启超所谓的"虚君共和"方案宣告彻底失败。

联袁议归

归国运动的计划失败了，"虚君共和"的幻想也破灭了，下一步该怎么走？立宪党人如何才能在复杂的政局中站稳脚跟并求得发展？对这些问题，梁启超在思索，党内其他同志也纷纷献计献策。有人主张立即出山，谋求发展；有人主张养晦以待，徐观后变；有人主张联袁；有人主张联黎。在众多的意见中，联袁的主张最合梁启超的心意。

武昌起义后，梁启超就制定了"和袁"的方针，只是当时他并没有把袁世凯放在眼里。归国运动失败后，他又忙于"虚君共和"的计划，并把袁世凯看作是实现这一计划的主要靠山。他在 1911 年 11 月 26 日写给罗惇曧的信中，解释了自己坚辞袁阁次官的理由。实际上也就是表白了他的联袁心迹。信中说：如果袁世凯能和他联手，他们就可以大有作为，有效抑制革命党的势力。袁世凯可以主抓军政，而梁启超则可以负责宣传，转移国民视线。如果梁启超接受了袁世凯的任命，担任虚职，那梁启超施展的空间就没有了。

1912 年 2 月 12 日，清帝退位。梁启超看到"虚君共和"计划既已无望，该是下决心联袁了。于是，他开始与袁世凯"推心握手"，先是致电袁世凯，祝贺他当选为临时大总统；接着又写信给袁世凯，就财政、政党问题为其出谋划策，信中指出，袁世凯今后的发展主要看财政和政党。

财政方面，梁启超主张大借外债，以资建设。新政府若想借债成功，则必须要有系统的财政计划，取信于内外，并且要参照资本主义的金融体系，把相关的金融政策整合成系统的政策，服务于国计民生。政党方面，梁启超指出，当时国内政坛的党派势力可以概括为三派：旧官僚派、旧立宪派、旧革命派。他建议袁世凯以旧官僚派中的"佳士"为"行政部之中坚"，以旧立宪派和旧革命派中"有政治思想者"（实为温和派）组成"健全之大党"，这样就可以抵制旧革命派中"纯属感情用事者"（实为激进派）。

他还提醒袁世凯，善于处理政治问题的人，一定会在暗中主导舆论，而表面上却要装作舆论的仆从。中国只有采用开明专制，才能得以发展。说来说去，还是在兜售他原先的"开明专制"思想。信的最后，梁启超又透露了他的归国心愿。不久，袁世凯致书梁启超，表示对梁有关财政与政党的意见甚为服膺，并表现出对梁的倚重之情。

袁、梁双方经过一段时间的联络、试探，终于走到了一起。但是，这决不意味着双方已经心投意合了。袁世凯一反常态，请梁入阁，纯系拉拢利用；梁启超捐弃前嫌，和袁联袁，亦属万不得已。

武昌起义后，随着国内形势的发展变化，梁启超对袁世凯的态度急转直下，可谓联袁主谋。但是我们还不能据此就认为他是附袁奴才。他联袁自有联袁的原因，这原因在张君劢致梁启超的信中就已讲明。其实，梁启超和张君劢等立宪党人都深知袁世凯老谋深算，难以合作。然而，立宪党要在旧官僚派和旧革命派的夹缝中求生存、求发展，则只能选择和袁世凯合作。而当时这两派实力比较强大的一方是以袁世凯为代表的一方，所以要联袁。联袁的目的就是要利用其势力，为宪党的发展服务。正是带着这一目的，梁启超发出了"联袁"的信号，和袁世凯绑到了一辆战车上。既已上了"车"，当然也就身不由己了。因此，在后来的一段时间里，梁启超自觉不自觉地成了袁世凯的附庸。而当他一旦醒悟过来，发现不是宪党利用了袁世凯，而是袁世凯欺骗了宪党，便又转身成了倒袁先锋。此乃后话，先提一下，以助认识梁启超联袁的真正动机。

联袁方针已定，梁启超本该立即回国，谋求发展，实现自己的政治理想。但是，他并没有立即启程。影响他启程的原因有两个：一是他自己担心革命派对立宪党人旧怨未消，认为回国时机尚不成熟；二是立宪党内部对他归国问题意见纷纷，一时难以统一。解决这两个问题都需要假以时日，所以梁启超暂缓回国。

南北议和以后，以康有为为首的保皇派势孤力单，各方面对其攻击也愈演愈烈。为了缓和各方面的攻击，也为了消除革命党对立宪党的旧怨，四五月间，梁启超继 1899 年后再次提出请康有为宣布隐退的建议。康有为本人似乎已同意隐退，唯弟子麦孟华极力反对，此事遂不了了之。梁启超与康有为从此分道扬镳，各行其事。

围绕梁启超回国的问题，党内意见分歧很大。徐勤等人力促他尽早归国，组织政党；麦孟华等人则力阻他回国，以免陷入国内复杂微妙的党派之争。经过一段时间的等待，国内局势稍见平稳。在"朝野合作"、"新旧合作"的口号下，国内忌恨梁启超的革命党人日见减少，同情欢迎者则与日俱增。云南都督蔡锷、政府副总统黎元洪均致电欢迎梁启超回国，并请政府起用他；国内各团体对梁启超回国也多持欢迎态度；党内同志此时也都认为梁启超回国的时机已经成熟。

革命功臣

1912 年 9 月底，梁启超由神户乘船离开日本回国。10 月 5 日抵大沽，8 日至天津。与 1898 年仓皇东逃的情形迥然不同，梁启超这次回国受到社会各界的热烈欢迎，礼遇之隆盛就像欢迎一位凯旋的将军。在天津，梁启超受到政府军政大员的欢迎，唐绍仪、张锡銮前来拜谒，赵秉钧、段祺瑞也派代表来问候。3

天之中，登门造访者超过 200 人。"各省欢迎电报，亦络绎不绝"。梁启超激动地说："此次声光之壮，真始愿不及也。"这种风光的场面预示着美好的前途，所以他整天都很辛苦，但是精神却日渐抖擞，神气日渐旺盛。

在天津小住旬余日，20 日，梁启超回到他阔别 14 年之久的北京。一到北京，他就受到更为热烈的欢迎，大总统代表、各部总次长、参议院议员、各政党党员、各报馆记者及其旧交好友数百人到车站迎接。

梁启超的回国，大长了旧立宪党人和一批旧官僚的气焰，他们把梁启超当作救星一样膜拜、吹捧。在北京的 12 天里，社会各界为他举行的欢迎会就达 20 多起。而梁启超则好大喜功，乐此不疲。他一面自鸣得意地沉浸在欢迎的潮流中，尽情享受胜利的喜悦；一面不失时机地利用各种场合，慷慨陈辞，即席演讲。张君劢、蓝志先二人后来将梁启超 10 月下旬在北京赴各团体欢迎会所作演说辞 13 篇辑为《梁任公先生演说集》（第一辑）出版。在这些演说中，梁启超对革命、对共和、对民国，极尽颂扬之能事，俨然以"革命功臣"自居。

或许有人会问：主张君主立宪的梁启超，在民初共和政坛上还有什么发言权？昔日的宪党领袖，今日何以摇身一变又成了革命功臣？立宪党人在今日赞成革命、拥护共和，难道不是"舍己从人，近于贬节"？梁启超本人也意识到必须首先澄清这些问题，否则旧立宪党人就难以抬头。要澄清这些问题，关键是如何理解君主立宪与民主共和的关系以及怎样看待立宪派与革命派的关系。

梁启超认为，把国体与政体区分开来，是正确理解和看待它们之间关系的一把钥匙。他在《宪政浅说》一书中，把国体分为"君主"与"民主"两种，又把政体分为"专制"和"立宪"两种。在他看来，君主立宪与民主共和，立宪派与革命派之间并无根本的矛盾冲突，两者只是在选择国体与政体的手段方法上有所不同。

辛亥革命以前，君主国体为一事实，而此一国体所推行的专制政治则已腐败透顶。爱国之士出于对国家前途命运的担忧而投身到救国救民的运动之中，他们由于所遵循的方法不同而分为两派：一派为革命派——主张运用暴力手段推翻君主国体，实行民主共和政治；一派为立宪派——主张运用改良手段维持现存国体，实行君主立宪政治。

在完全立宪的政体下，君主国体不得不设置种种法定的民选机关，以作为民权的保障。这样，立宪派同样可以达到革命派的目的。所以，梁启超认为，立宪派与革命派虽然采用的手段不同，但是目的一样。这就把立宪派与革命派等量齐观，放到平起平坐的位置上，那么主张君主立宪的梁启超在民主共和政治下又为什么不能畅所欲言呢？再者，昔日立宪派对满清千疮百孔、令人掩鼻的君主国体，尚且以其为现存事实而能容忍它、承认它，何况今日之共和乃"神圣高尚"之国体，立宪党人岂有不拥护它而反攻击之理？在梁启超看来，立宪党的目的是维护既定国体，而革命党是破坏既定国体，既然共和国体已经确定，那么立宪党就应该维护共和国体，而不是颠覆共和国体，重新回到君主制，立宪党不搞颠覆，所以立宪党拥护共和，理所当然。这一诡辩既使梁启超拥护共和、赞成民主成为理所当然之事，又对革命党人反戈一击，还为立宪政治留下了退路。看来，梁启超确实是"善辩"又"善变"，他"辩"得如此诡谲巧妙，又"变"得那样有理有据。

最后，梁启超要证明的还不仅仅是他拥护共和、赞成民主，他还要表明自己就是"革命功臣"，在过去的岁月里，他曾为现在的共和国体立下了汗马功劳。他说，武昌起义以来，革命形势迅速发展，这种革命速度是前所未见的。之所以出现这样的奇迹，要归功于各家报纸在前期的宣传，没有报纸的宣传，就没有各地的响应。接着，他又历数了自己20年来的报馆生涯，以证明自己为革命成功做出了巨大贡献。如此说来，昔日报馆主笔成为今日革命功臣，又有什么奇怪？

梁启超是个喜欢炫耀自己的人，他的演说不无自我吹嘘、夸大其辞的成份。但是，若据此就认为梁启超是在"放肆地篡改历史、攻击革命、混淆视听"，则也有欠公允。无可否认，梁启超曾经疯狂地攻击过革命，他甚至说过，清政府是他的第二大对手，革命党则是他的第一大对手。然而，这种偏激的言辞仍然基于两党在爱国救亡运动中所采取的手段的分歧。

立宪派反对革命、害怕革命，是因为他们认为革命不可能在中国取得成功，相反倒有可能引起"外国之干涉"；他们坚持实行君主立宪制，主要是想"避免革命的流血破坏"。当他们看到政府已无可指望时，又不得不在某种程度上倾向革命，与革命党人合作。因为革命派和改良派在反对帝国主义侵略，改革封建专制统治方面，立场基本上是一致的。

我们不能把革命派和改良派看作是两种根本对立的政治势力。实际上，立宪党人对辛亥革命也曾起到了一些积极作用。他们利用报纸的舆论工具所进行的理论宣传活动，如揭露封建专制的罪恶，介绍西方资产阶级的民主政治和科学文化等等，对于民主潮流的高涨无疑起了推动作用；他们通过叩头请愿的形式所开展的政治实践活动，如领导立宪运动，发起保路运动，要求速开国会等等，对于革命形势的发展也确有催化作用。所以，对立宪党人在辛亥革命中的作用问题要作具体分析，不能因为其保皇就一概骂倒。

这样看来，梁启超自诩"革命功臣"，恐怕非但不能算是"篡改历史"、"混淆视听"，相反倒是有几分历史依据和政治资本的。只不过对他夸大其辞的演说，我们虽不可不信，但也切不可轻信、全信。

进步党魁

1912 年 2 月 15 日，南京临时参议院选举袁世凯为临时大总统，称他为"中华民国之第一华盛顿"。3 月 10 日，在临时参议院议长林森主持下，袁世凯宣誓就职。

根据南北议和时所定的混合内阁条件，黎元洪为副总统，唐绍仪被任命为第一任内阁总理。至此，南北两大势力合流，中华民国政府成立。

袁世凯的誓词迷惑了许多人，就连革命党和立宪党的两大理论宣传家章太炎和梁启超，也都把他视为"一时之雄骏"、"中国现时一大人物"，幻想通过扶助他来使中国走上统一富强的道路。混合内阁的成立，则使各党派放弃了原来的奋斗目标，把注意力集中到国会选举上。围绕着所谓议会斗争，各派政治势力异常活跃，政党团体如雨后春笋般地纷纷涌现。一时间，党派林立，政团纷争，名称之多令人眼花缭乱，变化之快使人应接不暇。大大小小几十个政治团体经过一番明争暗斗、分化组合，到 1912 年底正式国会初选时，形成了四个较大的政党：国民党、统一党、民主党和共和党。

统一党是章太炎在新形势下为适应政党政治的需要而首先

建立的政党。章太炎原与孙中山有矛盾，辛亥革命后，他便脱离同盟会，另行组织了中华民国联合会。两个月不到，他又顺应形势的变化与发展，将中华民国联合会改组为"统一党"。在3月2日的改组大会上，章太炎、张謇、程德全、熊希龄、宋教仁当选为该党理事。这是一个"集革命、宪政、中立诸党而成"的政党，它建立的目的就是要全力支持袁世凯，实现"统一全国建设、强固中央政府、促进完美共和政治"的目标。统一党建立不久，一些党的领导人又酝酿着与其他一些政团合并，以扩大势力和影响。他们不顾章太炎的意见，联络民社、国民公会、国民协进会等政团组成"共和党"。在5月9日的成立大会上，黎元洪当选为理事长，张謇、章太炎、伍廷芳、那彦图被选为理事。章太炎因不愿做个傀儡，遂辞去理事，将原统一党从共和党中重新独立出来，并被推为总理。

中华民国第一届政府由于唐绍仪的愤而辞职而面临危机。南京临时参议院迁至北京后，袁世凯就准备独揽大权，所以当唐绍仪推荐王芝祥为直隶都督时，袁世凯便借故拒绝了他的建议。随后，袁又不经内阁同意，直接任命冯国璋为直隶总督。唐绍仪因此拂袖离京，混合内阁随之瓦解。内阁总理告缺，加之国会选举在即，于是从五六月起各政团就有了合并趋势，到8月间便一发而不可收拾。各党都想借合并来扩大势力和影响，以便推举总理，在国会中多占议席。

宋教仁以其特有的政治才干，于8月25日把同盟会与统一共和党、国民共进会、国民公党等合并，组成"国民党"，孙中山为理事长，宋教仁主持党务。与此同时，以汤化龙、林长民为首的共和建设讨论会和以孙洪伊为首的共和统一党，根据梁启超的建议，联合其他一些小政团，成立了"民主党"。

民初政坛国民党、统一党、共和党和民主党四大政党之间错综复杂的关系，正反映了革命党、立宪党和封建军阀官僚三种政治势力之间的相互交融与渗透。大致说来，国民党为左翼激进派，统一党、共和党和民主党则属于右翼保守派。

梁启超虽然身在国外，但对国内的政党建设却十分关注，国内右翼党派也欲夤缘梁启超这面思想界的大旗。共和建设讨论会组建之初，孙洪伊就介绍梁启超入会，会中负责人也不断以书信形式与梁启超讨论各种问题，隐然有以梁启超为该会党魁之意。统一党成立后，汤化龙虽为干事长，但党人多尊梁启超为领袖。梁启超回国后，更加紧了与保守党派的联系，他在民主、共和两党之间来回穿梭，觥筹交错，在两党的欢迎会上频频演说，赢得了两党党员的一致拥戴。

1913 年 1 月，政府下令召集国会，各党竞选活动进入白热化阶段。为了便于竞争，梁启超于 2 月正式加入共和党。然而，在当月国会进行的复选中，国民党继初选在国会参众两院大获全胜以后，再次在国会中取得压倒多数的席位。梁启超在《与娴儿书》中说，自己迫于形势加入了共和党，国会半数为 288 人，梁启超一党得 250 人，民主党约 30 人，统一党约 50 人，其余则为国民党。为了对付国民党，以便在 4 月国会正式选举中获胜，保守派三政党必须携起手来，共同组成一个新的大党。梁启超又开始筹划此事。

此时，大获全胜的国民党正笑逐颜开，党内最活跃的政治活动家宋教仁更是忙得不亦乐乎。他对选举结果非常满意，企图以多数党的资格出来组阁，在南方各省的巡回演说中，俨然以未来的内阁总理自居。宋教仁主张建立资产阶级共和制度下的责任内阁制，国会掌握一切实权，大总统等于虚设。然而，袁世凯要的则是美国的总统制，而不是法国的总理制。这样，宋教仁就对袁世凯构成了极大的威胁。袁世凯当然不会让宋教仁如愿以偿，他先是任命自己的心腹赵秉钧接替唐绍仪为代理国务总理，进行组阁。随后又与赵秉钧密谋，指使他派人刺杀宋教仁。

3月20日晚，宋教仁在进入上海车站准备乘车北上时遭人暗杀。宋教仁被刺，梁启超也在重大嫌疑之列。他写信告诉女儿，宋教仁遇刺，国民党方面认为是政敌所为，而国民党怀疑的首要目标是袁世凯，第二目标就是梁启超，并且国民党方面声言要报复。由于处境危险，行动不便，合党之事也进展有限，这时，梁启超已感到国事日非，办事困难。无奈之际，他邀集40余位名流名士、党徒好友修禊于京西万牲园，游宴赋诗，一涤尘襟。

就在他们取乐京西的同时，国民党在4月8日国会正式选举中又获得多数席位，共和党竞选再次失利。国会竞选的失败，种种党事的纷争，使梁启超心灰意冷。他曾一度打算放弃政治生活，杜门养晦。然而，梁启超强烈的从政热情又岂是眼前小小的挫折所能浇灭的？保守派党徒又岂能让他们的领袖中途隐退去享清福？面对党徒的"哀求"、"劝驾"，梁启超很快就动摇了隐退的决心，他感到"在义在势皆不能辞"。于是，梁启超又由津入京，重新卷入政治斗争的漩涡。重感情、爱幻想，参政欲极高，又与社会现实不相容，所以梁启超在政坛上屡进屡退，进得愈前愈感到痛苦，退得愈后愈感到寂寞。这就是他的性格悲剧和人生悲剧。

宋教仁被刺后，全国舆论哗然。随着宋案真相的逐渐披露，国民党人更是义愤填膺，他们利用国会弹劾赵秉钧，抵制袁世凯的善后大借款，企图以法律手段来倒袁。袁世凯看到国民党不仅掌握着国会和他作对，而且还控制着南方数省作为基地，他决定要彻底解决国民党问题，以除去心头之病。为此，他双管齐下。一是向英、法、美、俄、德五国银行团借款，用于扩充军备，以武力统一南方各省，此即所谓"善后大借款"；一是组成能与国民党相抗衡的大党，以便在国会中多得议席，瓦解国民党在国会一统天下的局面，美其名曰两党对立。有了袁世凯的支持，保守派三政党的合并很快成为现实。5月29日，统一党、民主党和共和党正式合并，组成进步党。黎元洪当选为理事长，梁启超、张謇、伍廷芳、孙武、那彦图、汤化龙、王赓、蒲殿俊、王印川9人为理事。

梁启超不仅是进步党的理事，而且也是该党的思想领袖。这从两方面可以看出。首先，进步党的政治大纲是以梁启超的两篇文章为理论基础的。进步党的政治大纲有三条：一、"采取国家主义，建设强善政府"；二、"尊重人民公意，拥护法赋自由"；三、"顺应世界大势，增进和平实利"。以上三条，第一条是核心，其余两条则是陪衬。梁启超在回国前曾写过一篇《中国立国大方针》的文章，以指导中国未来的政治建设。在这篇文章中，梁启超讨论了"世界的国家"、"保育政策"、"强有力之政府"和"政党内阁"四个有机联系着的问题。他指出，"世界的国家"（即以国家为本位的完全国家）是中国未来建设的最大目标，要使中国成为世界的国家，则必须依靠"保育政策"（即与放任政策相对而言的干涉政策），保育政策的实施则依赖于"强有力之政府"，而强有力之政府则建立在政党内阁的基础之上。归国后，梁启超又写了《宪法之三大精神》一文，主张"国权与民权调和"、"立法权与行政权调和"、"中央权与地方权调和"。所谓"调和",实际上就是以后者服从前者,强调"国家主义"和"中央集权"。文中还把"善良"与"强固"作为理想政府的两个条件。由此不难看出,进步党政纲的核心完全出自梁启超的思想。

其次,进步党的工作方针也多经梁启超规划指点。新党成立不久,就于 6 月 15 日开会讨论时局问题。梁启超担任本次会议的主席,并就国内重大问题发表意见:一、总统问题——建议仍推举袁世凯为正式大总统候选人,并改组内阁;二、宪法问题——主张先定宪法,后举总统;三、宋案问题——认为纯系法律问题,当依法解决;四、大借款问题——指出最关键的是监督款项用途,主张将 2500 万镑借款存放在中国银行,作为准备金。经过表决,这些意见均被采纳,并作为该党的主张。

进步党的政纲为袁世凯的专制独裁统治提供了理论依据,其工作方针也体现了拥袁护袁的精神。这虽然是进步党人不愿承认的,但却是客观存在的。

司法总长

在北京的国民党议员大唱"法律倒袁"的同时,南方一些国民党领导人正计划着"武力讨袁"。1913 年 7 月 12 日,已被袁世凯解职的江西都督李烈钧在湖口宣布独立,发表讨袁通电,黄兴于 18 日赶到南京响应,"二次革命"爆发。由于缺乏群众基础和统一领导,"二次革命"变成了一次单纯的军事冒险。袁世凯凭借优势兵力,很快把讨袁军打败。8 月 18 日南昌失守,9 月 1 日南京又被攻占,"二次革命"失败了。进步党对"二次革命"自始至终都持反对态度,梁启超认为这是国民党人的蓄意叛乱，支持袁世凯用暴力予以镇压；蔡锷也认为"讨袁悖于理"，"不能不按法惩治"，并炫耀"二次革命"之失败，"虽以兵力为之，而进步党之鼓吹社会扶助政府者，其功亦诚不小"。

进步党支持袁世凯，抵制国民党，攻击"二次革命"，目的是要扩大自己的势力，争取由该党出来组阁。这一目的在袁世凯别有用心的安排下终于得以实现，就在"二次革命"的炮火声中，熊希龄内阁诞生了。当时正式大总统还没有选举，各国也没有正式承认中华民国政府，袁世凯既需要国会来装潢大选的政治门面，又需要利用进步党为其多拉选票。鉴于这样的考虑，他于7月31日特任进步党理事熊希龄为国务总理。袁世凯对熊希龄一向很器重，在他担任临时大总统前，就推荐熊希龄为东三省盐运使；唐绍仪组阁时，又以熊为财政总长；唐阁变更后，熊又转任热河都统。7月，赵秉钧内阁在一片唾骂声中垮台，而此时"进步党应世界之趋势，为中央所倚重，社会所欢迎，似已立于健全之地位"（蔡锷语），由该党理事出来组阁也是理所当然。袁世凯首先想到张謇，准备请他出来组阁，张謇则推荐熊希龄，袁世凯觉得也可以接受，于是就这样定下来。熊希龄得知消息后，认为前途暗淡，遂坚辞不就，梁启超则认为此乃进步党发展的大好机会，便积极鼓动熊出面组阁。几经折冲，熊阁成员于于9月11日正式公布：梁启超为司法总长，孙宝琦为外交总长，朱启钤为内务总长，汪大燮为教育总长，张謇为工商总长，周自齐为交通总长，段祺瑞为陆军总长，刘冠雄为海军总长，熊希龄兼财政总长，这就是进步党人所谓的"第一流人才和第一流经验的内阁"。内阁9人中，熊、梁、汪、张、周均系进步党人，熊阁成了名符其实的进步党内阁。

熊希龄内阁以梁启超为灵魂，梁启超也对这个"人才内阁"

寄予厚望。他亲自为内阁制定的《政府大政方针宣言书》，经过国会通过后发表，作为内阁的施政方针。这份宣言书详细讨论了国家各项大政方针，全面体现了梁启超的施政思想。

外交：梁启超认为，要确保中国在世界上的地位，外交是重点。今后外交方针，当以两义为纲领："一曰开诚布公以敦睦谊"；"二曰审势相机以结悬案"。在梁启超看来，当时的中国，内政问题远比外交问题严重，内政问题不解决，外交上也难以有成效。他主张用"亲仁善邻"的外交政策取得友邦的信任、谅解与支持，这样，"外交上不复有重大问题发生，乃得集全力以整顿内治"。

财政：内政之根本是财政，而当时财政状况之艰难已到了崩溃的边缘。素以财政专家自诩的梁启超认为，只有治标治本同时下手，才能解决财政问题。所谓治标，是指要控制政府开支，政府收入要如实上报，政府支出则要厉行节俭，以维持收支的基本平衡；所谓治本，一曰改正税制，二曰整顿金融，三曰改良国库。金融为财政和国民生计之关键，与金融相关的则是币制。梁启超认为，我国币制紊乱，各省滥发纸币，给国家造成巨大损失，弊害无穷。所以，政府要全力以赴整顿金融，暂时用银本位统一币制。此即所谓直接整顿金融而间接补助财政。

军政：前内阁预算中，军费开支过大，几占一般行政费的一半。梁启超主张通过裁兵减少军费，他认为，政府在安排军费时，一方面要考虑国家财政，另一方面要考虑国家形势。现在，各国与中国和平相处，故只需保留一支能维持国内安宁秩序的军队即可。他认为，可以把国家的军队分成两类，一类驻防边疆，守卫国土；一类充当警察，维持治安。以此可以增强国家军力。

　　实业、交通：此二政为富国之本。梁启超认为，当时的中国工业落后，所以要对民族工业进行保护；但是我国工业基础薄弱，需要引进资本，因而又需要开放。这就要针对不同产业的特点区别对待。此外，梁启超还指出，外商在我国境内投资，我国须得利润之大半；官营事业当择其性质最适宜者，其余则委诸民办，政府对民办事业可尽指导之责，但不能统得过死；工商业固然要重视，然而要以开垦荒地、改良农业为本，并尽量普及农业银行，以国力兴修水利。交通方面，梁启超认为应当培养实务人才，提高经营管理的水平；有愿意投资交通事业的外国企业，只要不掺杂政治问题，则热烈欢迎。

　　司法、教育：司法与教育关乎立国之大本。梁启超身为司法总长，在司法方面是颇有些计划和抱负的，他认为，一个宪法至上的国家，司法独立是第一要务。然而，中国实行立宪制已有几年，却未形成法治秩序，人民也不感司法独立之利。根本原因在于法律不适合国情，法官素质不高。为今之计，只有依据国情，制定适合本国的法律，同时培养合格的法官，才能真正实现司法独立。

　　教育方面：梁启超认为，社会之抽象教育更重于学校之具体教育，政府一面要尊重人民的信教自由，一面仍当以孔教为风化之本。学校教育大致有两种：一是对普通国民的教育，使之达到一定的文化水平；二是培养高级人才，成为国家的栋梁。而国民教育要先办师范教育，人才教育则要注重实业。

　　上述大政方针，有些是老调重弹，如财政方案基本上是梁启超在海外从事宪政运动时所鼓吹的那一套。当年他曾写过一系列论述清政府财政问题的文章，提出了两个挽救清政府财政危机的方法，一是节省军政费用，一是增加赋税收入。现在，梁启超又企图用这两个挽救不了清政府财政危机的方法来挽救民初的财政危机，结果自不待言。

清末民初的财政危机是当时经济危机和政治危机的直接后果，梁启超也并不是完全没有意识到这一点，他也试图在军政方面作一些改革，促进经济的好转，以挽救日重一日的财政危机。如他大胆提出裁减军队、减少军费；主张以法治国、司法独立。然而，这些方案下与地方官僚军阀的切身利益相冲突，上与袁世凯大总统的专制独裁相矛盾，其难以实施可想而知。

尽管如此，大政方针还是体现了"人才内阁"迫切要求建立资产阶级民主法制国家的美好愿望，其中有些方案，如有关实业的建设方针，即使在今天看来，也还是有相当的借鉴意义。

梁启超既是"人才内阁"的思想领袖，又身居司法总长的位置。以司法专家自居的他，本想发挥自己的专长，在任内大干一番，做出一些政绩来。然而，民初司法界四面楚歌，积重难返，加之经费短缺，袁世凯采取消极的不合作态度，社会守旧势力对司法改革又百般刁难。所有这些都使梁启超如虎落平川，根本无法施展自己的才能，实现自己的理想。

理想无法实现便只好在维持现状上下功夫，梁启超又计划从以下几个方面整顿司法：一、励行考试，以杜幸进；二、严定考绩，以汰不职；三、回避本籍，以免瞻徇；四、约束律师，以防朋比；五、委任县知事兼理司法，以期变通宜民；六、速行编布各种司法法规，以期完善适用。他在极其困难的情况下，任劳任怨，忍辱负重，为维护司法现状而夜以继日地工作着、奋斗着。大到为维护新立法院、保存司法新制度而与袁世凯据理力争，小到指导地方司法机关工作、制定专律条款，梁启超无不尽心尽职，费尽心机。就在他因政治原因而决定辞去司法总长的时候，也还不忘上《呈请改良司法文》于袁世凯，提出改革司法的十条建议，希望袁世凯采纳施行。

币制总裁

梁启超为首的进步党原来主张先定宪法，后选总统。1913年7月25日，梁启超在《上袁大总统书》中再次强调："今最要者，乘此时机，使内阁通过，宪法制定，总统选出，然后国本始固。"袁世凯可不这么看，他在镇压"二次革命"后，便急不可待地要登上正式大总统的宝座。在他的授意与指使下，一些议员纷纷向国会提出先选举总统案。黎元洪副总统还亲自出马，一面联合十四省都督致电国会，要求速选总统；一面劝说梁启超等进步党人，说是先选总统可以稳定人心、强固国本。在这种情况下，梁启超也只得委曲求全，赞成先选举总统。9月初国会通过选举总统案，10月初开宪法会议，讨论通过大总统选举法，内容包括大总统的选举程序、任期、缺位、缺职、代理、摄行等，被视为宪法中的一章。

10月6日，国会在众议院议长汤化龙的主持下，正式投票选举中华民国大总统。袁世凯派便衣军警三四千人装作所谓"公民团"，把设在众议院的选举会场团团包围，并下令不选出大总统不许散会。前两轮投票结果，袁世凯皆不足法定的四分之三票数。大总统选举法第二条规定："两次投票，无人当选时，就第二次得票较多者二名决选之，以得票过投票人数之半者当选。"这样，第三轮投票就只能在袁世凯与黎元洪二人中选择一人。计票结果，袁世凯当选为中华民国第一届大总统。7

日，选举副总统，黎元洪一次投票通过，当选为中华民国副总统。

袁世凯看中的东西只有一样——权力，什么政党、国会他都不感兴趣。在他看来，这些东西只是获取权力的工具。现在大总统已经选定，权力已经到手，还要那些工具干什么呢？通过这次总统选举，他越发感到国民党要不得，进步党也太软弱，统统靠不住。不过，棋得一步一步地走，操之过急反而得不偿失。他决定先利用进步党除掉国民党。按规定，大总统命令须经国务总理副署才能执行。当初，袁世凯任命冯国璋为直隶都督的命令未经唐绍仪副署，结果唐绍仪辞职，内阁瓦解。这次，袁世凯要利用熊希龄，挟制熊在解散国民党的大总统命令上副署。

熊希龄组阁前任热河都统，就住在避暑山庄办公。社会上曾风言风雨地传说熊与避暑山庄古物丢失一事有牵连。熊组阁后，袁世凯派前司法总长许世英赴热河调查山庄失宝案，收集挟制熊的材料。熊希龄后来亲口对人说，11月3日上午，袁世凯约他到总统府议事。他在总统办公室等候，无意中看到办公桌上放着许世英查报山庄盗宝案卷。他立即意识到事情关系到自己，马上脸色苍白，神情不安起来。袁世凯进来后假惺惺地问："秉三（熊希龄），你昨晚别是因公忙没有睡好觉吧？不然，为什么脸色这么不好看，精神很显疲惫呢？"接着，袁进入正题，严肃地说："国事不好向前推进，都因国民党凡事故意刁难掣肘，真令人痛心。我国现在是责任内阁，如不将国民党这个障碍铲除，内阁既不能顺利执行职责，总统的权力也就不能行使了。根据目前形势，我们要把国家治好，非立即解散国民党不可，取消国民党籍的议员资格。秉三，你看怎样？"熊希龄知道自己的把柄捏在人家手里，还有什么话好说，只能乖乖地在准备好的大总统命令上副署。11月4日，解散国民党、取消国民党籍议员资格的大总统命令发表，大批军警出动，追缴国民党籍议员的证书及徽章，并勒令他们立即出京。

此时，进步党虽未被逐，却已形同虚设；国会因不足法定人数，而名存实亡。但是，袁世凯还嫌不够。12月，他组织了"中央政治会议"，代行国会职权；次年1月，又下令正式解散国会；2月，解散省议会；3月，约法会议开会，修改元年约法；5月，成立参政院，实行总统制。至此，袁世凯扫除了一切民主政治的残存形式，完全恢复了专制独裁统治，为他下一步登基做皇帝做好了前期准备工作。

梁启超为熊希龄内阁的灵魂，当时政府的实际指挥者，这已是举国皆知的事实。现在国事弄到这种地步，他自然难辞其咎。当时，不仅国民党人强烈地攻击他，指责他为阴谋家、助纣为虐的刽子手，就是进步党也多有人将现状归罪于他。有一位叫刘伟的进步党议员在给梁启超的信中直接指责梁启超，把梁启超当作解散国会和国民党的罪魁祸首。由此也可想见当时全国舆论对梁启超的指责情形。

面对袁世凯的专权、社会各界的舆论和日益严重的财政危机，熊希龄内阁再也无法支撑下去了。梁启超看到当初制定的大政方针，现在一条也不能兑现，绝望之余，发出了"理应辞职"的感叹。1914年2月12日，熊希龄辞去国务总理，梁启超、汪大燮等也连带辞职。仅存5个月的"人才内阁"，就这样带着无限的失望匆匆下台。

梁启超辞去司法总长后，对袁世凯仍抱有某些幻想；袁世凯欲点缀其专制统治，也对梁启超优礼有加。2月19日，袁世凯任命梁启超为币制局总裁。尽管这是一个闲职，梁启超还是欣然接受了。因为他想在可能的范围内有所施展，而币制又是他所关注的财政改革的关键，能在币制局总裁的位置上有所作为，也不失为救亡图强的一种有效途径。

在《银行制度之建设》一文中，他提出了整顿国家财政、增进国民生计的两大目标：改革币制和整顿银行业，他认为这两项工作关系到国家的安危存亡。正因为他把币制金融问题提到了关乎国家兴亡盛衰的高度，所以他才不敢怠慢，自 3 月 10 日开局就职以来，一直勤勤恳恳，在极其困难的条件下，筹划币制改革，整顿金融秩序，草拟条例纲要。

遗憾的是，梁启超并没有自觉地认识到袁世凯的专制独裁统治所造成的政治、经济危机，才是货币制度紊乱、银行制度不良的根本原因。这就决定了无论他的计划多么完善，不管他的理论多么周至，都不可能挽救岌岌可危的国家财政和国民生计。期望越高，失望越大。就职后，随着各项计划一一成为泡影，梁启超再度陷入绝望的痛苦之中。7 月以后，他不断提出辞呈，至 12 月 27 日，袁世凯终于同意他辞职。

辞职前后，梁启超带着女儿梁思顺和女婿周国贤住进北京西郊的清华学校，在那个寒冷而失意的冬天，他完成了《欧洲战役史论》一书。书成后，他赋诗一首，流露出对归国从政的感悔心情：

> 在昔吾居夷，希与尘客接。
>
> 箱根山一月，归装稿盈箧。
>
> 虽匪周世用，乃实与心惬。
>
> 如何归乎来，两载投牢荚。

愧俸每颟沩，畏讥动魂慑。

冗材惮享牺，遐想醒梦蝶。

推理悟今吾，乘愿理凤业。

郊园美风物，昔游记攸忴。

愿言赁一庑，庶以客孤笈。

　　恬静幽雅的清华与险恶龌龊的官场形成了强烈的反差，以至梁启超旺盛的从政热情为之骤减。他想远离政坛，潜心学术研究，致力文化教育。但是，现实不允许他这样做，随着袁世凯称帝活动的猖獗，梁启超不得不挺身而出，挥泪反袁，再造共和，为其政治生涯书写了光辉的篇章。

第六卷
反袁先锋　护国英雄

初次引退

　　假馆清华的日子里，梁启超一面关注欧洲战局的发展，一面反思自己 20 年来的政治生涯。关于欧洲战局，他写了 6 万余言的《欧洲战役史论》。书中对交战双方各国的大势作了简略介绍，着重分析了战争爆发的诸多复杂原因。作为理论界的执牛耳者，梁启超要对重大的国际问题表明态度。他在书中根据自己的国家主义理论，对战争的结局作了大胆的预测，认为德国必将取得最后的胜利。

　　他看到英法等老牌资本主义国家已暴露出许多问题，经济有衰败的迹象，而后起的德国在政治、经济、文化等各个方面正显示出旺盛的活力，有不可阻挡之势。他把德国看作是当今世界国家的模范，从进化论的角度来说，德国与英法诸国交战，相当于新学术与旧学术，新思想与旧思想，新人物与旧人物，新国家与旧国家的战争。如果德国失败，那么历史上还有什么进化原则呢？

　　梁启超这时的预测与后来战争的实际结局完全相背。致使他判断失误的原因大致有二：首先，他在分析战争的原因时，没有区分出正义战争与非正义战争，而是认为交战双方都有正当的理由进行战争；其次，他把德国与英法诸国在发展阶段上的差别，误当作两种制度之间的根本区别，进而以进化论的观点来推论，所以必然得出错误的结论。到1917年，由于情况的变化，梁启超又转而认为德国必败，力主中国对德宣战。

1915年1月，梁启超发表了《吾今后所以报国者》一文，首次宣布他将脱离政治，退回理论界。经过反思，他认识到自己的政治活动均未取得成功，他承认自己只是"理论的政谈家"，而非"实行的政务家"；他也意识到自己的政治改革主张，在当时的社会条件下万难贯彻实行。至于说他为什么到袁世凯政府去做官，梁启超的解释是时局之急迫，朋友之敦劝，是他到袁世凯手下做官的外在原因。而他自己的参政热情和政治抱负，即想对国家和人民有所贡献的心愿，则是他始任司法总长，继任币制总裁的内在原因。然而，一年左右的施政实践，使他充分认识到现实黑暗，宏图难酬，他开始对政治感到厌倦。于是，他"吁求引退"，准备以理论的研究贡献于国民。

为了表示自己脱离政治、专事理论研究的决心，梁启超于1915年年初，避居天津。在天津，梁启超受聘担任《大中华》杂志总撰述。他在该杂志第一号《发刊辞》中，提出了社会事业对于振兴国家、改良政治的重要性，他指出，如果国人中的优秀分子都热心于政治，而忽视社会事业，只能加重中国的贫弱。而社会事业落后，政治必然令人失望。《大中华》杂志的创办，正是为了赞助国民从事社会事业。

梁启超避居天津，准备专门从事文化教育事业。他计划编写有关欧洲战事的小丛书。就在梁启超抱着以社会事业振兴国家，以理论研究贡献国民的理想而勤奋工作之际，袁世凯也加快了他帝制自为的步伐。民国政坛一时妖风肆虐，帝制复辟的逆流甚嚣尘上。政治风云再次牵动了梁启超的心，他无法再潜心理论研究，也无法顾及那墨迹未干的脱离政治的宣言。梁启超又要干预政治了，别人又要说梁启超善变了。不过，在梁启超看来，"为国善变，就是磊磊落落的大丈夫"。这是他唯一可以用来自慰的。

帝制逆流

梁启超认为，袁世凯复辟，表面看是几个人的鼓吹，实际上是酝酿已久的。武昌起义后，袁世凯东山再起，权倾朝野，封建帝王思想也就随之而生。其左右亲近之人曾劝他取清廷而代之。久居官场、老谋深算的袁世凯认为时机尚不成熟，操之过急反而会引来杀身之祸。据与袁世凯关系深厚并深谙其心理的徐世昌的分析，袁世凯当时之所以不出此策，主要基于以下几个方面的考虑：（一）袁氏世受清室恩遇，不肯从孤儿寡妇手中取得天下，为后世所诟病；（二）清廷旧臣尚多，如张人骏、赵尔巽、李经羲等，均具有相当势力；（三）北洋旧部握有军权者，如姜桂题、冯国璋等尚未灌输此种思想；（四）北洋军力未能达到长江以南，即令帝制自为，亦是北洋半壁，南方尚需用兵；（五）南方人心向背，尚未可知。

辛亥革命后，袁世凯攫取了大总统职位，他又重温起昔日的皇帝梦。要恢复帝制做皇帝，首先必须把国会的权力收回来，使国家的军政大权掌握在总统一人手里。为此，袁世凯强行解散了国会。国会一解散，权力便集中到总统手中。这样，袁世凯就可以放开手脚，大胆地去筹划帝制的事。

他先是废除具有宪法性质的《临时约法》，指使约法会议炮制出《中华民国约法》取而代之。这部新《约法》的主要内容是取消责任内阁制，实行总统制，规定总统的权力与封建皇帝差不多。接着，袁世凯又根据新《约法》的规定，仿照古代封建王朝的模式，改革政府机构和官制。在中央，把国务院改为政事堂，内阁总理改为职位和名义都与封建宰相相仿的国务卿；在地方，将各省都督改称将军，民政长改称巡按使。为了使权力高度集中，袁世凯任命前清官僚徐世昌为政事堂国务卿，执掌"文的方面"，襄赞总统处理政事；又设立"陆海军大元帅统率办事处"，负责"武的方面"，由他亲自掌握。

当军政大权系于一身之时，袁世凯又想到要用法律形式把大总统至高无上的权力固定下来并延续下去。于是，他下令公布了一个由约法会议制定的《修正大总统选举法》，规定总统的任期由5年延长为10年，并且可以连选连任，3名继任总统候选人也由现任大总统提名。如此一来，总统不仅是终身的而且变成世袭的了。诚如一位美国史学家所说："袁世凯现在已成为独裁者，回到君主政权显然只是迟早更换一下名义的问题而已。"

袁世凯在组织上、制度上为复辟帝制做准备的同时，还竭力提倡孔孟之道，大搞"祀孔"与"祭天"活动。他先后颁布了《尊崇孔圣文》和《祭孔告令》，把孔子说成是天生的万世师表，认为"孔子之道，亘古常新，与天无极"。他还头戴平天冠，身着团花祭服，率领文武百官到孔庙行三跪九叩之大礼，演出了民国以来第一次祀孔丑剧。中国封建社会历代统治者祀孔祭天，都有一个明确的目的，就是维护封建君权统治；身为民国总统的袁世凯祀孔，目的也很明确，就是为了恢复封建帝制。

　　以上是 1914 年袁世凯从组织上、思想上为复辟帝制所做的前期准备工作。尽管前期准备工作进行得比较顺利，通往皇帝宝座的道路也基本铺平，但是袁世凯对于帝制自为仍然心有余悸。因为毕竟是民国了，共和的观念早已深入人心，而有 2000 多年历史的封建帝制，这时已经成了臭不可闻的粪坑垃圾。现在袁世凯要搅拌这个粪坑，难免会沾上一身臭气，招致国人的唾弃。这是袁世凯不得不考虑的。所以，直到 1915 年上半年，帝制酝酿筹划工作仍在极其秘密的状态下进行。但是，到了七八月间，形势急转直下，帝制运动由秘密筹划转而公开进行。袁世凯何以敢冒天下之大不韪，急欲黄袍加身呢？大致说来约有两个方面的因素。一是帝国主义列强由以前私下秘密地支持袁世凯恢复帝制，转而公开的舆论支持；二是袁世凯的亲信家臣为达到各自的目的，急不可待地在一旁怂恿推动帝制活动。

　　帝国主义列强为了扩大其在中国的侵略野心，辛亥革命后就秘密支持袁世凯帝制自为的阴谋活动。1913 年 9 月，袁世凯的大儿子袁克定赴德就医，德皇威廉二世在接见他时，就建议袁世凯"挟大总统之威权，一变中华民国为帝国皇帝"，并表示"我德誓以全力赞助其经营"。英国也不甘落后，驻中国公使朱尔典在得知日本已支持袁世凯称帝后，就急忙去会见袁，表示赞成帝制，认为"此系中国内政，他人不能干涉"。美国更是积极支持袁世凯的帝制活动，古德诺博士早在 1913 年 5 月就来华，担任袁的宪法顾问，为袁称帝出谋划策。

　　第一次世界大战爆发后，袁世凯看到西方列强无力东顾，就把目标转向日本。而日本也想乘机独霸中国，于是就提出了旨在灭亡中国的"二十一条",以此作为支持袁世凯称帝的交换条件。这些幕后的策划与交易,到1915年七八月间,发展成公开的舆论支持。美国人古德诺率先发表《共和与君主论》一文,正式拉开了袁世凯复辟帝制的序幕。文中指出:中国4年前由君主制变成共和制,变化速度太快,难以有好的结果,中国采用君主制要比共和制好。以此为袁世凯恢复帝制鸣锣开道。随即,袁世凯的法律顾问、日本人有贺长雄也发表了《共和宪法持久策》一文,鼓吹中国只有取效日本,实行君主立宪制,才能免于分裂,公然为袁世凯称帝制造舆论。

看到帝国主义列强公开支持袁世凯称帝,袁世凯身边的亲信家臣也都忙碌起来,他们各怀鬼胎,企图通过拥袁称帝,达到各自不可告人的目的。梁启超曾指出,帝制酝酿活动中,主要参与者是袁氏父子及其亲信。首先,袁世凯的长子袁克定总想做嗣君。他虽因坠马伤足致残,但政治上却野心勃勃,一心盼望父亲早日称帝,立他为储,继承皇统。所以,他竭力从旁进言,常常对父亲说"大丈夫做事,要乾纲独断,不能仰人鼻息,任人掣肘"之类的话。其次,粤系(即所谓交通系)领袖梁士诒等人,因五路大参案而弄得声名狼藉、怨声载道。他们害怕受到严厉的制裁,于是就想出奇制胜,以拥戴袁世凯称帝,建立殊功来赎罪。复次,杨度等人想藉袁世凯称帝来争当开国元勋,谋取个人的高官厚禄,满足他们名利双收的欲望。杨度、孙毓筠、严复、刘师培、李燮和、胡瑛6人,还以"筹一国之安"为名,打着学术团体的招牌,组织所谓的"筹安会"。其《宣言》称,以"研究君主、民主国体二者以何适于中国"为宗旨,实则附和古德诺的观点,宣扬"君主实较民主为优,而中国则尤不能不用君主国体",大张旗鼓地为袁世凯复辟帝制制造舆论。上述三种势力交织在一起，形成了一股鼓吹帝制、复辟倒退的历史浊流。

袁世凯看到外有帝国主义列强的支持，内有亲信家臣的拥戴，而他本人也认为，民国就得有议会，议会的议员又事事掣肘，实在不胜其苦，倒不如干脆称帝。这样，帝制自为运动也就愈演愈烈，不可遏制了。筹安会成立不久，就联络各省主张帝制的人士组成各省公民请愿团，向参政院递交变更国体请愿书。

9 月 1 日，参政院召开会议，讨论各省请愿书。袁世凯发出旨意："大总统之地位，本为国民所公举，自应仍听之国民。"根据这一旨意，由梁士诒牵头，把袁世凯所有的亲信好友拉在一起，于 9 月 19 日成立了"全国请愿联合会"，在全国范围内，通过请客送礼等手段，发动联络上自王公遗老、将军大臣，下至流氓把头、乞丐、妓女等各色各样的人，造成所谓全国性大请愿的局面。

10 月 2 日，参政院制定了《国民代表大会组织法》，决定通过召开国民代表大会，投票决定国体，选举皇帝。11 月 20 日，各地投票结束，全体国民代表 1993 人全部"赞成君主立宪"，"选举袁世凯为中华帝国皇帝"。12 月 11 日，参政院以"国民代表"名义，上书劝进。袁世凯假惺惺地推辞一番，退还了推戴书。参政院又赶忙再次开会，用一刻钟就完成了第二份推戴书。当晚送呈。12 日，袁世凯正式接受了帝位。13 日，接受百官朝贺，并成立"大典筹备处"。31 日，袁世凯下令将民国五年改为"洪宪"元年。1916 年元旦，举行登极典礼，袁世凯在身穿平天冠的文武百官的簇拥下，登上了皇帝宝座。复辟丑剧在袁世凯"余一人有庆，与诸公共之"的许诺声中，达到了高潮。

驳日劝袁

第一次世界大战爆发后，西方帝国主义列强互相厮杀、争战正酣，因而无力东顾。日本认为独霸中国的时机已到，便忙于"确立日本对东洋之权利"，提出了种种侵华方案，这些方案最后归纳为"五号二十一条"。1915 年 1 月 18 日，日本驻华公使日置益觐见袁世凯，正式递交了"二十一条"。其主要内容包括：要求承认日本继承德国在山东的一切特权；要求承认日本在东三省南部和内蒙东部的居住、工商经营、筑路和开矿权；旅顺、大连的租借期和南满、安奉两铁路期限延至 99 年；要求中日合办汉冶萍公司；要求中国沿海港湾岛屿不得租借或割让给他国；要求中国政府聘用日人为政治、财政、军事顾问；中日合办警察和兵工厂等等。不难看出，"二十一条"就是要灭亡中国，把中国变成日本独占的殖民地。日置益向袁世凯表示，只要他接受"二十一条"，"日本政府从此对袁总统亦能遇事相助"。袁世凯把此事交由外交部交涉，日置益又对外交次长曹汝霖说："敝国向以万世一系为宗旨，中国如欲改国体为复辟，则敝国必赞成。"赤裸裸地表示支持袁世凯称帝。

日本政府与袁世凯政府有关"二十一条"的谈判是在极其秘密的情况下进行的，双方约定在达成协议前，条约内容绝对保密。俗话说得好，若要人不知，除非己莫为。既已为之，就没有不透风的墙。英国驻华使馆的一名特工从袁世凯的一个家奴口中得知中日密谈的内幕，1915 年 4 月，伦敦《泰晤士报》披露了"二十一条"的全部内容。消息传出后，全国舆论哗然，各阶层人士纷纷通电反对，掀起了一场广泛的反袁反日的爱国运动。

国家兴亡，匹夫有责。避居天津的梁启超在得悉"二十一条"的内容后，义愤填膺，强烈的爱国责任感使他再也无法沉默下去。他完全忘记了宣布不久的脱离政治的誓言，一连赶写了8篇文章，揭露日本帝国主义的侵略野心，驳斥日本政府的种种谬论。这些文章后来汇集为《中日交涉汇评》一书。在《中日最近交涉平议》一文中，梁启超首先指出：日本提出"二十一条"必以"保持东亚和平"为装饰。事实上，大战期间，日本如不扰乱东亚和平，则东亚和平并不成问题。接着，梁启超单刀直入，揭露日本乘机向中国提出种种条件，虽然信誓旦旦，但是亡我之心昭然若揭。这就有力地驳斥了日本政府所谓的巩固中日友好、确保东亚和平的谎言，将其险恶用心暴露于光天化日之下，使国人尽知日本人非欲助我而欲灭我的事实。最后，梁启超还向日本政府提出严正警告：中国决非朝鲜可比，若企图通过外交手段揖让而得中国，实为海枯石烂而不可得之事；如幻想凭借武力征服，逼使中国铤而走险，那么中国必然会宁为玉碎不为瓦全。从而奉劝日本政府取消灭亡中国的打算，免得骑虎难下。

梁启超的言论，揭露了日本政府的侵略阴谋，表达了大多数中国人的心声，日本政府对他恨之入骨。在政府的唆使下，日本报纸使出卑劣的手段，捏造德国人用金钱收买梁启超，使他成为亲德派而攻击日本的谣言。更有甚者，日本报界还撮拾梁启超著作中的片言只语，译成英、法、俄各国文字，分送东京各使馆，作为他偏袒德国的实证。面对日本人的卑劣行径，梁启超处之泰然，我行我素。他说："小鬼含沙之射，吾固不能禁其不射，彼亦终不能禁吾不言也。"是的，梁启超不会对日本人的无理要求和侵略行为沉默不言。当日本人侵占山东半岛时，梁启超又在参政院提出质问。日本人对此恼羞成怒，日本报纸指责他受人指使，忘恩负义。梁启超在《中日时局与鄙人之言论》一文中，驳斥了日本人的无理指责："吾侪立于国家之最高立法机关，当国家遇此大变，是否有发言质问当局之权利及责任？若谓吾曾受日本保护10余年，即当放弃其对于国家之责任耶，试问日本保护鄙人之初心，岂非以鄙人为一爱国者，循国际法上保护国事犯之大义耶？使鄙人而非爱国者，则日本昔时保护之不当也。使鄙人而为爱国者，则日本今日之责备不当也。"驳得日本人哑口无言。梁启超的系列文章，沉重地打击了日本人的嚣张气焰，有效地帮助了中外人士识破日本政府的侵略野心，一定程度上推动了当时反袁反日的爱国运动的发展。有人说梁启超的系列文章，是"为'二十一条'卖国条约辩护"，真是不知从何说起。

辛亥革命后，梁启超还在日本就根据形势的变化，制定了"联袁"方针。回国后，他又组织进步党，积极"拥袁"，并先后担任袁世凯政府的司法总长和币制局总裁，目的就是"想带着袁世凯上政治轨道，替国家做些建设事业"。1914年底，梁启超发现袁世凯的举动越来越不对劲，便觉得有和他脱离关系的必要。本着这一想法，梁启超开始由"拥袁"转向"离袁"。他先是隐居清华，接着又移家天津，对袁世凯采取不合作态度。1915年1月，袁克定让杨度作陪，在北京郊外汤山宴请梁启超。席间，袁、杨二人"历诋共和之缺点，隐露变更国体"之意，希望得到梁的赞同。梁启超陈述了变更国体会引起"内部及外交上之危险"，表示不敢苟同。双方话不投机，宴会不欢而散。这是梁启超对袁世凯变更国体、复辟帝制的活动首次表明不合

　　梁启超的文章草成后，尚未发印，袁世凯已有所闻。他知道梁启超是舆论界的权威，知识界的领袖，一言九鼎，影响甚大。为了堵住梁启超的口，他先是派人送来20万元巨款，说是给梁老太爷的寿礼，被梁启超婉言谢绝。接着，他又派人来威胁梁启超，说梁启超亡命海外多年，如今归国，没必要自讨苦吃。梁启超则笑着说，自己有着丰富的亡命天涯的经验，即便是亡命天涯，也不愿活在污秽的社会中。来者无言以对，扫兴而退。9月3日，梁启超不顾袁世凯的利诱威胁，毅然在《京报》上发表了《异哉所谓国体问题者》一文，公开表明自己对变更国体、复辟帝制运动的否定态度。

　　《异哉所谓国体问题者》是梁启超的一篇反袁宣言，它标志着梁启超由昔日的"联袁拥袁"，中经"离袁劝袁"，最终走向"反袁讨袁"，从而揭开了护国战争的序幕，报导了他一生中最辉煌灿烂的时期的到来。文章发表后，不啻金鸡一鸣，立即引起了全社会的关注，产生了极其广泛的影响。当日《京报》售罄无余，买不到的只好借报抄写，还有人要求报馆加印，以至这一期的报纸价格也一再上涨。直到第二天，《国民公报》开始转载，情况才好一点。但是，《国民公报》限于篇幅，不能一次登完。所以，4、5两日，人们在公共场所一见面，就彼此询问，有没有3号的《京报》？没有的话这两天的《国民公报》也行。这两天的《国民公报》也由此售量大增。就是这样也不能满足社会各界的需要，后来只好在7日将梁文单印发售。

　　梁启超此文之所以受到社会各界如此广泛的欢迎，就是因为它在袁世凯眼皮底下举起了反对变更国体、反对复辟帝制的义旗，说出了国人心中想说而不敢说的话。据吴贯因《丙辰从军日记》记载，梁文原稿措辞比实际发表的稿子更为激烈，其中一段声称，即便全国都同意帝制，他梁启超也绝不赞成。后来有人说袁世凯现在尚未承认有称帝之意，初次商量，不必如此激烈，建议将此段删去。而梁启超本人也不想牵累同党，所以煞费苦心，改稿多次，使发表的文章较之原稿在风格、语气方面都委婉、温和得多，并且文章发表之后，他立即宣布与进步党脱离关系。

正式发表的文章中尽管有一些弯弯绕，内容上也有个别抵触现象，但是反对帝制的态度还是明确的。梁启超在文中首先表明自己立论的两个原则，一是他此次谈论国体问题，既不是对共和国体有所偏爱，也不是对他种国体有所偏恶，完全是就事论事；二是他说明自己是本着"放眼以观国家尊荣危亡之所由"的立场来发表意见的，"非如老辈墨守家之断争朝代"。

本着这样两个基本原则，梁启超指出立宪党人的一贯态度是"只问政体，不问国体"。他强调，在现行国体的基础上谋求政治改革，这才是政治家的天职，而变更国体则是革命家的行为，不是政治家的职责。这里，梁启超运用的还是原先那一套关于国体与政体关系问题的说理方法，主张谋求政治改良，反对进行暴力革命，以实现资产阶级的民主政治为最终目标。

问题的关键在于梁启超由此得出的结论是：反对变更国体，反对复辟帝制，维持现存的共和制度。他说，国体没有绝对完美的，能做的就是在既有国体的基础上进行完善，所以，他不反对任何国体，他所反对的是在既有国体的基础上，再鼓吹其他国体。为什么梁启超如此坚决地反对变更国体呢？因为在他看来，旧国体一变，国家将会出现一系列问题，甚至会导致亡国，给国家带来巨大创伤。所以他于昔反对在君主国体之下而鼓吹共和国体，于今同样反对在共和国体之下而复辟君主国体。

　　梁启超清楚，帝制复辟活动的主谋是袁世凯，帮凶则是古德诺和筹安会一伙人，他们在理论上散布共和不如君主的论调，为袁世凯的帝制自为活动制造舆论。为了打击他们的嚣张气焰，梁启超对他们的观点逐一进行了驳斥。他指出，古氏理论中的各要点，如对共和君主得失的比较，论国体须与国情相适以及所举例证等，都是泛泛之谈，毫无深意，且与他十年前在《新民丛报》上发表的旧论如出一辙，只是水准尚不及其十分之一、百分之一。

　　对筹安会所鼓吹的"与其共和专制，不如君主立宪"的观点，梁启超反驳道，立宪与否，是政体问题，共和与否，是国体问题，他只关心政体，不在乎国体，只要能立宪，君主共和皆可；但是，如果不立宪，那么不论君主或共和，皆不可。国体政体本来是不相干的，如今却要鼓吹以变更国体来实现政体的变革，是毫无道理的。

　　对于所谓共和国体不能立宪的言论，梁启超说，鼓吹君主立宪的人如何保证实现了君主制就一定能立宪，如果不能保证，不就又退回君主专制了吗？梁启超的意思很明确，就是通过强调国体与政体的分别，指出两者并无必然的因果关系，论证维持现存共和国体，实现民主政治的必要，进而揭露那些企图变更国体者，不过是以君主立宪为名，行君主专制之实。

　　可见，梁启超还是梁启超，与辛亥革命时期相比，他的政治改良思想没有变，畏惧革命的心理也没有变。然而，彼一时也，此一时也。昔日的政治改良思想使他要联袁拥袁，今日的维护国体主张又使他要反袁讨袁。此所谓有时人物会促进历史的发展，有时历史的发展也会推动人物的进步。

　　接下来，梁启超又对辛亥革命以来的政坛风云作了一次总结，指出那种"忽而满洲立宪，忽而五族共和；忽而临时总统，忽而正式总统；忽而制定约法，忽而修改约法；忽而召集国会，忽而解散国会；忽而内阁制，忽而总统制；忽而任期总统，忽而终身总统；忽而以约法暂代宪法，忽而催促制定宪法"的政治制度频繁更迭的情况，使全国人民彷徨迷惑，无所适从，以致"政府威信，扫地尽矣"。现在又要变更国体，复辟帝制，真是"无风鼓浪，兴妖作怪，徒淆民视听，而诒国家以无穷之戚也"。这难道不是对袁世凯专权弄法、帝制自为活动的公开反对吗？

有人说梁启超此文是"对袁世凯的刻骨镂心的忠谏之书"，文章的要害作在"称帝选错了时候"，因而认为此文并不反袁。持这种观点的人不知如何解释袁世凯本人对此文的恐惧心理，更不知如何解释全国各阶层人士对此文的欢迎态度。应当承认，文章中确有对袁世凯的规劝，而且还指出帝政的两个途径。但是明眼人一看就知道，那不过是梁启超使用的障眼法，目的还是在劝袁世凯打消复辟帝制的企图，励精图治，把国家治理好。所以它并不妨害人们对此文本质的认识，当时驻中国的外交官们清楚，此文是在"攻击帝制运动"；中国的新闻记者也意识到，此文给帝制"丑类以沉重的打击"；胡绳同志对护国运动另有看法，但也承认此文事实上标志着梁启超"开始宣布反袁的立场"。

实际上，梁启超由劝袁到反袁再到讨袁有一个内在的发展过程，4月的劝袁上书中就隐含了反袁之意，9月的反袁宣言中也不乏劝袁内容，只有到1916年的讨袁檄文中才全都是抨击和揭露。从这个过程来看，《异哉所谓国体问题者》正处于转折的当口，其思想情感上的复杂性也就在所难免。重要的是，在当时特定的政治情况下，梁启超能顶住袁世凯的淫威，不顾个人的生死利害，为全国人民站出来说话，就此而言，此文受到社会各界的普遍欢迎，则是当之无愧的。

梁启超的学生，同是护国战争的发起人和领导人之一的蔡锷将军对此看得很清楚，他在《盾鼻集·序》中对这篇文章作了高度的评价："帝制议兴，九宇晦盲。吾新会先生居虎口中，直道危言，大声疾呼。于是已死之人心，乃振荡而昭苏。先生所言，全国人人所欲言，全国人人所不敢言，抑非先生言之，固不足以动天下也。"我认为这个评价是基本符合实际的。

在袁世凯的帝制复辟活动公开化以后，梁启超第一个站出来亮起反袁的旗帜，由昔日的联袁主谋一变而为反袁先锋。这种转变看似突然，实则有它的必然性。

首先，从梁启超的政治主张来看，这种转变是有思想基础的。梁启超一生善变，但追求资产阶级民主政治的理想始终没有变。当初联袁拥袁是想带着袁世凯走上民主政治的轨道，借他的力量推行资产阶级宪政。后来离袁劝袁则是因为袁世凯背叛了当初的誓言，大搞专制独裁统治，且有变更国体、复辟帝制的企图。如果任其发展下去，宪政、民主都将付诸东流。所以梁启超不得不站出来劝阻。而袁世凯一意孤行，帝制逆流甚嚣尘上，梁启超感到忍无可忍，最终必然走上反袁讨袁的道路。

其次，从进步党的处境来看，梁启超的转变带有为进步党另谋出路的性质，决不是一时的感情冲动。袁世凯解散国民党后，进步党就失去了利用价值，成为一块可有可无的招牌。后来袁克定探明梁启超对复辟帝制的态度，便舍进步党而利用交通系，进步党自身的生存受到威胁。为了进步党的自存，梁启超认为必须在反袁斗争中争取主动，不落"牛后"，否则便失去了自存的余地。他在致进步党人的信中反复申明，如果自动出击，就能占据优势，一旦被动，就会被淘汰，机会是转瞬即逝的。在举国上下都对袁世凯复辟不满之际，站出来反对袁世凯，无疑可以成为领导者。否则就会失去大好时机。

梁启超反袁的决心已定，接下来就该筹划讨袁的具体行动了。

策划起义

袁世凯帝制自为活动公开化之时，也就是进步党反袁讨袁计划酝酿之日。1915 年 8 月 15 日，即筹安会发表宣言的第二天，蔡锷便从北京连夜赶到天津，拉着梁启超一同到汤觉顿的住所，共商讨袁大计。当时，国民党人在"二次革命"失败以后，大多逃亡海外，组织处于瓦解状态；军阀官僚们又基本上都被袁世凯收买，一个劲地鼓吹帝制，歌功颂德，把袁世凯往皇帝宝座上推。相比之下，进步党元气未伤，实力尚存，在云南、贵州等省还很有影响。梁启超认为，在这种情况下，"我们若是不把讨贼的责任自己背在身上，恐怕中华民国从此就完了"。蔡锷当时就坚决表示："但为四万万人争人格起见，非拼着命去干这一回不可。"梁启超就等着蔡锷这句话，因为他的武装讨袁计划主要依靠蔡锷来完成。

对蔡锷，梁启超是有充分信心的。蔡锷 13 岁起就从梁启超在湖南时务学堂就学，戊戌政变后又追随梁到日本，后进入日本士官学校读书，与蒋百里、张孝准并称"中国士官生三杰"。回国后，蔡锷曾担任云南新军协统，辛亥革命后被推为云南军政府都督，1913 年辞职入京，为将军府将军，与梁启超朝夕相处。现在，俩人又共同站到了讨袁的义旗之下，一个用笔，一个用枪，都把目标对准了袁世凯。

梁启超对蔡锷说："余之责任在言论，故余必须立刻作文堂堂正正以反对之；君则军界有大力之人也，宜深自韬晦，勿为所忌，乃可以密图匡复。"他们议定，蔡锷一面派人到云南秘密布置，一面打电报把重要的人叫到北京，面商讨袁事宜；梁启超则用"笔"去回击筹安会的宣言，从理论上驳倒帝制派的谬论。于是，他写了《异哉所谓国体问题者》一文。

然而，文章一发表，就等于公开打出反袁的旗帜，这样势必会引起袁世凯的注意，妨害蔡锷正在用"枪"进行的"实力行动"。为了麻痹袁世凯，梁启超要蔡锷装着和他分道扬镳的样子，与袁世凯虚与委蛇，使袁无复疑忌。所以，梁启超的文章发表之后，蔡锷立即在北京联合好些军官，在将军府领衔拥护帝制，并且逢人就说："我们先生是书呆子，不识时务。"当袁党的人要他去劝劝自己的老师时，他却说："书呆子哪里劝得转来？但书呆子也不会做成什么事，何必管他呢？"暗地里，他却密电云贵两省军界，共商讨袁大计，并密召时任四川省长的戴戡进京面谈。

1915 年秋冬之交，帝制活动猖獗，讨袁策划工作也随之加快。蔡锷在北京几乎每星期都要跑一趟天津，到梁启超家中"咨受大计"。其时，袁世凯对蔡锷严加监视，便衣侦探随时跟着他，有一天军警甚至装着强盗到他家去搜查。为了迷惑袁世凯，摆脱便衣的纠缠，蔡锷故意沉溺于酒色，借醇酒美人作掩护。在北京，他与名妓小凤仙朝夕厮混；到天津又与梁启超等人在一块打牌吃酒，装着很腐败的样子。就是在这种花天酒地之中，一个周密的讨袁计划最终形成：袁世凯一旦称帝，那么云南就立即宣布反袁，随后贵州、广西响应，之后进取广东和四川，会师湖北，北上讨袁。

讨袁计划部署略定，梁启超和蔡锷便准备离开京、津，脱身南下。梁启超因为办事的秘密机关设在他家里，所以决定掩护蔡锷先走。11月底，蔡锷托病请假，潜行赴津，住进共立医院。袁世凯几次派人来探视，蔡锷让人代拟了一条请假三月赴日就医的呈文带给袁世凯，然后就躲到梁启超家里。12月2日，蔡锷与梁启超话别，双方约定：不成功，便成仁，事若成，即隐退。随后，蔡锷登上日轮"山东丸"号东渡日本，经上梅、香港、河内，历尽艰险，于12月19日抵达昆明。

送走蔡锷后，梁启超开始考虑自己如何离开虎口。他先上书袁世凯，说是要赴美就医。为了避免袁世凯的注意，办理护照时，他在官职栏下填写的是参政院参政，在年月日下，填写的是中华洪宪元年1月17日。然后，不等袁世凯批准，梁启超就于12月16日由天津乘中国新济轮南下。临行之前，他把预备好的讨袁檄文和电报都交给一位朋友，说好等云南起义一开始，就在北京、天津、上海的中西文报纸上一齐发表；接着，他又与夫人道别。此行关系重大，充满危险，夫妻双方心里都明白，为了鼓励梁启超的勇气，李蕙仙说了许多壮烈的话，并破例一直送他到大门口，才依依惜别。18日，梁启超抵达上海。后来，袁世凯得知蔡锷和梁启超双双南下，报纸上的讨袁檄文、起义通电又赫然在目，他一气之下，把派去监视梁、蔡的侦探统统枪毙，并无可奈何地说："自己一世做人聪明伶俐，不料这回被梁启超、蔡锷装在鼓子里头。"

梁启超到上海后，生活既危险又艰难。他在给女儿的信中说，上海的危险程度在天津之上，他为了减少亲人的挂念，只得不外出，不见客。在生活上，他每天只能由邻居提供两顿饭，而且没有水电，只能勉强维持。就是在这样的环境里，梁启超继续他的起义筹划工作。他在上海居住两个多月，主要从三个方面开展工作：一是与云南、贵州、广西三省互通函电，指陈方略，共谋起义大事；二是利用上海的地理位置的优势，"专务鼓吹舆论"，开展外交活动，争取国际上的支持；三是就近运动南京的冯国璋将军赞助起义，以减轻北军对南方护国军的军事压力。此事最为重要。梁启超早就得知冯国璋对袁世凯的帝制自为活动有所不满，因而常常派人去劝说他共同讨袁。冯国璋说他坚决反袁，只是认为在北方发难的时机尚不成熟，所以同意梁启超他们关于由滇、黔等边远省份先行起义的计划。梁启超到上海后，又先后三次托黄溯初到南京，向冯国璋面述南方义军情形，并代交自己的手书，争取冯早日赞助起义。冯国璋表示决不与护国军开战，如果袁世凯将他的部队调往南方作战，他就举兵反袁。至此，运动冯国璋的工作算是基本完成。

按在天津的原定计划，蔡锷到云南后，立即潜运军队到四川境内，然后才宣布起义。云南军方和反袁人士原先也有与此大致相同的计划，即"以滇军一、二两师编为第一军，军分为三个梯团，借剿匪为名，将第一梯团运动至四川叙州附近，第二梯团运动至泸州附近，第三梯团运动至重庆方面，出其不意，一举而占叙、泸、渝。三镇既克，四川全在掌握，然后宣布云南独立，反对帝制"。

1915 年 12 月 21 日，梁启超在上海接到蔡锷的一份电报，说一切将按原计划进行，23 日先头部队将由云南向四川出发，20 天后即发表独立宣言。就在这时，形势发生了变化，袁世凯一边让"大典筹备处"加紧筹备登基工作，一边决定派周自齐为"赠勋特使"，赴日本进行卖国活动。鉴于此，梁启超决定提前起义，用武力阻止袁世凯的卖国活动，迫使他取消帝制。

12月22日，即接到蔡锷电报的第二天，梁启超用他与蔡锷事先约好的密码，通过冯国璋由南京急电蔡锷，促其早发讨袁通电，提前起义。云南那边接到这份电报，以为梁启超已经在南京，冯国璋也已准备响应起义了。于是，蔡锷、唐继尧、任可澄、李烈钧等人便加紧筹备起来。

他们将梁启超事先拟好的《云南致北京警告电》《云南致北京最后通牒电》等讨袁通电，根据情况的变化，稍微改动几个名词，就以云南将军唐继尧、巡按使任可澄的名义，于12月23日发出。这份被称为"漾电"的电文，实际上就是第一篇讨袁檄文。

电文首先斥责帝制自为是食言背誓、盗国欺民的活动，指出袁世凯违背了就任临时大总统和正式大总统时的誓言。接着指出，全国人民对于袁世凯称帝痛心疾首，而复辟的罪魁祸首就是袁世凯身边的那些近臣。进而要求将杨度等筹安会"六君子"和朱启铃等交通系7人——当时所谓"十三太保"法办，以谢天下。最后提醒袁世凯，不废除帝制，全国军民都不会同意。并限袁世凯在24小时内，即24日上午10点以前答复。

电文发出后，袁世凯没有答复。于是，12月25日，唐继尧、任可澄、蔡锷、刘显世、戴戡等5人联名通电全国，宣布云南独立，组成"护国军"，武力讨袁，并请各省联电袁世凯取消帝制，拥护共和。这就是著名的"有电"。

接着，唐继尧等人又发出梁启超代拟的《云贵致各省通电》，《云贵檄告全国文》。前电指出袁世凯背叛民国，已经失去当总统的资格，号召各省共同讨伐。后文揭露袁世凯自民国以来的种种罪状，说他执政以来，在国政上毫无建树，却为一身之私利无所不用其极。

护国军声罪讨袁，剪彼叛逆，所为四事，一是取消帝制，维护共和政体；二是划定中央地方权限，给各省自由空间；三是顺应世界潮流，施行宪政；四是以诚意巩固邦交，提升中国的国际地位。通电檄文写得淋漓酣畅，锋芒毕露，矛头直指袁贼一人，而不问罪于北洋诸臣。这就有力地打击了袁世凯的嚣张气焰，把他完全孤立起来，从而加速了北洋集团的分化瓦解。

云南独立宣言的发表，标志着护国战争正式开始：这场由梁启超最初策划发动的起义，是全国人民反帝反袁爱国运动高涨的结果。它沉重地打击了袁世凯的帝制复辟活动和帝国主义列强的侵华野心，为捍卫共和制度和国家主权作出了重大贡献。

入桂助陆

云南宣布独立后，立即组织护国军，讨伐袁世凯。护国军先后组织了三个军，蔡锷任第一军总司令，进军四川；李烈钧任第二军总司令，唐继尧兼任第三军总司令，分别向广西、贵州前进。蔡锷率领护国军第一军四个梯团，分三路率先向四川挺进。刘云峰的第一梯团为左路，经昭通向叙府进军；赵又新、顾品珍的第二、第三两个梯团为中路，经威宁、毕节向泸州进军；戴戡的第四梯团为右路，经松坎向綦江、重庆进军。

战斗打响，身在上海的梁启超又开始为战事而筹划奔波，成为各方面的中心人物。他在1916年1月8日致蔡锷的信中说，他之所以没有立即离开上海奔赴云南前线，一是为了谋划东南诸镇赞助起义，二是为了在外交上开展工作，以博得世界舆论的支持。同时，他对蔡锷的军事行动也给予具体的指导，先后给蔡锷写了8封信，每封信两三千字，告诉蔡锷相关战术战略。

此外，云南的唐继尧、任可澄也写信向他讨教时局大计。总之，护国之役开始后，从外交时局大计到战略战术计划，梁启超无不尽心筹划，积极运动。有人说梁启超"居沪期间的种种筹划布置和运动，实为此役成功的最大关键"。当是不刊之论。

蔡锷率领的护国军第一军进入四川，很快在叙府、泸州、纳溪一带与敌人展开激战。1月20日，护国军左路占领叙府；26日，护国军中路抵达毕节；27日，贵州宣布独立，推刘显世为都督。受形势的逼迫，川军第二师刘存厚于2月2日到纳溪宣布独立，并与护国军中路董鸿勋部会师，攻打泸州。袁世凯气急败坏，大骂四川守军无能；四川将军陈宦调集重兵，进行反扑。战事进行得相当艰苦，护国军被重重包围，困在泸州，处境十分危险。此时，广西若能独立，一则可以使西南联成一片，为会师湖北、底定中原打下基础；二则可以抽出兵力，援助蔡锷，以解四川护国军之围。对于这一点，梁启超自然清楚，所以他开始积极运作广西独立之事。

云南、贵州相继宣布独立后，梁启超他们所企盼的第三省响应，就是广西了。广西将军陆荣廷，从一开始就反对袁世凯的帝制活动，后因袁世凯毒死其子，更加对袁恨之入骨，遂秘密筹备独立反袁之事。云南独立前，曾派人到广西征求他的意见，他表示坚决支持云南起义，但是由于财政困难，只能先保持中立。云南独立后，袁世凯派陆荣廷出兵征讨，他又托言饷械不足，地方防务吃紧，拒不出兵。尽管如此，陆荣廷因为形势、财力、政务等方面的原因而顾虑重重、犹豫不决，迟迟没有宣布广西独立，以致外界议论纷纷。

为了打消陆荣廷的顾虑，促成广西早日独立，梁启超采用激将法，于1月25日写了一封三千余言的长信致陆荣廷，反复申明大义，剖析利害，劝其早下决心。2 月 18 日又致电陆荣廷，一方面分析当时的情况，晓以利害，另一方面鼓动他及早起义。陆荣廷本是久怀义愤，决意反袁的；梁启超的一书一电，更坚定了他的起义决心。

于是，陆派谋士陈祖虞专程到上海迎接梁，让他到广西主持民政，相助起义；接着又派心腹唐绍慧带着他的亲笔信，到上海请梁火速入桂，并说梁一到，他立即宣布起义。此行的危险，梁启超清楚；此行的重要，梁启超更清楚。他在致女儿的信中说，此行关系滇黔生死，决定国家命运，他决定万险不辞。所以，他一点也不迟疑地对来使说："我立刻就去。"

决定去，是一回事。怎么去？能不能顺利到达广西又是一回事。因为当时袁世凯"捕拿梁启超就地正法"的上谕早已下到各省，想从广东进入广西是不可能的。梁启超请日本驻沪武官青木中将帮忙，青木让其属官松井具体负责此事。3 月 4 日上午 10 时，经日本人的安排，梁启超偕汤觉顿、黄溯初、黄孟曦、蓝志先、吴贯因、唐绍慧一行 7 人，乘日轮"横滨丸"号离开上海，前往香港。

他们计划：黄孟曦假道云南以入四川，黄溯初则先至云南然后入广西，汤觉顿、唐绍慧取道梧州以入南宁，吴贯因、蓝志先则偕梁启超经海防转入南宁，除汤觉顿、唐绍慧走梧州外，其余人皆须经越南海防入桂。他们听说外国人入越南无需护照，于是就各改姓名，装作外国人，并印制了西式名片。梁启超说，行动开始后，他们昼伏夜出，假扮游客二十日，充分施展了各自的"演技"。

为了避免暴露目标，梁启超蛰伏于船舱的最下层，在锅炉旁拓一室，吃饭睡觉都在里面，溽闷难耐。舟行多暇，梁启超

抓紧时间起草通牒、檄告、宣言、公电等文件，间以读书。3 月
7 日上午 11 时，船抵香港。当时，香港方面是替袁世凯出力的，
梁启超一行离开上海后，袁世凯即致电两广及香港政府严加盘
查。所以，香港各旅馆侦探甚多，警吏搜查也很严。

　　由于转乘的轮船尚未到，梁启超只得留在船舱。连续 4 天
不能离船舱一步。更有甚者，到了香港护照又成了问题。本来
外国人旅行越南不需要护照，中国人在香港花几个钱也能搞到
护照。可是到了香港，梁启超他们才得知，驻港法国领事近期
有新规定：不管是外国人还是中国人，领护照去越南，"须本人
亲到法领事馆验照相，且印手模"。梁启超无法上岸拍照领护
照，绕道海防入广西的计划将成泡影。

　　此时又传来前方战事吃紧的坏消息，梁启超心急如焚，"力
主直越省城冲梧州"，以赴南宁。同行的人皆激烈反对，说这样
无异于白白送死，梁启超只好作罢。经过两天的商量，最后决
定：汤觉顿、唐绍慧带着梁启超为广西独立草拟的通电，先期
出发，经三山、肇庆到梧州上南宁；梁启超由黄溯初陪同，偷
渡海防，从越南入镇南关到龙州转南宁；吴贯因、蓝志先、黄
孟曦则暂留香港，等待时机再由梧州入广西。

　　3 月 12 日，黄溯初陪同梁启超登上日本三井洋行赴安南洪
崖运煤的"妙义山丸"号货船，准备偷渡海防以入广西。经过
3 天的航行，15 日晨抵达洪崖。洪崖距海防尚有半日行程，白
天偷渡极为困难。在日本友人的精心安排下，日本驻海防名誉
领事横山偕家人乘游船至洪崖，将梁启超和黄溯初接上船，装
作游览的样子，在海上游来逛去，拖延时间，16 日晚 8 时许，
在海防悄然登陆。

　　梁启超在海防一住进横山的家，就和广西方面派来的秘密

代表会面了，得知广西方面已做好迎接他入广西的准备，横山觉得自己家里也不安全，便在17日晨用汽车把梁启超和黄溯初送到他在山中经营的帽溪牧场。因时间紧迫，尚有许多事情要与唐继尧商量，梁启超遂派黄溯初为其代表，先赴云南晤唐，办完事再回来与他一起入桂。此后10天，梁启超孑身在万山之中，深居简出，以待桂使。此间烟已吸尽，书也读完，且茶水俱绝，身染重病，生活备极艰苦。然而，梁启超以高度的责任心对待生活，则虽苦犹乐。他在如此恶劣的环境中，尚抖擞精神，著成《从军日记》和《国民浅训》两书。

3月26日，梁启超与桂使一同乘汽车离开帽溪牧场，由海防经河内、谅山以达镇南关。车行两日，每站皆有特务等着暗杀梁启超，他们以为梁启超决无飞渡之理。然而，梁启超忍饥两日，露宿一宵，于27日下午3时到达镇南关。此时的镇南关大悬国旗，列队肃肃，梁启超在车站军乐爆竹声中，被欢迎的人群簇拥着步入国门。

在镇南关住了一夜，第二天拂晓，梁启超又赶赴南宁。一路上所经过的市镇村落，都悬挂旗帜燃放爆竹以示欢迎。到达龙州时，早已有六七个欢迎团体等着他发表演说。29日晨，梁启超接见了当地军政官员后，发表了演说，随即乘船赶赴南宁。此时，他已经连续38个小时不眠不休了。4月4日，梁启超终手抵达南宁。陆荣廷亲至江口率水军全队出迎，南宁人民也以万人空巷之势来欢迎梁启超的到来。当晚，陆荣廷设宴为梁启超洗尘，梁启超身着长衫入席。散席后，稍事休息，陆与梁便进行会谈，至深夜始散。

从3月4日由上海出发，至4月4日到达南宁，历时整整一个月。在这南下广西、万里从军的一个月行程中，梁启超历尽艰辛，其中的曲折颠簸，如同一部冒险小说。他藏身船底，隐匿牧场，挥汗起草文件，抱病赶写著作，皆为争取广西早日独立；他穿山越水，忍饥挨饿，拟冒险入梧州，又无护照而偷渡海防，皆急欲为云贵谋得援军。随行者之一吴贯因不由地赞曰："只身孤行，奔走万里，任公之大勇，于此可见矣。"

冒死说龙

1916 年 3 月 14 日，就在梁启超由香港赴海防的途中，汤觉顿已经到了南宁。陆荣廷看到梁启超起草的电文，得知梁已在赴桂途中，遂于次日宣告广西独立，以陆、梁两人的名义发出《广西致北京最后通牒电》《广西致各省通电》。本来，广西准备在 3 月 21 日宣布独立，因为 12 日在百色发生了令龙觐光军（广东派往广西干预护国战争的军队）缴械的事，不能再拖延，所以汤觉顿到后，陆荣廷便决定提前起义。

广西宣布独立后，陆荣廷被推举为都督，在南宁设立广西都督府，并成立两广护国军总司令部，陆荣廷任总司令，梁启超任总参谋。广西独立后，接下来就要解决广东问题。广东、广西唇齿相依，关系甚切；在广东掌权的龙济光与在广西掌权的陆荣廷在政治上虽有不同见解，但毕竟是儿女亲家。所以，陆荣廷不忍对龙济光加兵，而是派心腹要人赴广东，劝说龙响应起义。但是，龙被袁世凯封为亲王，是袁的忠实走狗，岂能轻易宣布广东独立。他一面派重兵驻守两广交界之地（封开与梧州），加强防御；一面电告袁世凯，请海军部派舰来粤驻防。袁世凯立即派江贞、永车、楚月、瑞应、肇和、飞霆等 7 舰南下，在汕头和黄浦联台驻守。

　　陆荣廷知道和平解决广东问题无望，遂率三十营大军东征广东。部队下柳江，入浔江，于 22 日抵梧州。24 日，以两广护国军总司令陆荣廷、总参谋梁启超的名义，发表了《檄告广东军民文》，对龙济光下了最后通牒。此时，广东省内响应起义的运动一浪高过一浪，潮汕、钦廉（原属广东，在今广西钦州）、高雷（广东省已撤销的行政区）相继宣布独立，同时还有一支数千人的队伍，准备攻打广州城，而城内据传将有数千警卫军将接应。省外有陆荣廷的东征大军，省内除广州城外各处纷纷独立，龙济光知道大势已去，洪宪郡王的头衔是保不住了，只好于 4 月 6 日宣布广东独立。然而，龙济光宣布独立纯因形势压迫，想借此拖延时间，缓和局面，保住自己的都督位置，而不是诚心讨袁。

　　梁启超到达南宁后的第三天就得悉广东独立的消息，他和陆荣廷都为广东问题出现和平转机而高兴。龙宣布独立后，不断致电广西，请广西方面派人到广东商量有关事宜。陆、梁遂派汤觉顿为先行代表直接赴广东，他们两人也于 8 日由南宁东下，准备从梧州进入广东，协助龙解决广东问题。然而，13 日陆、梁抵达梧州时，忽闻"海珠惨案"，广东之行不得不中止。原来，4 月 12 日，龙济光以广东各界代表的名义在海珠岛水上警署召集联席会议，商讨广东独立的善后问题。参加会议的龙军代表有统领颜启汉、江防司令蔡春华等人，广西方面的代表则是汤觉顿，另有陆、梁在广东共事的好朋友警察厅长王广龄、陆军少将谭学夔等。在讨论民军与龙军合作问题时，双方发生争执，颜启汉等拔出手枪乱打，当场将汤觉顿、王广龄、谭学夔、岑伯铸等人打死，酿成震惊一时的"海珠惨案"。

　　"海珠惨案"发生后，龙济光知道闯了大祸，立即派张鸣岐赶赴梧州，解释惨案与他无关，并请陆、梁赴广州商讨两广合作之事。惨案对陆、梁的刺激都很大，因为汤既是作为陆的代表出席会议的，又是梁最亲密的朋友。梁启超说："我们在广西得着凶报，痛愤自不待言，便连日连夜带着大兵，从梧州顺流而下，到了肇庆。"

此时，广东民军积极要求杀龙济光，桂军将士也表示"非打广东不可"。但是，陆、梁经过反复考虑，认为还是和平解决广东问题为好。因为广西独立原是想出兵湖南，牵制敌势以助蔡锷，若是桂粤开战，不要说无必胜的把握，就令得胜，也需要好些时日，且部队损伤惨重，还拿什么力量去讨袁呢？所以，梁启超主张"要忍着仇恨和龙济光联和"。

到肇庆后，陆、梁立即电劝龙济光率军北伐，将都督一职让与岑春煊。4月19日，岑春煊由香港启程来肇庆，龙济光也到肇庆与陆、梁会谈。经过讨价还价，最终达成协议：一、龙同意在肇庆成立两广都司令部；二、龙仍暂为广东都督；三、枪毙蔡春华；四、即日出兵北伐；五、民军由岑春煊处理，岑未到前，暂定三水为防区界线。广东问题初步解决，陆荣廷返回广西，率师北伐，梁启超暂留肇庆，等广东稳定后再做去向的考虑。

5月1日，两广都司令部成立，推岑春煊为都司令，梁启超为都参谋，李根源为副都参谋。都司令部的职权主要是统辖两广军队，利用岑春煊节制龙济光。此后，龙济光虽与南方护国军貌合神离，但在名义上毕竟处于都司令部节制之下。都司令部之编制，在都司令之下设有参谋部、秘书厅、外交局、财政厅、盐务局、饷械局、参议厅等机关，它为后来军务院的成立奠定了基础。

　　龙济光效忠袁世凯，对北伐讨袁之事毫无兴趣。陆荣廷走后，他见肇庆只留数千桂军，便一再食言，拒不履行协议内容，时有取消独立之心。对此反复无常之人，肇庆军人及民党皆主张讨袁必先去龙。梁启超也认为广东问题不生不死，颇碍于大局，非想个办法叫龙济光彻底明白利害，死心塌地地讨袁护国。他想了一天一夜，最后决定亲自出马靠血诚去感动龙。梁启超的这个决定使跟着他在肇庆的朋友和学生"个个大惊失色"，有几位甚至跪下来劝阻。梁启超说："我那时候，天天接着蔡公电报，形势危在旦夕。我觉得我为国家为朋友都有绝大的责任，万万不能躲避。"决心已定，无论何人也拦不住他。

　　5月5日，梁启超偕李根源、张鸣岐、黄孟曦赴广州。一到广州，梁启超就与龙济光在观音山会晤，苦口婆心地与他谈了十几个小时，好像说得他心悦诚服。第二天晚上，龙把他的几十个军官聚集起来，给梁开欢迎会。这些军官个个都拖枪带剑，如狼似虎，分明是"鸿门宴"。欢迎会开始还是客客气气的，酒过三巡，示威动作便渐渐来了。坐在龙济光身边的一员大将胡令萱，借助酒兴在那里大发议论，先是骂广东民军，继之骂广西义军，接着又骂蔡锷和护国军，并鼓起两只血红的眼睛盯着梁启超，像是就要动手的样子。

　　梁启超毫不畏惧，他站起来说：龙都督，我昨夜和你讲的什么话，你到底跟他们说过没有？我所为何来？我在海珠事变发生过后才来，并不是不知道你这里会杀人。我单人独马手无寸铁跑到你千军万马里头，我本来并不打算带命回去。我一来为中华民国前途来求你们帮忙，二来也因为我是广东人不愿意广东糜烂。所以我拼着一条命来换广州城里几十万人的安宁，来争全国四万万人的人格。既已到这里，自然是随你们要怎样便怎样……

当时，梁启超意气横厉，声大如雷，一面说一面不停地拍桌子，把满座的玻璃杯都打得叮当作响，和平时完全判若两人。梁启超正是以这种凛然正气把那些军官的威风杀气压了下去。那位胡令萱悄悄逃走，其他人若有所感，跑过来和梁启超握手道歉。7日，梁启超返回肇庆。从此，广东独立没有发生什么大问题。

梁启超亲赴广州，冒死说龙，从大的方面说，进一步稳定了广东独立后的局势；从具体事项讲，则是谋得龙济光同意成立军务院。军务院之由来，酝酿于天津筹划起义之时，至3月梁启超南下，又复议此事。梁启超在《从军日记》中还就军务院的性质、组织、作用作了说明，他希望在军政时代设一军务院，施行开明专制。军务院由数人组成，协商处理军国大事，作为临时政府存在。

到广西后，梁启超又先后与云南的唐继尧、蔡锷，贵州的刘显世、戴戡，广西的陆荣廷、岑春煊等人商议此事，得到了诸公的一致赞成。然而，滇、黔、桂三省交通不便，军务院行署所在地宜设在广东。为此，梁启超亲赴广州与龙济光商量，得其同意后马上回肇庆落实此事。

5月8日，军务院在广东肇庆宣告成立。唐继尧以首义省都督身份任抚军长，岑春煊因与西南各省都有相当关系被推为副抚军长摄抚军长事（唐因留云南不能驻院），梁启超、刘显世、陆荣廷、龙济光、蔡锷、李烈钧、陈炳焜、戴戡等人任抚军，章士钊任秘书长，唐绍仪为外交专使。梁启超本来不想担任抚军一职，但是众人却极力推荐，而且滇、黔、桂、粤四省重要人物都认为，只有梁启超才能聚拢各省民心。所以梁启超只好以政务委员长的资格兼任抚军。

军务院是由独立各省组成的统一联合机构，其编制除抚军之外，尚有部附、参谋、参议、部员、秘书、编纂委员、粮秣委员等等，具有临时政府的性质。军务院成立后，连续发出了五号宣言、六号布告、三次致公使团领事团电，除第三、四、五号布告外，其余均出自梁启超之手。这些宣言、布告、通电不仅对军务院的性质、作用、组织条例作了详细说明，而且对一些重大的政治问题作出了决定，具有重要的意义。

例如，第一号宣言决定："前大总统袁世凯因犯谋叛大罪，自民国四年十二月十三日下令称帝以后，所有民国大总统之资格，当然消灭。"第二号宣言决定："恭承现任副总统黎公元洪为中华民国大总统，领海陆军大元帅。"

废除袁世凯的总统资格，确定新总统人选，实为当时政治上的紧迫要事。云、贵起义后，最引人关注的就是总统问题。上海民党谓冯国璋可为总统，南方民党谓岑春煊可为总统，还有谓唐继尧或蔡锷可为总统。梁启超主张遵照国法，推黎元洪为总统，一则可以息争，二则可以表明护国军之兴为保卫共和而非争夺权利。推黎元洪继任本是梁启超南下时就有的主张，现以军务院宣言的名义发表，政治上意义更大。"其后此事成为舆论，举国皆言推黎继任，而首倡此议者，则为梁任公也。"

军务院的成立，使护国运动有了一个统一的组织领导机构，它在政治、军事、外交等方面都发挥了积极的作用，标志着护国运动进入高潮阶段。军务院从酝酿、成立、运作到最后解散，梁启超始终起着关键性作用。诚如吴贯因所说："军务院之历史，梁任公实与相终始。"

迫袁退位

广西的独立给正在四川作战的护国军以极大的鼓舞，1916年3月17日，护国军全线发起总攻，形势急转直下。3月20日，冯国璋又联合江西、浙江、山东、湖南几省将军致电袁世凯，要求他取消帝制。面对各方面的压力，袁世凯被迫于3月22日发布取消帝制令，23日宣布废止"洪宪"年号，83天的"洪宪皇帝"就这样被钉在历史的耻辱柱上。皇帝梦刚刚醒来，袁世凯又进入总统的梦乡，想在帝制取消后继续当他的大总统。为此，他一边令在四川作战的张敬尧、陈宦，向蔡锷求和说情；一边请广东的龙济光、张鸣岐与陆荣廷商谈，企图调停南北，保住大总统的职位。

梁启超在进入镇南关后才得悉袁取消帝制的消息，他立即于3月28日在龙州致电各方，请勿言调和，坚持袁必须退位的方针。在《复陆都督电》中，梁启超强调，袁世凯言而无信，他如要义军罢兵，不仅要取消帝制，还要退出政坛，如若不然，袁世凯定会清算义军。《致汤觉顿电》《致各都督各总司令电》又强调，袁世凯必须退位，取消帝制是不够的。

袁世凯看到以梁启超为首的进步党人反袁甚烈，便故伎重演，任命段祺瑞为国务卿，代替徐世昌出面组阁，提出以进步党人梁启超、熊希龄、汤化龙、张謇、戴戡分任司法、财政、教育、农商、内务五总长的六人内阁名单，企图以此为筹码，挽救危局，继续担任总统之职。同时，袁世凯又派梁士诒、张国淦、庄蕴宽等人，以旧交身份致电梁启超，希望他能支持仍以袁为总统。

　　梁启超早就看透了袁世凯的虚伪本质，他筹划发动护国战争，就是要推翻其专制统治。现在袁要停战和谈，就必须要惩罚战犯，且要袁世凯退位。也就是说，只有袁退位，才有和谈的余地。此时，各方面倡调停，主拥袁者颇多。有人担心此局久悬，难免引起外国干涉；有人认为各省军人多系袁旧部，非袁不能统驭；有人指出当今人士除袁外，无人能为继任总统。对此，梁启超一一予以驳斥，坚持非袁退位不可。

　　5月3日，他在肇庆发出《致黎大总统及各都督各总司令电》，再次强调，事到如今，除非袁世凯退位，否则绝无停战的希望。他还借蔡锷的话，说袁仍继任总统，就像个再嫁的寡妇，是不能入前夫家的宗庙的，否则，于情于理都说不过去。梁启超认为，北洋派系各将领都是豪杰人士，像冯国璋、张勋、段祺瑞、王士珍等，都足以担当镇抚北方的重任，并非只有袁世凯才能统驭北方军队。在这些将领中，梁启超对段祺瑞更是寄予厚望，希望段能出来帮助黎元洪收拾残局。

　　5月4日，他在《致段国务卿电》中表示，如今只有段祺瑞最适合出来收拾残局，就像当初逼清帝退位时袁世凯做的那样，只有段祺瑞出来逼袁世凯退位，中国才有希望。日后梁启超入主段阁，扶段治国，此时已初露意向。

　　梁启超与袁世凯打了十几年交道，又在其政府做过几年官，对其性格品质了如指掌，而他本人又是舆论界的大旗，文笔犀利，写得一手好文章。所以，他在通电迫袁退位的同时，还在舆论上对袁进行口诛笔伐，写了《在军中敬告国人》《袁政府伪造民意密电书后》《袁世凯之解剖》等一系列文章，揭露其专制独裁罪行，抨击其卑鄙恶劣行径，剖析其性情品格缺点，淋漓尽致地刻划了袁氏反复无常、阴险奸诈的丑恶嘴脸，使国人进一步认清了他的本来面目。

5月6日，冯国璋、张勋、倪嗣冲三人联电未独立的15省军民长官各派代表一人，于15日前赴南京开会，商讨总统去留问题。18日正式开会时，由于各省代表意见不一致，没有形成任何决议。最后商定，请已独立的5省选派代表与未独立的17省代表，到南京另行开会，以决定总统去留问题。此间，梁启超已离开广东取道香港转赴上海，到南京与冯国璋商讨国事。5月30日，其弟梁启勋由港来沪，告诉他父亲已于3月14日病逝的消息，当时他正在南下的途中。梁启超闻讯后悲恸欲绝，立即致电广东军务院，辞去一切职务，在上海居丧，决心不再参与国事。

6月6日，袁世凯在内外交攻、众叛亲离的情况下，绝望地死去。因取消帝制而南北熄火的护国战争，至袁世凯死后已完全停止。梁启超认为这是局势有所进展的大好机会，他不顾居丧的悲痛，又站出来为结束南北对峙、恢复约法、召开国会、重建民国而操劳。他先是致电黎元洪、段祺瑞、冯国璋及各都督总司令，促请黎元洪依法就任大总统，接着又草拟了南方五省的和谈条件：一、复旧民约；二、召集国会；三、惩治祸首；四、南省北军撤还；五、废将军巡按官制，一律改称都督；六、双方要人在南京或武昌开善后会议，直接晤商。6月底，政府明令恢复约法，召集国会，黎元洪也依法继任大总统，段祺瑞被任命为国务总理并负责组织新内阁。梁启超看到这一切便以为大功告成，马上致电独立各省，主张撤销军务院。7月14日，发布了由梁启超起草，全体抚军署名的《军务院撤销通电》。至此，护国运动完全落下了帷幕。

护国运动是一次由广大群众参加的资产阶级民主革命运动，

它发生在辛亥革命之后，五四运动之前，在中国近代历史的发展进程中具有承前启后的进步意义。护国战争的直接结果是推翻了"洪宪"帝制，拯救了中华民国，使辛亥革命的胜利果实《临时约法》和国会得以恢复，避免了一次大的历史倒退，为旧民主主义革命向新民主主义革命过渡创造了条件。

梁启超作为这场战争的主要发起人和决策人，理应受到高度的重视。遗憾的是，由于种种原因，长期以来，人们总是贬低梁启超在护国战争中的重要作用，无视梁启超在护国战争中的历史地位，淡化梁启超在护国战争中的巨大贡献，或说他争夺护国桂冠，否认广大人民群众的作用和功绩；或说他自居护国英雄，其实只有一点运筹之功而已。

事实究竟怎样呢？前面的叙述已经表明，护国战争中的一系列重大事件，如云贵起义、两广独立、四川战事、迫袁退位、南北和谈以及组建军务院、运动冯国璋等等，无处不有梁启超的智慧和汗水，无事不见梁启超的勇气和胆略。从身先士卒，在战场上指挥千军、英勇杀敌的方面看，蔡锷是当之无愧的护国英雄；从运筹帷幄，在战争中不顾生死、履危蹈险的角度讲，梁启超也堪称护国英雄，并不存在什么"自居"。

至于人民群众在护国战争中的作用，梁启超不仅没有否定，而且予以充分的肯定，他在两篇有关护国战争的回忆文章中分别指出："今共和国体之所以复能维持，实赖全国各部分人戮力拥护，非一手一足之为烈也。""护国成功，原来是全国民心理所造成，并不是靠一部分几个人之力。"当然，进步党人在护国战争中走在革命党人的前面，梁启超在整个战争过程中始终起着重要的领导作用，这也是无可否认的历史事实。战争之前，他筹划奔波、寻求合作，促使护国反袁联合战线的形成；战争之中，他千里南下，冒死说龙，保证了军务院的及时成立；战争之后，他迫袁退位，运动冯、段，为南北和谈，国家统一奠定了基础。正因为有了这些，曾是梁启超论战对手的章太炎才不得不说："共和再造赖斯人。"

第七卷
段阁谋士　欧洲游客

暗助段阁

　　1916 年 6 月 6 日，袁世凯羞愤成疾而死。此时正在上海服父丧的梁启超闻知这一消息，兴奋激动之情冲溃他了几天来沉浸于父丧的哀恸与悲痛，也带走了不久前因闻父丧才许下的"辞去护国军一切职务，从此不忍复与闻国事"的誓言。在一阵狂喜之后，他便陷入沉思之中：袁世凯一死，本来就混乱的国内形势必然雪上加霜，北洋军阀与南方护国军正在对峙，北洋军阀内部风波迭起，国民党激进派正跃跃欲试，清廷复辟思潮正潜滋暗长……想到这，梁启超敏锐地感到在这种局势下，他应有一份责任，同时也赢得了一份机会。一方面，是因为自己鼓动宣传、组织领导才造成南北对峙状态，如今袁世凯死了，自己同样有义务、有责任消除南北对峙，维护全国统一。另一方面，梁启超担心国民党激进派乘机扩大力量，威胁自己及同党的生存。于是他认为这也是发挥自己舆论特长的时候，是扩大自己及同党势力的一次机会。

　　如此这般，梁启超左思右想，上下权衡，形成了自己近期的行动方案。这就是以在野的身份暗助段祺瑞，利用段祺瑞的力量实现自己的主张。梁启超清楚地看到，当时任国务总理兼陆军总长的段祺瑞是北洋军阀集团里最富势力的实力派人物，他像当初依附袁世凯一样，积极地倾向了段祺瑞。在袁世凯死去第二天，梁启超便致电段祺瑞说，听到袁世凯去世的消息，再想想他们当初的交往，他还是伤感的。段祺瑞毕竟是北洋军阀三大怪杰之一、袁世凯的亲信，所以梁启超开始用一番套话，想从感情上笼络段祺瑞。在电文最后，梁启超就极其鲜明地道出自己的观点，当此为难之际，只有段祺瑞能力挽狂澜。

同一天，他在致各都督各司令电文里，再次强调，解决北方的困局，只有依赖段祺瑞，希望南方予以配合，化干戈为玉帛，共同推戴段祺瑞。与此同时，为了避免非议，梁启超又在袁世凯死后第三天致电副总统黎元洪，促请他依法继任大总统，与段祺瑞共同保持中央秩序，统一国内各派力量，避免混战。电文说，袁世凯已死，按照《临时约法》理应黎元洪继任，希望黎元洪尽早就职，与段祺瑞一道，维护中央政府的统治秩序。梁启超字里行间，真可谓言恳辞切，用心良苦。

6月29日，黎元洪、段祺瑞分别继任总统、总理，组成新政府，民国元年约法和旧国会相继恢复，护国运动总算有了结果，国家表面上又统一了。梁启超心里也稍稍得到了一点慰藉。然而随之而来的却是更多的困惑与彷徨，尤其对是否直接效命官场矛盾重重。一则他自海外归来后，几年的司法总长、币制局总裁等官场生涯使他对作官滋生了几份厌倦。他在给梁令娴的一封信里说，作官易捐人格，易习于懒惰和巧滑，终非安身立命之所；二则他发动护国战争时，曾与蔡锷等人倡言，一旦革命成功，他便退隐从事著述教育工作。现在护国运动结束，也只好"假戏真做"一番了；三则他认为当时中国大多数人缺乏必要的政治智识、政治能力。他现在更应该从社会教育入手，提高国民素质，确定宪政基础。这比他直接进入官场，当个一官半职作用大得多。可是，梁启超并不是绝意于政治，他终生都充满着政治热情。此时他只是想以在野的身份参与政治，以舆论力量左右中国政坛。总之，不管何种原因，在袁世凯死后不久，在梁启超暗中支持段祺瑞的时候，一场关于"出处"的大讨论在梁启超及其同党中展开了。

7月1日，黎元洪致电邀梁启超为总统府秘书长，为此他大赞梁启超是"模楷人伦，万流仰镜"。只是梁启超并不领情，7月3日回电说："为私为公，此时皆决不宜就职。"十分坚决地拒绝了黎元洪。不过，这位靠武昌起义侥幸起家，并顺时坐上大总统宝座的黎元洪清楚地知道，在北洋军阀掌权时代，他这位大总统如同虚设。为了奠定总统宝座的厚实基础，他必须尽可能地网罗一批像梁启超这样有广泛影响的社会名流。于是他又数次致书遣人再邀梁启超，其中有一封信里说，国家的发展问题还有待解决，而这些问题只有梁启超这样的人物才能解决，希望梁启超能入政府任职，从长计议国家大事。经黎元洪的一番吹捧，梁启超简直如神似仙了。这还不算，与此同时，黎元洪命令公府收支处自7月份起每月赠梁启超津贴2000元，诚挚之心令人感动。然而此时无论怎样美妙的誉词和丰厚的待遇，也不会打动梁启超的心。因为梁启超清楚地看到，与其依附黎元洪还不如依赖段祺瑞。7月6日，他给黎元洪回电，强调自己并非是嫌官职小，而是要献身教育。8月间，他在与报馆记者谈话时，又进一步强调要以在野政治家的身份监督匡救政府。这便是梁启超第二次宣布脱离政治的宣言。这番真真假假、假假真真的解释，反映了他此时真真假假的心思。他在观望，在等待，在继续努力。

然而这种观望等待的滋味很不好受。7月6日，梁启超在给蹇季常的一封信里指出了他与同人在出处问题上有分歧，强调了同人"出处"问题需从速决定，否则既不能应变外界的变化，也不能消除精神上的痛苦。7月14日，梁启超在给梁令娴书信里真实地描绘了自己纷繁复杂的心思，此时他感到自己进也不是，退也不是。7月27日，梁启超再致蹇季常书信，把这种苦恼说得一清二楚了："闭门避地等说，实行固非易，即为良心计，为自卫计，日日益感觉其不可，盖自身既有首尾未清（如军务院及松、循交涉等）之事，终不能一刀两段……"如此等等，这种讨论、商榷一直持续达半年之久。

当然，梁启超在考虑自己命运的时候，也在思考着进步党"同人"的前途。他深深地知道，不加强进步党的势力也就不能提高他将来的地位。于是当他为自己鼓吹"在野"、"安身立命"时，却积极鼓励进步党同人入会入阁，并满怀兴致地筹划着进步党的宏伟蓝图。7月18日，他发给贵阳进步党人熊铁崖、刘希陶的电文说："今决组强固无形之党，左提北洋系，右挈某党一部稳健分子，摧灭流氓草寇两派。现国会即开始征伐。"这完全可以看成梁启超发展进步党的宣言和方针。8月1日，国会召开，议员中大多数仍是进步、国民两大党党员。这给了梁启超无形的力量。于是，国会召开后不久，在梁启超的号召下，进步党人为了发展力量，以"宪法"为突破口，一部分成立了"宪法案研究会"，另一部分组成了"宪法研究同志会"，皆以研究宪法为名，网罗人才，壮大声势。

9月份，这两个组织又合并为"宪法研究会"，又称"研究系"，梁启超便是该组织的灵魂。与此同时，国民党人也相继成立了"丙辰俱乐部"、"客庐系"和"韬园系"等组织，最后在分分合合中，并为"宪法商榷会"，又称"商榷系"。这样，"商榷系"、"研究系"和段祺瑞私党组成了段阁的主体。梁启超对报界发表谈话时，大加赞扬这个内阁，尽吐溢美之辞，说内阁进入的新人和段祺瑞本人各有所长，互相补充，是国家之大幸。

其实，梁启超赞赏的只是段祺瑞与研究系成员。他心里十分清楚，这表面和平的段阁里面纷繁复杂。各派之间明争暗斗，杀气腾腾，他自己也以在野的身份参与了这场斗争。这首先突出表现在修改宪法问题上。当时，商榷系人员坚持两院制，主张省长民选制，目的是想阻止北洋军阀的独裁集权，维护国民党在西南地区已经取得的地位。针对这种观点，梁启超在《与报馆记者谈话》（一、二、三）中比较系统地提出了自己的看法。主要有，他一改以前所倡导的两院制，而主张一院制；他反对省长民选制，后来在强大的舆论力量下，换汤不换药，主张省长的选举最好采取先由中央政府简任再由某机关投票决定的办法，等等。在与记者的谈话中，梁启超可以说是滔滔不绝，俨然一派公正客观的态度。现在看来，他的主张说穿一点，就是维护北洋军阀的独裁专制，借助段祺瑞的力量，扼制国民党的势力，扩展研究系的力量。这在段祺瑞的职位安排上表现得尤其明显，当时，国内一部分人主张段祺瑞任副总统，但梁启超认为段祺瑞乃当时国内形势最关键人物之一，除非段祺瑞任副总统能兼国务院总理、陆军总长。如果不行，那么段祺瑞就不能挂副总统的空衔。梁启超只希望段祺瑞握重军，掌实权，左右中国政坛。但是立宪问题以梁启超及其研究系失败而告终。

随着国际国内形势的变化，继立宪问题之后，对德问题、复辟问题、内阁问题等等，接踵而来。梁启超逐渐放弃"在野"想法，段阁谋士的角色也由暗到明。他再次卷进政治漩涡中。

对德宣战

在海外流亡的最后一段日子里，梁启超一时热衷外交，他认为利用外交是将来中国跻身于强国之林的重要手段。因此，当第一次世界大战爆发，世界出现新格局之际，梁启超的外交热情被再度点燃。

世界大战开始后，英、法、德、俄等国都忙于战争，注意力暂时从中国移开。只是中国并没有因此而稳定，内乱不说，美国、日本等外患一刻也不曾停止过。美、日二国在中国问题上展开了竞争，频频而来的甜言蜜语里暗藏利剑。双方皆以"优厚的条件"利诱中国，企图在中国寻找自己的代理人。这样，中国政坛便出现了亲美派、亲日派，意见纷争不一，混乱不堪。

鉴于此，一贯信奉"均势"外交的梁启超，这次也有了一点小变化。1916 年 9 月至 10 月间，梁启超就如何处理中美、中日关系，曾致书段祺瑞。在信中，梁启超一方面依然坚持着"名誉孤立"、"均势"外交策略。从长远看，美国有利于中国；从目前看，中国也不能得罪日本。因此中国应在美、日两国之间取得均势中立的地位。另一方面，梁启超也看到了美国的许诺是虚情假意，日本的许诺更是暗藏杀机。但他知道段祺瑞主张亲日，同时从感情、实用的角度，他倾向了日本。在信中，梁启超又具体地提出联络日本的方法，诸如青岛问题，东三省金融机关、关税问题等。

1917 年初，德国施行潜水艇海上封锁政策，美国提出抗议，并极力拉拢中国加入协约国。于是，全国上下掀起了一场对德关系的大讨论。经过府与院、院与部、政府与国会多方磋商，各种势力的较量权衡，中国政府于2月9日，对德国新潜艇政策提出抗议，3月14日宣布与德国绝交，8月14日通告与德、奥宣战，数月之内，中国政府对德国关系经历了由抗议、绝交到宣战三个阶段。那么这场持续数月的大讨论给国内政坛带来了怎样的变化？此时梁启超的思想行为又是如何呢？

2月3日，中国政府接到美国劝中国一致行动的照会。然后国务院召开了六次会议并请总统"训示"三次，形成了初步意见，同意美国的要求。8日中午，当局电招梁启超入都再次商榷。当时梁启超在天津（自去年夏秋间。梁启超往来于杭州、香港、上海、北京、天津之间），接到电后，梁启超当晚抵京。按照梁启超近期的外交方针，他当然同意当局的意见。只是他毕竟没有摸清日本的真实态度，因此他提议中国政府应采取审慎态度，不必操之过急地发表抗议德国的声明。可是，当天晚上，个别官员面许了美国公使，走漏了消息，中国政府只好在第二天发表抗议德国书。

该书发表后，日本、美国政府的态度却同时改变了。日本原本反对中国参战，当得知美国拉拢中国的消息，便立即转而积极支持中国参战。日本政府频繁派人联络，表示只要中国参战，日本可以提供参战经费，允许中国提高关税，减缓交付庚子赔款等等。面对日本的活动，美国政府一反常态，在中国发表抗议德国书的第二天，便通告中国政府美国不愿意中国参战，并且提出在对德宣战问题上，中国政府若想进一步行动，必须与美国政府协商，得到美国政府的同意方可。这样，美、日双方都为了在中国获取更多的利益而相互对峙。这种对峙自然又引起了国内政坛的动荡。总统黎元洪及国会大部分成员反对参战，总理段祺瑞及其党羽主张参战，府院之间皆为了各自利益明争暗斗。这时候，梁启超的态度也发生了变化，由原来极其审慎转变成极其激进，一则是为了支持段祺瑞，二则他认为既然已经发表抗议德国书，就应该彻底走下去，三则他的主张得到了日本的支持，何乐而不为？四则他认为中国起初抗议德国全因美国相劝，如今美国政府出尔反尔，自相矛盾，已经理亏。而且，他对美、日之间的矛盾有着清楚的认识，他在给段祺瑞的一封信里曾说日本答应中国的诸多条件"究其实际，则与美国吃醋而已"。所以此时，在对德关系上，梁启超是国内最激进的人之一。他在京20多天，经常凭借私人关系跟各国公使交换意见，并向国会要员陈说自己的主张。只是梁启超的能量毕竟有限，他的努力并不能调和府院之间的矛盾，更不可能平息舆论界的反战情绪。

3月初，段祺瑞召开国务会议，通过了对德绝交案，并办理了对德绝交大总统提交国会咨文。4日，段祺瑞偕各阁成员到总统府请黎元洪盖印。黎元洪推辞说："此案当再考虑。"段祺瑞怫然，愤愤出府，当天辞职赴津。黎元洪见此情形心慌，多次派人去津劝段祺瑞返京供职。6日，又请刚从南京而来的副总统冯国璋赴津疏解。这样段祺瑞遂于6日偕同冯国璋回京。8日绝交咨文盖印，提交国会，10日、11日，国会参、众两院通过了对德绝交案，14日，宣告与德国断绝现有外交关系。于是，经过20多天府院之间的"轻度"较量，对德关系的第二阶段——绝交就结束了。然而在向第三阶段——宣战发展时，情况又大不一样了。

随着对德关系的深层发展，原本的反战情绪更加高涨起来。

当然，舆论界并不敢明目张胆地攻击段祺瑞之流，于是他们找到了一些替罪羊，梁启超就是其中一名。这段时间，梁启超收到了来自各方面的意见，指责声、讥骂声、规劝声……如万箭齐发。

2月28日，国会议员马君武等300余人致电各省督军省长议会商会，反对对德绝交参战，并指责包括梁启超及其研究系在内的激进者为"阴谋小人，欲借此在国内滋生事端，耸情政府，断绝国交，加入战团"。3月27日，伍廷芳致书梁启超，说梁启超主张对德宣战违背民意，国内民众都反对他们，梁启超积累的名誉将因此骤减，中国也会因为对德宣战而亡国。

另外，在野的社会名流孙中山、康有为、唐绍仪等皆通电反对对德绝交参战。如此等等，梁启超自己也十分清楚，然而，此时的梁启超不可能熄灭喷薄而起的外交热情，他并不为舆论界的反战情绪而感到害怕，他甚至认为自己的言行就是社会舆论，完全可以左右社会舆论。于是他依然带着研究系成员扮演着段祺瑞"军师"、"谋士"的角色，在一系列具体事件上继续"主动"地为段祺瑞出谋划策。

此时，府院之争越演越烈，总统府和国务院相互指责，各执一词，最终酿成了盛极一时的"倒阁"、"解散国会"的风波。4月，段祺瑞在北京召开了各省督军的军事会议，乞援于实力派督军团。黎元洪面对各督军的"振振有词"的威胁，十分气恼，大声申斥："军人不能干政。"5月6日，段阁通过了"对德参战提交国会案"。10日，国会开全院委员会审查提案。正在开会时，个别督军组织了"公民请愿团"，包围了国会，要求国会当日通过参战案，否则不许一个议员出院。直到晚上10点左右，巡警才陆续遣去公民团人员。

"督军团"、"公民团"出现后，商榷系阁员因气愤相继辞职。国会认为段阁因大多数阁员空缺，已不成责任内阁，恳请改组内阁。段祺瑞气极败坏，于19日联络部分督军呈请黎元洪解散国会。黎元洪也不示弱，一方面宣称"民国约法，总统无解散国会之权"，另一方面于23日将段祺瑞免职，段祺瑞被免职后即赴天津，但他并没有因此善罢甘休。在他的鼓动下，29日，安徽督军倪嗣冲在蚌埠宣布"与中央脱离关系"，响应者达13省之多。同时，研究系、交通系、亲日派的国会议员也大部分辞职，就连众议院议长、研究系首脑之一的汤化龙也辞职，于是国会几乎自动散伙，北京政府一片狼藉。

然而一波未落，一波又起。万般无奈的黎元洪相继请过北洋军阀的元老徐世昌、王士珍组阁，也恳邀社会名流梁启超等人出面调停，但不是遭到拒绝，就是被主张解散国会，劝其退位。最后黎元洪只好请李经义组阁。只是李经义也害怕北洋旧势力，便提出"必须张勋北来"的条件。为了收拾残局，黎元洪一筹莫展，只好于6月1日明令张勋进京。

可是黎元洪想象不到，张勋此次入京不是为调停，也不是给李经义撑腰，而是实现他的复辟梦。张勋领兵驻进天津后便向黎元洪提出解散国会的要求。大兵压境，黎元洪只好同意，6月12日发布了解散国会的命令。接着在张勋的导演下，一场复辟活动在中国大地轰轰烈烈地展开了（具体内容，下节详述）。复辟事变一发生，黎元洪避难于外国使馆，并致电冯国璋代理总统职位。其时，段祺瑞"誓师"马厂，组织讨伐复辟军。7月5日，段祺瑞宣布自己再任总理。7日，冯国璋在南京宣誓任代理大总统，并任命段祺瑞为国务总理，不久段祺瑞便组成了以段派官员、研究系为主的混合班子。8月14日，中国政府发表了对德奥宣战的布告。到此，对德关系的第三阶段——宣战才艰难地结束。

在这次对德关系的外交斗争中，梁启超取得了胜利。这段时间，他积极主动，一方面网罗人员四处活动，尤其是张君劢成了梁启超此时的私人代表。梁启超了解政局情况、联络各方代表人物，大多是张君劢活动的结果。另一方面，梁启超主动发挥了他的舆论特长，通过报界驳难反对派的种种观点，陈述自己的主张。其中虽然有空洞说教、捕风捉影的流弊，但是也有不少理由闪烁着真理的光芒。如他认为如果仅从公德、人道、条件诸方面考虑对德宣战问题，那只是粗浅的认识，只有从世界大势和中国将来的处境去思索，才是根本义。他认为"名誉孤立"的外交策略确实给中国带来了很多好处，但现在"名誉孤立"已不适应世界大势。中国应该放弃"名誉孤立"，在世界大势中有所表现、有所奋进，如此将来才能侧身于国际团体之林。同时，中国只有与周边国家保持密切关系，方能蒙受均势之庇。如果与德国同盟，均势破坏，中国必遭殃。正因为自己不懈地努力，所以当对德宣战案通过后，梁启超心里非常兴奋，他亲自撰写了对德、奥宣战的布告。

护国战争结束后，梁启超的主导思想是保持秩序，维护统一。当对德关系导致国内动荡时，他也忧心忡忡。府院之争，梁启超颇多折中斡旋其间。他为此撰写《政局药言》一文，认为倒阁不是，解散国会也不该，煞费苦心地规劝各派停息争论。梁启超就是这样一位充满矛盾的人，一方面主持研究系与商榷系斗争，另一方面又以中间人、调停人的身份出现。不过，他在因对德关系牵引出的张勋复辟一事上，表现出了强硬的立场，值得一叙。

讨伐复辟

历史的车轮不是一帆风顺的，正如滚滚向前的江水，时而也会泛起逆流的波浪。辛亥革命推翻了清王朝，但没有彻底扫清清廷的复辟思想。清朝小皇帝仍然住在紫禁城，过着优厚的帝王生活。清廷"遗老"、"遗少"们依然做着他们的复辟梦。每到清朝的重要忌日，常能看到一批拖着长辫的长袍马褂潜进紫禁城的后宫，密谋策划，等待时机。尤其张勋、康有为、劳乃宣、宋育仁等复辟狂纠结到一起，加快了复辟的步伐。这其中张勋无疑是一名兴风作浪、掀起复辟狂潮的"水怪"。

张勋（1854—1923年）字绍轩，自号定武，江西奉新人。商贩家庭出身，蛮横凶野。中法战争时，他弃商当兵。甲午中日战争，他因大败于辽东曾被革职。后来遇到袁世凯，参加了小站练兵，得到袁世凯的赏识，收为义子。接着因镇压义和团，护驾有功，他的官运亨通，到辛亥革命前，由总兵、提督直到江防大臣。因此他恋恋不忘清廷的恩惠！民国后，因受到袁世凯的保护，张勋理所当然成了民国官员。此时张勋利用"民国官员"的幌子，以兖州、徐州为中心，招兵买马，形成了一股不可忽视的军阀力量。他的军队不挂民国的五色旗，而是挂着清朝的龙旗；他的士卒都留着辫子，时称"辫子军"；他自己也装了一根假辫子，自称"辫帅"；他出门坐着八人抬的绿呢大轿，一派清廷总督的排场；他利用各种媒体，大造复辟舆论……他时时刻刻都做着复辟的梦，磨刀霍霍，企图东山再起。

1913年，张勋受到恭亲王溥伟等人的怂恿，曾决定起兵复辟，连告示、檄文以及进军计划都拟好了。康有为也表示与张勋"密联诸镇，欲复本朝"。最后因事泄而泡汤。

袁世凯在暗暗为洪宪帝制活动时，康有为、宋育仁等人认为复辟时机来了。他们公开宣扬中国不宜实施共和制，应该重回帝制。只是这种宣传搅乱了袁世凯的安排，袁世凯便以破坏共和、抵制民国的冠冕堂皇的理由制裁了宋育仁。清廷复辟派的气焰暂时被压了下来。当袁世凯因"洪宪"帝制而身陷四面楚歌之中时，复辟派则在一旁幸灾乐祸。复辟派自我欺骗地认为，国人不希望袁世凯称帝，而是盼望着清廷复辟，"袁世凯失败，在于动了鸠占鹊巢之念"、"帝制非不可为，百姓要的却是旧主"，所以人们声讨与非议袁世凯。康有为就曾致书袁世凯，在挖苦讽刺的同时，又劝袁世凯放弃帝位，恢复清廷，并且多次鼓励梁启超等人利用反袁的机会完成复辟大业。

当然，以上这些活动仅仅是几位清廷遗老文人发发牢骚，或是清廷在一些地方搞一些小摩擦而已，还没有构成大的威胁。清廷最大的一次复辟活动则是张勋乘调停府院之争的机会，亲率"辫子军"进京，掀起的武装复辟活动。

6月15日，张勋进京的第二天就头戴红顶花翎，身着前清官服，装好长长的假辫子，前往养心殿拜谒宣统帝溥仪。密谋复辟的活动便紧锣密鼓地拉开了。经过半个月的努力，30日夜里，张勋一伙把溥仪请出了养心殿，口呼万岁，叩头称臣。张勋因"拥戴"有功，被封为内阁议政大臣。康有为也因一片忠心，被授为弼德院副院长。那帮王公贵族、遗老遗少们皆心花怒放，欢天喜地。7月1日，张勋怀着万分兴奋的心情，通电全国宣布恢复大清帝国，取消民国。

可以说，张勋为了这次复辟阴谋成功，也费了一番心思。袁世凯一死，张勋利用心腹四处活动，以徐州为大本营，联合各省督军，同心同德，共扶龙旗。自 1916 年 6 月 9 日起，张勋以盟主自居，几乎每隔 3 个月就召开一次督军团徐州会议。只是前三次会议令张勋大失所望，但他并不灰心。1917 年 5 月 22 日举行了第四次会议，终于商定了复辟计划，而且与会者在一幅黄缎子上签了名以示信守诺言。于是张勋自以为有了督军团的支持，大胆地举兵进京了。然而张勋并没有想到倒行逆施的复辟活动，立即引起国内各阶层人物的抨击咒骂，卷起了一股讨伐复辟的风暴。最令张勋心痛的是曾经一度默许复辟的段祺瑞却翻手为云，覆手为雨，利用全国讨伐复辟的舆论氛围，兴兵讨伐张勋，把张勋当成自己重新上台的铺路石。那帮签了名的督军们也都过河拆桥，连那条黄缎子也"不翼而飞"，曾面许张勋的日本政府也束手无策，这样，张勋成了瓮中之鳖。辫子军被李长泰、冯玉祥的"讨伐军"打得落荒而逃，复辟败局已定。7 月 8 日，康有为逃亡美国公使馆，12 日，张勋逃往荷兰使馆，其他人也四散奔命，溥仪只好再次宣布退位。这出复辟丑剧上演了 12 天就匆匆结束了。一时间，北京城里辫子满街，龙旗招展的景象也成了落花流水，无影无踪。

下面，我们来看看梁启超在这场复辟活动前前后后的表现。总的说来，梁启超反复辟极其主动积极，他依然利用他在舆论界的影响，充分发挥他的宣传作用。在护国运动时，他针对复辟派猖獗现象写了《辟复辟论》一文，并致电滇、黔、粤、桂四省督军揭露康有为等人的复辟阴谋，希望他们提高警惕抵制复辟的发生。张勋复辟通电发出，梁启超针锋相对当即发表《反对复辟之通电》，并随同段祺瑞誓师马厂，成为段总司令部的聘任参赞，代表段祺瑞向外发布《代段祺瑞讨伐张勋复辟通电》等一系列重要文电。总之，在反复辟斗争中，梁启超摇旗呐喊，出尽了风头。

但是，梁启超此时反复辟的思想却十分复杂。我们不能只看到他的表面行为，而忽视他纷繁的内心世界。

首先，他绝对不是"民主共和"的忠实信徒。从某种意义说，复辟与反复辟的斗争是一场围绕国体的斗争。复辟派主张恢复清帝制，有望实现君主立宪的国家；反复辟者则维护共和民主制度。梁启超反对复辟不是像国民党革命派那样单纯地为了维护共和民主制度。众所周知，梁启超过去主张"君主立宪"、"虚君共和制"，只是辛亥革命成功，民主共和的观念深入人心，使他不得不接受民主共和的现实。因此，在这场反复辟运动中，梁启超是理性战胜了情感。一方面他认识到此时搞复辟，不论在外交、财政还是军事上，复辟的皇帝都无力驾驭，不等人民反对，他们就会自行垮台。另一方面，他认识到民心向背的重要性，很清楚民主共和的观念已经深入人心，在中国再实行帝制绝无可能。所以说，梁启超并不是因为忠实共和民主制才对复辟行径义愤填膺，而是理智地认识到复辟之不可能，才顺应了历史潮流。

其次，梁启超成了康有为的"不孝"学生。康有为与梁启超的关系演变，时分时合，扑朔迷离，耐人寻味。维新变法时，二人携手共进；亡命海外时，一度破裂；与革命党论战中，又重归于好；辛亥革命后，二人分歧逐渐明显；护国战争中，已是分道扬镳。此时一个要顶戴花翎，一个要民国五色旗，水火不容。康有为曾拉拢梁启超加入复辟集团，却遭到了梁启超的拒绝。康有为发表《为国家筹安定策者》等文，公开宣扬他的复辟理论。梁启超针锋相对，撰《辟复辟论》，指责康有为是"与众为仇，助贼张目"，并且公然讽刺康有为的复辟行径。当康有为与张勋以"文武二圣"自居，作神弄鬼上演复辟丑剧时，梁启超毫不留情地挖苦说张勋只不过是"悍帅"，"贪毒无厌之武夫"；康有为只是"狂士"，"大言不惭之书生"，"于政局甘苦，毫无所知"。如此，康有为自然痛恨梁启超。尤其在复辟败局之后，梁启超如愿以偿地当上了财政总长，而同一天康有为则成了通缉犯。康有为怨气难忍，一股脑儿全洒向了梁启超："鸱枭食母獍食父，刑天舞戚守虎关。逢蒙弯弓专射羿，坐看日落泪潜潜。"他把梁启超比作自食父母的恶鸟猛兽枭与獍，与天帝争权的刑天，专射恩师的逢蒙等等。这大概是对梁启超讽刺挖苦他的回击。

确实，在清廷复辟问题上，梁启超站在其师康有为的对立面，表现了较为强硬的态度。以致10年后，梁启超在《公祭康南海先生文》里仍然没有忘记这件事。他说："复辟之役，世多以此为师诟病，虽我小子，亦不敢曲从而漫应。"但是必须明白的是，梁启超不可能完全剪断他对"保皇"的情丝。只是相比较而言，他比康有为要聪明些。诚如他自己所说，康有为鼓吹复辟，拥戴清故主，这不是真正关心清故主，而是把他推向火坑，是"厝之于危"；真正关心体谅清故主，应该"厝之于安"，让他永远避开政治的怨怨恨恨，留得名义上的尊荣，也就是不要搞复辟。

另外，梁启超扛起反复辟大旗也是出于功心。梁启超在推翻袁世凯的帝制活动中，立下了汗马之功，他是以护国英雄的身份凯旋的。可是偏偏正是在梁启超政治声誉逐步提高，甚至如日中天的时候，却冒出了张勋复辟事件。而一旦复辟成功，不仅刚刚赢得的"护国英雄"名誉会变得毫无价值，而且梁启超立即就会成为抵挡"帝制"的罪人。于是，出于功心，梁启超揭杆而起，立刻投入到反复辟的活动中。1916 年 6 月 20 日，他在致各都督、各总司令的电文中，就表露过这番心思：一旦张勋复辟成功，他们这些人性命堪忧。可以说，此时复辟派利用护国革命的成果大倡复辟主张，已成了梁启超心中之大患。如此，他怎能不反对复辟呢？

总之，梁启超认识到"世界潮流不可拂逆"，于是顺应了历史步伐，在复辟运动中又一次取得了胜利。这让梁启超增添了更多的自信与激情。

入主财政

讨伐复辟，梁启超亲入段军参赞其事，俩人关系进一步密切；于是段祺瑞再度组阁，便满口答应了梁启超主管财政的要求。此时梁启超感到自己终于有了国内最有势力的支持者，埋藏心里多年的财政宏图终于露出了黎明的曙光。于是，梁启超快速丢弃"以在野身份参与政治"的誓言，开始为自己走马上任粉墨登场制造舆论氛围了。

在段祺瑞任命梁启超为财政总长的第三天，1917 年 7 月 19 日，梁启超便通电给总统冯国璋及各省督军省长，宣布就职。在这份电文中，他尽洒"天下兴亡匹夫有责"之慨，不是"敬承策令"，奉令"笕领财政"，就是"义不容辞"，"罄智效忠"。总之，说得冠冕堂皇，无懈可击。不久，他又召开研究系大会，极力鼓吹起"入阁主义"。他说入阁主义是为了给各政党树立典范，实现政治理想，他为了国家必须牺牲个人，努力奋斗，决不让中国走向一党专政，为此他任重道远。尽管梁启超说得诚恳感人，可是他的矛盾心理、善变个性依然清晰可见。可以说，梁启超每一次大行动，都是在"为国家"、"为团体"（政党）、"为个人"（实现自己主张、扩大自己影响）中摇摆，浓浓的爱国精神与潜在的投机心理贯穿了梁启超整个一生。这次入主财政也不例外。

值得一提的是，梁启超对这次段内阁十分满意。在段阁其他6名成员中，内务总长汤化龙、司法总长林长民是研究会会员，教育范源濂、外交汪大燮、农商张国淦也都与梁启超有旧。况且财政次长王克敏又是一位不可多得的合适人选。他不仅熟识外国银行，而且能奔走于冯、段及其他军阀之间，为梁启超创造了一个好的软环境。总之，梁启超感到兴奋不已，似乎觉得离他的理想实现只有一步之遥。

可是，没等到梁启超展开想象，国内形势便发生了急变。袁世凯死后，帝国主义失去了共同的代理人，开始寻找新的代理人。于是，英美左右了冯国璋，日本在操纵段祺瑞的同时，又扶植张作霖。这样，原先的北洋军阀集团分裂成直、皖、奉三大派，曾参加过反袁称帝的各省头目也拥兵自立称霸一方，形成了地方军阀。

冯、段上台后，各自做着独裁专制、称霸全国的梦。段祺瑞以"再造民国"的英雄自居，操纵着北洋政府的军政实权，也把持了北京中央政府。为了进一步推行专制独裁，他拒不恢复旧国会和《中华民国临时约法》。旧国会虽然成分复杂，还不是纯粹的资产阶级国会，但是它毕竟是辛亥革命的产物，是资产阶级民主的象征，对独裁专制多少有一点限制作用。

旧国会诞生后，一直命运多艰。袁世凯为了洪宪帝制，公然违反约法解散国会；护国运动让国会死而复生，可黎元洪却在张勋武力威胁下解散了国会；讨伐复辟成功后，人们期待着段祺瑞恢复国会，可是旧国会正是段祺瑞的眼中钉。所以在国人的愤怒声中，段祺瑞依然我行我素，决定由"临时参议院"暂时代替国会，行使立法权。之后，他又暗中指使"安福俱乐部"等组织，操纵国会选举；外交上，他以参战为名，大量借日本外债，这实际上是为了装备皖系军队，实现自己的独裁梦想。

这种种行径立即在国内掀起了轩然大波。孙中山等革命志士清楚地认识到北洋军阀独裁者的险恶用心。于是，1917 年 7 月 19 日，孙中山毅然由上海南下广州，同时邀请旧国会议员南下，在广州组织护法政府，公开举起了护法大旗，发动了"护法运动"。在孙中山的号召下，7 月 21 日，原海军总长程璧光宣布拥护约法，率领海军第一舰队南下广州；8 月，大部分议员满怀护法的决心与热情，相继到达广州；此时，西南地方军阀为了自保家门，对抗段祺瑞的专制，也倾向护法。这样，8 月 25 日，孙中山联合西南军阀在广州召开"非常国会"，通过《中华民国军政府组织大纲》，正式成立护法军政府，自任大元帅。一场兴师讨伐北洋政府的护法战争便开始了，南北对峙局面再次形成。

如此动荡的国内政局虽然扼制住了梁启超理想的自由驰骋，但并没有完全浇灭他心中的激情火焰，他依然尽职尽责当好他的财政总长，依然力求扮好段阁谋士的角色。

这时期，在一系列问题上，梁启超都充当了段祺瑞的代言人、说客。他极力肯定段祺瑞在讨伐复辟中的"英雄"之举，把段祺瑞说成是一个为了国家民族大义而置个人安危于不顾的"义士"。不仅如此，他还表示，当前虽然段祺瑞举步维艰，但是他愿意跟段祺瑞共患难，维系国事。于是，在解散旧国会问题上，梁启超千方百计寻找种种理由支持段祺瑞。诸如旧国会失去了威信；旧国会屡遭解散，再恢复必生反动，等等，以至为给段祺瑞呐喊，梁启超自己出尔反尔，搬石头砸自己的脚。袁世凯搞洪宪帝制时，杨度曾撰文为袁世凯解散国会、召集筹安会助声势。梁启超对此义愤填膺，发文抨击杨度"逾法律"。而现在梁启超为了帮助段祺瑞，也走上了废除国会、召集临时参议院的路子。而且他还设法从法理上作出论证，他曾对《申报》记者说，召集临时参议院"约法上亦可以勉强比附"等等。

当然，梁启超一直没有忘记他的财政梦想。流亡时期所学到的财政知识时刻挑起他的政治欲望。回国后他便发表或撰写《治标财政策》《余之币制金融政策》等文，在洋洋数十万言的宏篇大论中展示着对自己财政方略的自信。其中，币制改革更是他夙昔所怀抱。出任财政总长后，他便一步步推行他的政策。他先后成立了币制委员会、战时财政金融审议会等组织，并特派财务行政视察团赴日本考察；他利用因中国对德宣战，协约国同意缓付庚子赔款（其中德国要求只付三分之一）的机会，大量借外款，发行国内公债，企图统一硬币纸币，整顿金融，彻底改革币制，为将来实现金汇总本位作准备。

应该肯定梁启超的想法动机是好的，机会把握得也不坏。只是财政困难、金融恐慌是当时中国的实情。即使非战时，财政已陷于悲惨之境；何况当时国内军阀之间争霸称王，护法战争剑拔弩张，军费开支直线上升，现金缺乏，尤可忧危；同时，金贱银贵的金融形势也向梁启超发起了挑战。更可怕的是，梁启超在这种情况下对段祺瑞的要求基本上有求必应。其时段祺瑞为了满足自己独裁的野心，肆意扩充军队武装军备，一张张报销单缕缕不绝地飞到了梁启超的办公桌上。这正如曾琦在给梁启超的一封信里所描绘的那样，这些军阀都是狼子野心，他们只想着掏空国家财政来填满自己的腰包。果不其然，在这帮军阀贪婪的要求下，没出3个月，梁启超已陷入困境。万般无奈，他只好忧郁地写了《密呈总统总理文稿》。在这篇文稿里，梁启超认认真真为总统总理填写了一份国家收支清单，列举了一大堆数字，归根结底是入不敷出的结局。同时顺便提出了辞呈，并且惨痛地说此次进入内阁，本想是有一番作为，结果事与愿违，只能辞职。自此，梁启超的财政专家梦濒临破灭，那美妙宏伟的计划也只好付诸东流。

就在梁启超思虑辞职的同时，段祺瑞的日子也不好过。随着护法战争开始，段、冯之间矛盾日益加剧，双方你争我夺，形成新的府院之争。段祺瑞主张"武力统一"，不惜一切代价指挥大军，盛气凌人。冯国璋主张"和平统一"，处处作梗，以至段祺瑞派往湖南、四川的军队连连受挫。冯国璋又指使直系将领曹锟、王占元、陈光远、李纯等联名发通电主张"和平统一"。如此段祺瑞处于腹背受敌，骑虎难下的困局，只好11月15日宣布辞职，内阁那帮阁员也只好作鸟兽散，他们公开向冯大总统递去辞呈。18日，梁启超又单独再上辞呈。

于是，失败的苦痛又一次袭来，他感到了一股窒息、一种无奈。不过，这颗不甘寂寞的心又在酝酿着下一步行动。

寻觅家园

梁启超又一次告别了官场，一切都陷入迷茫之中，一切又将重新开始。对这位文人政治家来说，其时当不当官已不是重要的事了。他似乎已经看清了北洋军阀的狼子野心，他也习惯了宦海沉浮。此时他心里真正酸楚难忍的是，自己想通过改良实现资产阶级政治的理想遭到毁灭性的摧残，还有自己这些年的努力受到了国人的讥讽，声誉今非昔比。早在 8 月份，众议院议员赵炳麟代表康有为致书梁启超，极尽批评数落抨击之能事，把梁启超先保皇却又反保皇、先赞袁又反袁、先拥段又弃段的行为一一列举，以此指责梁启超反复无常。如此，梁启超的精神徘徊在困惑的沼泽之中，等待他的只能是回归精神家园，寻觅一片宁静祥和的天空。

屈原《离骚》曰："唯郢路之辽远兮，魂一夕而九逝。"屈原政治抱负遭受挫折，心情忧暗，只好在梦里寻找寄托，借助"梦"去实现回归精神故乡的愿望。所以他梦到的是他一度想实现自己政治理想的起源地郢都，而不是他的出生地秭归。梁启超也一样，他想去漫游他的资产阶级政治理想的发源地——欧洲。虽然欧游的念头很久以前就有过，但这一次来势凶猛，非成行不可。只是这是一次远行，必须带足钱财与人员。于是梁启超筹划了近一年时间。在这段时期，他不得不靠著述、讲学、读佛书等方式，让心灵得到暂时的解脱。

当梁启超心烦意乱地从财政总长位子上退下来时，他便立即醉心于碑刻之学。几个月间，他写了很多金石跋、书跋、书籍跋，俨然以一名专家自居。1918 年春，梁启超开始集中著述《通史》。梁启超一生变化无常，但是他每做一件事，都能充满激情，使出浑身解数去完成。况且此时他又极力想从纷繁复杂的官场中解脱出来，所以这次著述更勤、更专注。他每天早晨 6 时前起床，晚上 11 时前睡。这样生活有了规律，保证了充沛的精力，每天著述能成 2000 余字。在此期间，梁启超严格控制自己和外界的交往，有一种邈然几与世绝的感觉。

覃思述作中，梁启超思维活跃，兴奋不已，沉浸在自我创造的幸福感中。5 月初，他致陈叔通的一封信里激动地说，他已经写了 12 万字的稿子了。为此，他每天忙得不亦乐乎，并与人商讨了有关出版印刷的问题。夏秋间，他在给梁启勋的信里则说，他已经完成了《春秋载记》的稿子，自己对此感到相当满意，他不仅要自己喝几杯表示庆祝，还要梁启勋也给他庆祝。激动兴奋的梁启超在著《通史》的同时，又为梁令娴等人讲学数月，主要内容是"学术流别"、"学术源流"等。当然对这帮群童讲演，梁启超颇有对牛弹琴之感。只是此时他只要能在自己的精神世界里，自由自在地漫游翱翔就心满意足了。

数月间，梁启超就这么执着专注地著述讲学，精神虽然得到了暂时的慰藉，可是他那原本虚弱的身体又再度染疾。这一次是肋膜炎且微带肺炎，呕血甚多。就医数日后逐渐康复，但著述《通史》、讲学诸事暂告结束。不过，梁启超的精神探索一刻也不能停下。病愈后，他转而读起佛书来。9 月 23 日，他在给林宰平的一封信里形象地描绘了自己的心灵历程，他说自己已经离不开书了，这对于调养是不利的，他想读佛经来调整自己。于是，在林宰平的指点下，《圆觉》《楞枷经》《竹窗随笔》《云栖遗稿》等书成了梁启超相伴之物。

另外，在等待出游欧洲的一年时间里，梁启超参与了松社的组织工作。松社是研究系成员张君劢等人发起，以"读书、养性、敦品、励行"为宗旨的组织。实际上，这是一个修养团体，是研究系成员的一次精神结合，是他们共同寻找寄托的组织。

这样，梁启超发表了脱离政治宣言，第三次告别政坛。1918 年 10 月，他对《申报》记者发表谈话，说自己不能一心两用，在政治和学术方面只能二选一，他认为自己要报效国家，只能在学术上尽力，所以他要退出政坛，专心学术。12 月下旬，梁启超游欧启程于上海的前一天晚上，他和张东荪、黄溯初等人谈了一个通宵，"着实将从前迷梦的政治活动忏悔一番，相约以后决然舍弃，要从思想界尽些微力"。这次告别官场，可以说是永别。在他以后 10 余年的生命中，主要是从事教育及著述活动了。不过，他参与政治的欲望不可能一下子烟消雾散。早在 5 月 5 日，梁启超给籍亮侪的信里就说，当前的国家不是他们这些人可以控制的国家，他们应该韬光养晦，等待时机。可见，梁启超仍然在观望、在等待、在寻觅。只是，往后没有这样的好机会了！

10 月 10 日，徐世昌在北京就任大总统。此时，国内外形势发生了巨大的变化。突然间，和平成为一股潮流。徐世昌就职后，通电尊重和平以谋统一。10 月 23 日，熊希龄等人发起"和平期成会"，呼吁南北停战。10 月 24 日，北京政府下令停战。11 月 22 日，广东军政府通令休战。12 月 18 日，全国和平联合会在北京召开。与此同时，11 月初，欧战结束。11 月 11 日，欧州协约各国与德国签订休战条约，国际和平会议即将开幕。

在这种局势下，梁启超再次活跃起来。他为"和平期成会"成立喜极不寐，他为呼吁中国列席巴黎和平会议撰文通电。他欧游的念头更加迫切，而且欧游的目的更加具体化，一是开拓自己的眼界，增长自己的学问；二是向世界申述中国遭遇的不公正待遇。

12 月初，梁启超到北京拜谒了徐世昌，并与各国驻京公使商洽一切事宜，收集经费 10 万，其中北洋政府提供 6 万，朋旧馈送约 4 万。于是，梁启超在 12 月底，带着张君劢、徐振飞、蒋百里、刘子楷、丁文江等人，开始了他的精神故乡的游程。

漫游欧洲

梁启超长达一年多的欧洲旅程是以巴黎（住在巴黎附近白

鲁威地方）为中心，频频远足别国，一直忙忙碌碌，疲于奔命。
在这有限的文字里，我们不可能把他每时每刻所思所想所行都
细致地描绘出来。现在我们只能撷取其中几朵耀眼的浪花，窥
一斑而知全豹。

伦敦初旅：1919 年 2 月 21 日正午，梁启超等人到了伦敦，
丁在君、徐振飞二人已在码头恭候了。因伦敦住房比较紧张，
丁、徐二人赴巴黎寻找住处，梁启超等人在伦敦停留了一周。
这一周，伦敦留给了梁启超无比深刻的印象。这不仅是因为初
旅欧洲有股新鲜感，更主要是梁启超原本对英国怀有一种特殊
感情。英国这个"世界民主政治的老祖宗"，它的君主立宪制，
曾是梁启超的政治主张和思想武器。如今踏上这片土地，心情
自然振奋。只是英国这个梁启超梦寐以求的精神故乡开始好像
并不欢迎这位"游子"：战后惨淡凄凉景况，触目皆是；生活穷
困窘迫，令人慨叹；雾都的气候，黄雾四塞，日色如血，阴郁
闭塞，殊觉不适，等等。然而梁启超随之而来的则是喜形于色，
赞不绝口了：欧洲人为了国家存亡，牺牲个人幸福，万众一心，
忍耐力强，着实可敬；自己在国内活得像个纨袴子弟，实在可
恶。于是，温润沉闷的雾气算不了什么，这种环境反而养成英
国人一种沉郁严肃的性格、坚韧奋斗的习惯，这也是这个民族
强盛的重要原因。

威士敏士达寺是英国国教的教会堂，国家和王室的大礼堂，
也是历代君主加冕大葬的场所和国葬之地。梁启超到了伦敦，
首站就是此处。当他流连其中，恍然间被那代代修建的威士敏
士达寺的苍桑历程所触动。他想到人类社会的进化靠的就是人
类一代一代相传的精神，前人常常设立一些伟大的计划替后人
谋幸福，后人保持前人的遗产更加扩充光大。因此，威士敏士
达寺本身就是一种极严正的人格教育，一种有活力的民族精神

教育。

巴力门是英国上下两院的总名。梁启超这位虔诚者自然前往参观，而且到了下议院旁听。于是，惊叹、感动、佩服等感受一股脑儿涌急心中。诸如巴力门议场雄伟壮丽的规模，议员双方排除私见，真诚辩论的风格等等，无不令梁启超倾倒。正因为激动兴奋，他研究起"1919 年英国总选举前政界情形"、"总选举后的新国会"等问题，同时他再次联想到了国民性问题。他说中英两国向来都以保守著名，只是中国人的保守正好与英国人的保守相反："中国人最喜欢换招牌，抄几条宪法，便算立宪；改一个年号，便算共和。至于政治社会的内容，连骨带肉，都是前清那个旧躯壳。英国人内部是不断的新陈代谢，实际上时时刻刻在那里革命。却是那古香古色的老招牌，抵死也不肯换。"比较之后，梁启超又十分钦佩英国人的法治精神。而中国根本无法治可谈，那些军阀挥动枪棒肆意抹杀法律，那些高谈宪政的立宪派也时常为意气所蔽，助军阀蔑视法律。如此，梁启超深刻地反省了自己近年来的错误言行。他感到自己对国民负了莫大罪恶，"所以要趁个机会，向国民痛彻忏悔一番，并要劝我们朋友辈，从此洗心革面，自己先要把法治精神培养好了，才配谈政治哩……"梁启超带着兴奋，带着悔悟，驶向了法国。

奔走巴黎：1918 年 11 月，第一次世界大战以德奥等同盟国失败而告终。在美国提议下，1919 年 1 月 18 日，战胜国在巴黎的凡尔赛宫召开了和平会议。中国也以战胜国的名义派遣代表出席了这次会议，并且向和会提出了取消"二十一条"，收回德国在山东侵占的权利等要求。但是，在帝国主义操纵下，这次巴黎和会实际成了帝国主义的分赃会议，压根儿不把中国放在眼里。会议中虽然讨论了中国山东青岛问题，但是承认了日本在战时从德国手中夺得的在山东的诸多权利，并且要求中国在和约上签字。这一消息传到国内，立即引起轩然大波，外交上的失败挑起了国人埋藏心底的愤怒之火，爆发了著名的"五四"运动。

应该肯定，在巴黎和会召开的前前后后，梁启超始终以在野的身份，积极主动地为中国争取权益。欧行之前，梁启超像其他中国国民一样，期待着巴黎和会能成为"正义人道"的外交会，可以利用这次机会树立中国的外交地位。于是他曾建议成立以汪大燮为委员长，林长民为理事长的外交委员会，打好这次外交战。动身之前，梁启超在北京东交民巷的一次外交宴会上，曾对日本代理公使芳泽君谈到山东问题。梁启超的态度很明确："我们自对德宣战后，中德条约废止。日本在山东继承德国权利之说，当然没有了根据。"当芳泽提出异议时，梁启超毫不客气地说："中日亲善的口头禅已讲了好些年，我以为要亲善就今日是个机会。我很盼日本当局要了解中国国民心理，不然，恐怕往后连这点口头禅也拉倒了。"说得芳泽有些动容。在梁启超抵达伦敦那天，汪大燮等人发起了国内国际联盟同志会，推举梁启超为理事长。于是，梁启超揣着理想，带着国人重托，奔赴巴黎。

巴黎和会期间，梁启超先后会见了美国总统"学者政治家"威尔逊及英、法等国代表，恳请他们支持中国收回德国在山东的权益。他以社会名流身份接受了法国"万国报界俱乐部"的邀请（对此，梁启超非常骄傲，因为他是继美国国务卿兰辛、英国外部大臣巴尔福、希腊首相维尼柴罗之后，第四个被邀请的）。宴会上，梁启超发表了演说，当讲到山东问题时，他激动地说："若有别一国要承袭德人在山东侵略主义的遗产，就为世界第二次大战之媒，这个便是和平公敌。"满座几百人都拍手称快。不久，日本报纸的巴黎特电捕风捉影地说梁启超的行为是中国当局指使运动的结果。

其实，中国当局对这次举世瞩目的巴黎和会并没给予足够重视，只派了一个由 5 人组成的代表团参加。相反，英国、美国的赴会办事员都有一两千，别国也是一百几十，英美等国，电报电话邮政等项，都是自行处理，根本不用法国交通机关来传递消息。在这种情况下，梁启超的作用显得越发突出了。在巴黎和会期间，他几乎成了"和会"与国内的中介人。

1918 年 9 月，段祺瑞为了"武力统一"南北，以山东权益为交换条件，向日本借款 2000 万元，没想到这一秘密协约成了日本政府在"和会"上争得山东权益的有力借口。梁启超探得后义愤填膺，3 月中旬由巴黎致电汪大燮、林长民报告了这一消息，同时提醒国内当局，这次和会是千载良机，不能因为秘密条约而错失。这一消息立即引起一批想借这次"正义人道昌明之会"求"吾国生存发展之机"的社会名流们的焦急不安。4 月 8 日，张謇、林长民等人成立国民外交协会，并特请梁启超为该会向巴黎和会请愿的代表，"尽国民一分之职责，谋国家涓埃之补救"。梁启超欣然应允。

巴黎和会秘密地召开着。关于中国山东问题，终因日使力争，英法等国为之所动，中国外交失败。梁启超于 4 月末把这一消息致电给了国民外交协会，且再三叮嘱，要警告中国代表，万不可签字。于是，"山东亡矣"的信息以各种媒体传播开去，一股"拒签和约"的狂潮在中华大地上席卷开来。5 月 4 日，北京学生 3000 多人齐集天安门前，举行示威大会，高呼"外争国权，内惩国贼"、"拒绝和约签字"等口号，中国历史揭开了新的一页。远在欧洲的梁启超又迅速及时地把国内激昂的气氛和北京政府不顾民愿准备签字的消息通知给了中国留法学生。

预定和约签字的日子（6 月 28 日）到了，中国留法学生、工人围住中国代表的住地，声言谁要签字只要出门，就杀死谁。最终，在国内外中国人民的压力下，中国代表被迫拒绝在和约上签字。"五四"爱国运动取得了重大胜利，梁启超也有一份功劳。自欧洲回国后，他又亲自写信给徐世昌大总统，要他释放因参加"五四"运动而被捕的青年学生。爱国之心清澈可鉴。

在此期间，梁启超以一名局外人和见证人的身份，比较全面地调查研究了巴黎和会的方方面面，如和会主体国及其他新造国，和会会议的种类，和会中重要人物，和会议题等；尤其对《凡尔赛条约》的内容作了较多的评论，分别写成了《国际联盟评论》《国际劳工规约评论》专文。正是这些研究和中国外交的惨败，使梁启超头脑逐渐清醒，目光逐渐敏锐起来。他说："这回和平喜剧，十有八九唱的是后台戏，许多变迁曲折情形，局外人至今还不明自。"不过，梁启超深刻地看清了巴黎和会的本质。那正义人道的好梦消逝了，梁启超擦亮了自己的眼睛。

考察战地：梁启超到了欧洲，"最要紧的一件事，是要去观察战地。因为过些日子，恐怕战时痕迹，许多要看不见了"。机会终于来了，梁启超到巴黎的第二天，法国总理克列曼梭被刺，正在养伤。美国总统威尔逊回美国没在巴黎。英国总理劳特佐治也回了家。和议只好暂停，梁启超便准备抽空视察战地了。

梁启超考察战地有两次。一次是 3 月 7 日出发，17 日返回巴黎，视察了南部战地。此次路线从马仑河一带起，经凡尔登，入洛林州，再入亚尔萨士州，折到莱茵河右岸联军占领地，假道比利时，循谟士河，穿过兴登堡线一带，到梭阿桑，南返巴黎；另一次是 4 月自巴黎出发，5 月中旬北返巴黎，历游了北部战地。每次考察前，梁启超都比较认真地研究过战场形势和战事经过，以期获得深刻印象。此次考察，法国政府特派二人随行，一切旅费皆供应，情意至殷渥，梁启超受之滋愧的同时也十分高兴。

可是大战后的惨状历历在目，沿途上，半消半凝的残雪，一堆一堆的瓦砾，剩下半截的废墙与雾中黄日相掩映，一派萧瑟阴森景象。杜甫那句"国破山河在，城春草木深"的意象萦绕在梁启超的脑际。在凡尔登，当梁启超看到地上铁丝网和树上障穗依然密布，半堵废墙底下是一大堆一大堆的断砖零瓦时，一股寒气袭来，令梁启超仿佛回到两军厮杀的阵前。他气愤地说："自然界的暴力远不及人类，野蛮人的暴力又远不及文明人哩。"确实，在视察战地期间，梁启超的思维极其活跃，浮想联翩，一景一物，一草一木皆能让他感叹一番。这其中除了牢骚、愤懑和哀惋之外，还有不少振奋、激动和热情。在兰士，梁启超恰好遇到军中行绥勋礼，他有感此礼的庄严诚恳，认为这才是"国家主义底下一种精神教育"。在梅孜，梁启超看到了一个"新铜像"。这铜像的形象非官非名人，仅是法兰西一名普通士兵，梁启超有感这种"平民化"的作风，极其激动地称它用意真、深、善、美。在亚尔萨士和洛林二州，给他印象最深的是法国人的爱国热诚。他认为这种爱国热诚不是军国主义，因为军国主义要凌夺别人，爱国主义只是防卫自己。梁启超认为法国人的爱国热诚是法国走进世界强国之林的关键，更应令中国人反省一番，诸如此类等等。后来，梁启超把他考察战地时的一部分感想写进了《战地及亚洛二州纪行》《西欧战场形势及战局概观》等文中。

最后，梁启超的欧行中还有许多值得一提的事情，如出席英国皇家晚宴，参观法国国庆和凯旋典礼，觐见比利时国王，登瑞士历机山观日出等等。耳闻目睹此种种景观，梁启超又酝酿了一些新的想法。

思想收获

梁启超踏上欧游征程，是因自己近些年的失败、痛苦和悲观，也是因对欧洲的神往、崇拜和希望。所以漫游在欧洲大地，他绝不放过这个难得的机遇：他奔走巴黎和会、考察战地、游览名胜；勤奋地当学生，学起了英文、战时各国财政及金融、西战场战史、法国政党现状、近世文学潮流、哲学等等；同时不失时机地拜见了如威尔逊、兰辛、豪斯大佐、槐德、柏格森、笛尔加莎、沙菩黎等多国社会名流，他和这些政治家、哲学家或艺术家们交谈讨论，互通心灵感悟。总之，梁启超身心俱融进了欧洲文化之中，或碰撞或融和或冲突。

他在给梁启勋的信里，满怀激情、生动细腻地描绘过此时的心灵体验："至内部心灵界之变化，则殊不能自测其所届。数月以来，晤种种性质差别之人，闻种种派别错综之论，睹种种利害冲突之事，炫以范象通神之图画雕刻，摩以回肠荡气之诗歌音乐，环以恢诡葱郁之社会状态，饫以雄伟矫变之天然风景，以吾之天性富于情感，而志不懈于向上，弟试思之，其感受刺激，宜何如者。吾自觉吾之意境，日在酝酿发酵中，吾之灵府必将起一绝大之革命，惟革命产儿为何物，今尚在不可知之数耳。"

读了这段饱含激情的内心独自，遐想梁启超的手舞足蹈形态，我们真迫不急待地想知道此时梁启超心灵中"革命产儿"究竟为何物了。动极思静。10 月 11 日，梁启超等人回到巴黎附近白鲁威的寓庐，开始整理撰写他这一年来的所观所想了。白鲁威距离巴黎 20 分钟火车，是巴黎人的避暑胜地。梁启超的寓庐，是几间小小楼房，有一个大大院落，朴素典雅。春夏时分，这里杂花丰树，楚楚可人。此时已是一派萧疏森郁景象，早寒天气整日阴霾。不过，这种氛围颇合梁启超当时的心境，更增添了一份深思的宁静肃穆之美。将近两个月，梁启超视白鲁威为深山道院，绝迹巴黎，也不见客人，围着一个火炉，一人一桌埋头写作。这就是我们后来见到的《欧游心影录节录》。

在这部书里，梁启超涉及到很多方面，其中巴黎和会鸟瞰、考察战场纪行等内容已见前文。现在我们就跟随着梁启超的指引，结识他心中的"革命产儿"。

在人类社会进化历程中，每次大灾难都会在人类心理上烙下深深的痕迹，同时促使人类去重新认识宇宙与自身。这次世界大战惊天动地，历时 5 年。梁启超虽是隔岸观火，没有亲身经历，但一年多的欧行生涯已使他从人类社会一份子的角度发表感叹了。他认为人类乃天地间一种怪物，时时在按自己意志创造一切，又常常被自己创造的东西所限制所支配。事与愿违几乎成了人类社会进化的一大特征。如今大战结束了，人们期待着和平，沉浸在和平之中，但国际隐患依旧存在，将来随时有可能死灰复燃，将会又一次事与愿违。梁启超的感叹代表了当时大多数人的心声。

梁启超在本世纪初就具有了"中西融合"的文化观念。这次漫游欧洲，他对大战前后欧洲文化的诸多方面作了比较认真的考察和研究，认为西方文化消极中洋溢着积极因素，悲观中有乐观。

自消极悲观而言，其一，梁启超认为在物质文明方面，这次大战把欧洲参战各国打得倾家荡产，战败国绞尽脂膏，战胜国也自变枯蜡。不仅资本和生产力降到零度，而且如今的生存必需品也严重匮乏，面包、糖和奶油、煤和电皆无法定时供应，有钱也没处买东西，无钱人更可怜至极。更令人不寒而栗的是社会内部贫富阶级严重对峙，如剑拔弩张，社会革命的暗潮潜滋暗长，各种罢工风潮层出不穷，更是不足为奇。

其二，梁启超十分看重社会思潮的意义。他说："从来社会思潮，便是政治现象的背景。政治现象又和私人生活息息相关。所以思潮稍不健全，国政和人事一定要受其敝。"而近代欧洲的社会思潮如何呢？新思想与旧思想矛盾，新思想中又充满了冲突，如个人主义、社会主义和国家主义之间的矛盾，"哲学上唯物与唯心的矛盾，社会上竞存和博爱的矛盾，政治上放任和干涉的矛盾，生计上自由和保护的矛盾"。这突出反映在学术、文学等方面，达尔文的进化论经穆勒的功利主义、边沁的幸福主义、士梯尼和卞戛加的本位主义，最后发展成了尼采的超人学说，此学说投合时人心理，成为战争的源头，欧洲人盲目推崇"科学万能"，却因而失去了安身立命的所在；19世纪后半期自然主义文学兴盛，崇尚"即真即美"，其流弊"越发令人觉得人类是从下等动物变来，和那猛兽弱虫没有多大分别；越发令人觉得人类没有意志自由，一切行为都是受肉感的冲动和四周环境所支配"。诸如此类，等等。如此，西方文明褪去了绚烂夺目的光彩，濒临绝望边缘，连当时西方人也在呼唤着靠中国文明拯救自己。

自积极乐观而言。梁启超认为大战后的欧洲人的精神世界、物质文明虽然混乱不堪，但是"欧洲百年来物质上精神上的变化，都是由'个性发展'而来，现在还日日往这条路上去做"。这不同于曾经盛极一时、灿烂耀眼的埃及、中亚细亚和希腊罗马的文明。因为从前是贵族的文明、受动文明，逃脱不了"人亡政息"的公例；如今是群众的文明、自发文明，完全有能力从苦难中振作起来。梁启超认为现代欧洲人的精神生活并没有枯竭，"他们还是日日求自我的发展，对于外界的压迫，百折不回的在那里反抗，日日努力精进。正像三四十来岁在社会上奋斗的人，总想从荆天棘地中建立一番事业"。于是，俄国科尔柏特勤的互助说、柏格森的直觉的创化论等学说应运而生，欧洲人逐渐找回了精神生活的安身立命的场所，同时物质文明的再造也曙光在前。

由此可以看出，梁启超对西方文化的认识并没有什么根本性的变化。与之前相比，只是多了一份冷静沉着，少了一份盲从执着；多了一份客观与体验，少了一份臆测与空泛。然而就是这一点小小的变化，却使梁启超重新反省了自己前些年的思想，也影响了他往后的人生之路。

欧游期间，梁启超多次批评改良派与革命派的努力都各自犯了一个错误。改良派（包括他自己）想靠国中固有势力在既有秩序的现状之下，渐行改革，结局不过被人利用；革命派要打破固有的势力，却是依靠军阀打军阀，依靠官僚打官僚。同时两派都在效法欧洲，实现资产阶级国家的梦想。殊不知这种想法也是错误的。梁启超欧洲归来抵达上海后，在吴淞中国公学的一次讲演中曾细致阐述过中国屡遭失败的诸种原因。总而言之，欧洲固有基础与中国不同，故中国不能效法欧洲。具体地说，中国在政治上没有贵族阶级故不能效法欧洲的代议制；社会道德上如中国有互助精神多个人享乐主义，而缺少欧洲的竞争之说；经济上如中国始终实行小农制度并不适宜搞资本集中等等。那么中国该如何选择自己的出路呢？

梁启超在巴黎曾拜见过柏格森的老师、大哲学家蒲陀罗。蒲陀罗的一席话令梁启超茅塞顿开且倍感重责："一个国民最要紧的是把本国文化发挥光大，……就算很浅薄的文明，发挥出来都是好的，因为它总有它的特质。把它的特质和别人的特质化合，自然会产生第三种更好的特质来……"于是梁启超更加坚信他的中西融合的文化观，他说中国有个绝大责任横在前途上，这个责任就是"拿西洋的文明来扩充我的文明，又拿我的文明去补助西洋的文明，叫他化合起来成一种新文明"。这种"中西文化化合"的主张与当时的"故步自封"的国粹派、"沉醉西风"的全盘西化思想相比，显得尤为公允客观。但是同当时轰轰烈烈的"五四"新文化运动相比，又显得落后空泛。

关于以上诸种思潮主义产生的社会心理，梁启超在《五十年中国进化概论》里有过正确的解释："革命成功将近十年，所希望的件件都落空，渐渐有点废然思返，觉得社会文化是整套的，要拿旧心理运用新制度，决计不可能，渐渐要求全人格的觉醒。"辛亥革命的成功唤起国人无尽的遐想，这与民国社会初期黑暗现实之间形成一种惊人的落差，于是人们又废然思返。梁启超虽然认识到"心理建设"、"全人格觉醒"的重要性，但是在当时他的"中西化合"观不可能彻底改变旧心理。真正能代表那个时代主流方向的是"五四"新文化运动。

新文化是相对旧文化而言的，是对几千年来的历史沉淀而成的旧文化的扬弃和超越，有破有立，有批判有建设。

首先，新文化运动对中国的文化传统作了总体性的理性批判，尤其儒家的旧伦理文化传统受到了毁灭性的批判。排孔反孔打倒孔家店的思潮犹如狂飙巨澜，一浪胜过一浪。此时梁启超表现得十分冷静，他认为以儒家文化为轴心的中国传统文化固然有许多不足，于今并不适用，如孔子说了许多贵族性的伦理就不足取，但我们不能以此菲薄抹杀旧文化。相反我们要充分肯定中国旧文化的优点，如孔子的"尽性赞化"、"自强不息"，老子的"各归其根"，墨子的"上同于天"，中国社会制度的互助精神等等，而且要把固有的特性修正扩充，最后救西洋文明之弊，济西洋文明之穷。梁启超的主张成为新文化运动主旋律中一根不协调的琴弦。

其次新文化运动高举科学与民主两面大旗，掀起了一场现代价值重建运动。陈独秀在《敬告青年》中呼吁："国人而欲脱蒙昧时代，羞为浅化之民也，则急起直追，当以科学与人权并重。"梁启超对"科学"、"民主"也十分重视，尤其"人权"、"民主"更是他终生的追求。但他反对把"科学"作为唯一重要的价值标准，即科学万能。因为一旦主张科学万能，那么宗教哲学就会衰竭，全社会人心都陷入怀疑沉闷畏惧之中，好像失了罗针的海船。梁启超更反对为了拥护"科学"、"民主"，不顾断头流血，进行社会革命，所以当新文化运动的后期以宣传马克思主义为中心内容的时候，梁启超在思想上对其的阻碍性表现得越发显著。

现在看来，梁启超的"中西化合"的文化观虽不能代表时代的主旋律，但是他也提出了许多有价值的思考，如文化的继承问题，中西文化的同异短长问题、文化转型期的建设问题等等。梁启超本人对自己的主张也颇为满意。欧游期间，梁启超、张君劢、蒋百里、张东荪等人发起了"新学会"，其宗旨就是发挥这段时期的所思所想，从学术思想上改造中国，并创办《解放与改造》杂志。从某种程度上，梁启超又开始了文化启蒙的工作。他在《中国人之自觉》中提出的诸多要点，如尽性主义、思想解放、组织能力、法治精神、自治和国民运动等，也只是他以前"新民学说"的延续，没有根本性的转变。然而，这些问题却伴随了梁启超往后近 10 年的政治生活，成为他为之奋斗的目标与焦点。

第八卷
骚坛健将　议政文士

筹办教育

　　1920年3月，梁启超带着新的收获、新的期望回到了国内。回国之后，他信守脱离政坛的诺言，放弃了一切上层的政治活动，归宗文化事业，潜心学术研究，以兴办教育、培养新人为职责，成为民国骚坛上的一员健将。

　　梁启超一贯重视教育工作，热心教育事业。长期的政治斗争实践使他明白，人才是事业成功的基础和关键，而人才的培养又依赖于教育。早在戊戌变法时期，他就积极地执教于时务学堂，全力培养维新人才；流亡日本时期，他又创办同文学校和东京大同高等学校，继续宣传变法思想，为维新大业蓄积后备力量。现在欧游归来，他想专"从思想界尽些微力"，当然也就更加关注教育事业。还在欧游途中，他便与同人商量，归国后要筹办大学，培养人才。

　　3月5日，梁启超抵达上海。一到上海，他就被中国公学的校长王敬芳请到该校去演讲，而他回国后所致力的办学活动正是从承办中国公学开始的。坐落于上海吴淞的中国公学成立于

1906 年，是由部分留日的归国学生创办的。当时日本政府接受清王朝请求拒绝中国留学生在日本从事革命活动的要求，发布了《取缔中国留学生规则》，中国留学生愤然回国，留在上海的部分学生向社会各界募捐，聘请名师，办起了这所学校。学校建立后不久，就因缺乏经费而陷入困境。发起人姚剑生为此蹈江自杀。后来，创办人黄真存、谭价人、梁乔山又相继去世。在 10 多年的发展过程中，学校虽也得到了一些有识之士的慷慨捐助，但总是处于举步维艰的状态，没有什么大的发展。校长王敬芳为河南福中煤矿公司总经理，他一直想请一位德高望重的教育专家来当校长，把公学发展为大学。这次，他请梁启超来校演讲，就有这种意思。5 月 10 日，他给梁启超写信，明确说出了自己的想法："抚今追昔，无限感伤。然中国公学者，诸友人精神之所寄者也，倘公学前途得借先生之力扩而大之，诸友在天之灵，其欢欣感佩可想也。"

　　承办学校正是梁启超计划中要做的事情，于是他立即答应王敬芳的请求，承办中国公学，并欣喜地告诉女儿："吾将以此为终身事业，必能大有造于中国。"同人对梁启超承办中国公学也寄予厚望，傅治希望他"摆脱政治之泛运动，全力从事于此事"，建议"设科不必多，惟教授须最高手，藏书楼须极完备，须有一种特别精神，特别色彩"，并强调"此为吾辈文化运动、社会事业、政治运动（间接关系）之重要基本，应早筹备"。蒋百里则希望他不要当校长，专做讲师，在校设一中国历史讲座，认为只有这样"才把他的活泼泼地人格精神一发痛快表现出来"。梁启超是这样考虑的，如果王敬芳辞去校长之职，公学可能会失去福中煤矿公司的财力支持，而经费问题又关系到公学的生死存亡。为公学的生存计，他决定不当校长，让王继续留任，派张东荪出任教务长，代王处理学校日常事务，自己则以同人的身份，在各方面为学校出力，争取把中国公学办好。

中国公学倡建之初，就准备逐步发展为大学。然而，10 多年过去了，这一目标始终没有实现，究其原因，最重要者莫过于经费短缺。梁启超接手承办中国公学，首先确立了将公学改为大学的办学方针，并为此积极筹措办学经费。9 月，他草拟了《吴淞中国公学改办大学募捐启》，准备向社会各界募捐办学。其中有言：“本校既有可宝之历史，有相当之设备，同人等承乏校务，不敢不自勉，决拟于明年为始，改办大学。学科讲座，不求泛备，惟务精纯，视力所届，岁图增廓，图书仪器，广为购储，藉供学生自由研究。……惟是造端宏大，志够艰劳，伏望海内外邦人诸友鉴此微诚，共襄盛举，或惠赠书器，或乐施金钱。”

在向社会各界募捐的同时，梁启超还设法通过其他渠道筹集资金。首先，他让在海外的儿女思顺带信给华侨资本家林振宗，鼓其热心，希望林能捐款 50 万，谓“彼若捐巨款，自必请彼加入董事，自无待言，此外当更用种种方法为之表彰名誉，且令将来学生永永念彼也”，并答应林若回国办矿，则将给予种种方便。此事后来不了了之。其次，他设法谋求将民初财政部所发 200 万元公债的利息作为公学的常年经费，为此曾三度与当时的财长王克敏协商，只是“毫无着实结果”，王敬芳还差点与王克敏老拳相加。梁启超深有感叹地说：“仰面求人，总不足恃，徒怄气奈何。”谋求公债利息不成，鼓动富商赞助又受挫，不得已，中国公学只有依靠福中公司每年 2 万元的拨款和少量社会捐献，艰难地维持着。值得一提的是，生活上并不宽裕的梁启超，为公学之事也曾慷慨解囊。1922 年春，公学因购地建校舍尚缺数千元，梁启超得悉后立即写信给商务印书馆总经理张元济，要求将他的《中国历史研究法》一书的稿酬先垫寄张君劢，以解燃眉之急。

1921 年，在梁启超等人接办中国公学的过程中，曾发生过两次风潮，一次在春夏间，一次在 11 月间，这两次风潮均起于派系之争。中国公学原由一群崇尚共和的热血青年创办，学校章程采取民主共和制度，其中老师和学生大多是革命党人，例如于右任、马君武、沈云翔等老师，但戴辛、熊克武、饶辅廷等学生，都是同盟会会员，资产阶级革命派的中坚分子。后来，由于经费原因，公学上层的组织领导权逐渐为立宪派所掌握，但教师和学生仍多系革命党人。此次，王敬芳委托以梁启超为首的一批旧立宪党人承办公学，不免引起师生的不满，风潮缘此而起。梁启超对风潮之事十分重视，他写信给蒋百里、张东荪、舒新城等人，鼓励他们不要因风潮之事而放弃承办中国公学的努力。信中说："但使勉强可办得下去，则此校断不宜舍弃。搏沙（王敬芳）无论如何总属我辈，有事可以商量，最多再闹风潮一两次，愈闹一次则阻力愈减一分，在吾辈持之以毅而已。"风潮最终以王敬芳勒令为首的学生退学、主事的教员辞职而结束，但它却给梁启超等人一个启示，即不能局限于中国公学一所学校，而必须另谋发展。

梁启超等人筹办教育有一个明确的目的：培养党人，联络人才，左右中国文化。为了实现这一目的，舒新城提出要把目标由中国公学扩展到南开大学和东南大学，以此为"三窟"，认为这样天津、上海、南京连成一线，鼎足而三，"可以左右中国文化，五年后吾党将遍中国。岂再如今日之长此无人也"。梁启超完全同意这一计划，他亲赴东南大学和南开大学授课讲学，以谋求进一步发展。

1921 年冬，梁启超在南开讲学期间，校长张伯苓欲借重他来发展南开。他当即表示，"若将文科全部交我，我当负责任"，并计划由张君劢当主任，蒋百里、张东荪、林宰平各任一门课，最好梁漱溟也来帮忙，担任一门讲座。他兴奋地对同人说："吾六者任此，必可以使此科光焰万丈。"此外，梁启超还把目光投向清华，企图利用清华校长更迭风潮，在清华插上一足。1921 年秋冬之际，清华校长一职暂空。当梁启超得悉美使馆和外交部拟请王文显出掌清华，代替因风潮而离校赴美的金邦正校长时，他十分高兴，极力从旁怂恿撮合。因为，"此着若办到，则新城所谓三窟外再得一窟，而此窟作用之大乃不可思议也"。在他看来，清华、南开两校最重要，所以他"一年来费力于此"，企图将这两校收作他们的"关中河内"。遗憾的是，由于人才奇缺，不仅南开的文科计划无法展开，就是清华校长也难以觅到，甚至连本最易觅得人选的清华中文主任一席，也因"现在无人，只可置为后图耳"。

传播文化

梁启超回国后，把"培养新人才，宣传新文化，开拓新政治"作为同人今后共同奋斗的事业。为了保障此种事业落到实处，梁启超偕同人在筹办教育的同时，还积极开展文化传播工作。他们组织共学社，成立讲学社，创办文化学院，对推动中外文化交流，促进文化学术的繁荣发展，做出了重要贡献。

共学社成立于 1920 年 4 月，"社中主要业务，在编译各书"。梁启超刚回国的时候，就"拟集同志数人，译辑新书，铸造全国青年之思想"。他与张元济商量,希望能与商务印书馆合作进行此项工作。张元济认为,"此实为今日至要之举",答应由商务印书馆每年拨款两万元"先行试办"。为了使此项工作能有效地开展下去,梁启超又召集同人发起创办了共学社。共学社成立后,他一面准备编译书目清单,请社员自选翻译;一面草拟募捐启,向社会各界募集基金。

共学社所编译的书籍,以浅近简明为主,特制重要的学术名著,须由评议会决定,然后交社员译出。共学社在成立后的几年中,有计划、有组织、有步骤地编译印行了一大批西方人文社会科学丛书,总数达 100 余种,主要有柯祖基的《人生哲学与唯物史观》、罗素的《哲学中之科学方法》和《政治理想》、顾西曼的《西洋哲学史》、勒朋的《政治心理》、拉尔金的《马克斯派社会主义》、柯尔的《基尔特社会主义与劳动》和《社会论》、罗利亚的《社会之经济基础》、杜威的《平民主义与教育》、韦尔思的《世界史纲》、易卜生的《海上夫人》、雨果的《活冤孽》、屠格涅夫的《父与子》等等。其中,《世界史纲》一书,由在清华读书的梁启超次子梁思成约几位同学共同翻译,而梁启超润色之功实多。个中原委,梁启超在致陈叔通的信中作了说明:"韦氏为当代一著名文学家,其书文极优美,在欧诸友曾劝吾译之,吾英文既不通,为事甚劳,故未之许也。小儿辈自告奋勇,约同学三人以从事,彼辈于文学绝无素养,其辜负原著自无待言,吾因欲授小儿以国文,故本年暑假三个月中每日分半日为之改润,故此书虽号称儿曹所译,实则无异我自译。因其书为文学的,故吾于行文特别注意,往往竟半日仅改千字耳。吾改时置译者于旁,疑辄阅之,自信此本可谓信达雅兼备矣。"梁启超自己著书每日总在 4000 字左右,而改润之文半日仅千字，可见他对译事的高度负责精神。全书译完后，又经丁文江复校一遍，真"可称善本也"。

共学社以编译新书为主要工作，同时还开展一些别的活动，如编辑杂志、补助同人留学等。这些活动的开展都需要经费，梁启超算了一下，编辑杂志、添置书籍，补助留学和奖励名著几项，至少需要 2 万元左右的费用。为此，他想了两个办法：一则拟请社中同人利用各自的特殊关系，到各处去拉赞助。他自己准备联系商务印书馆、南洋烟草、大生纱厂等处；蔡元培或蒋梦麟可去穆藕初、聂云台诸处；王敬芳可争取福中公司。如此"多为其途，当可有获"；二则依靠社中同人解囊相助，他自己将所著《欧游心影录》一书稿费 4000 元全部捐出。在他的带动下，梁善济、籍忠寅、黄溯初、王敬芳各捐 3000 现洋，余则 2000、1000 现洋不等。由于经费有限，金价日贵，共学社派出去留学的人很少，只有杨维新、石陶钧、吴统续、毛以亨几人。

1920 年 9 月，梁启超赴京发起组织讲学社，北大校长蔡元培、清华校长金邦正、南开校长张伯苓、高师校长陈小庄、公学校长王敬芳和一些社会名流均列名董事。讲学社的经费情况比共学社稍好一些，政府每年给予 2 万元补助，商务印书馆也表示每年资助 5000 元。

共学社以编译西学新书为主要业务，讲学社则以聘请外国名人来华讲学为办社宗旨，原则上每年聘请一人。讲学社聘请的第一位外国名哲是杜威。美国哲学家杜威本是应北大和南京高师的邀请，于 1919 年夏来华讲学的。他原打算在中国讲学一年，后来决定延长一年，名义上由讲学社续聘，继续由胡适担任翻译。杜威在北京作了五大讲演：一、近代教育的趋势；二、社会哲学与政治哲学；三、教育哲学；四、伦理学；五、思想的派别。后来在南京又作了三大讲演：一、教育哲学；二、哲学史；三、实验的伦理学。对杜威的这些讲演，梁启超给予了高度评价，认为杜氏的学术思想与中国的"颜李学派"有许多相同之处，并作《颜李学派与现代教育思潮》一文。该文开头就说："自杜威到中国讲演后，唯用主义或实验主义在我们教育界成为一种时髦学说，不能不说是很好的现象。"

讲学社邀请的第二名客人是号称世界三大哲学家之一的罗素。讲学社成立之前，梁启超就与王敬芳商量，以中国公学的名义聘请英国哲学家罗素来华讲学一年，并拟先出一小册子对罗氏学说作一概括的介绍。讲学社成立后，又与北大联合邀请罗素来华。1920 年 10 月，罗素乘坐的法国"波尔多"号轮船抵达上海。梁启超本拟南下亲迎，由于当时正赶写《清代学术概论》一书，只好作罢，另请蒋百里代表讲学社，张申府代表北大去上海迎接罗素。

罗素偕好友多拉女士到上海的第二天，由江苏教育总会等 7 团体在大东旅社为他们举行了热烈的欢迎晚会，约有 100 人出席。"席间，罗素先生作了热情洋溢的演说，他主要讲了来华的观感和印象，他希望中国能够开创出一条新路，不要不分好坏而抄袭别国，并要警惕西方近代商贾主义。在谈到中国的改造问题时，他认为各种改造之中最应注意以教育为第一。"（《张申府散文》）这是罗素来华后的第一次演说，当时由赵元任担任翻译。罗素在上海共停留 3 天，时间多花在会见络绎不绝的拜访者上，其中有欧洲人、美国人、日本人、朝鲜人和中国人。通过接触，他认为"一个文明的中国人乃是世界上最文明的人"。

离开上海，罗素由傅铜、赵元任等人陪同，到杭州游玩两天，然后取道南京，乘船到汉口，再从那里去长沙参加一个教育会议。在长沙，督军为罗素设宴洗尘，席间他初次遇见了杜威夫妇。罗素在长沙还作了《布尔什维克与世界政治》等讲演，毛泽东当时也听了他的讲演，认为"理论上说得通，事实上做不到"。

11月，罗素一行到了北京。讲学社出面借美术学校礼堂开会欢迎罗素，梁启超代表讲学社向罗素致欢迎词。他特别提出两点：其一，"我们认为往后世界人类所要求的，是生活的理想化、理想的生活化。罗素先生的学说，最能满足这个要求"；其二，罗素先生的人格值得钦佩，因为他具有"真正学者独立不惧的态度。这是真正为人类自由而战的豪杰"。此外，梁启超还希望罗素把他研究学问的方法，毫无保留地传授给中国人。

罗素在北京讲学期间也有五大系列演讲：一、哲学问题；二、心的分析；三、物的分析；四、数理逻辑；五、社会结构。据张申府回忆，罗素的讲演，"平易畅达，语皆中的。既富有充实的逻辑性，又幽默诙谐，饶有风趣。在分析问题时，罗素先生深入浅出，说理透彻，有时也未尝无刺，但却不酸不刻，读来听去，使人发生快感。……他的讲话'很像玉泉山水的爽人宜人，清冽甘脆。'"

讲演以外，罗素还积极参与北大学生组织的"罗素学说研究会"的活动，与学生一起讨论学术问题，认为"他们都是些可爱的青年，既纯真又聪明，渴望着了解世界并摆脱中国传统的网罗"。罗素对中国问题十分关心，他把自己关于中国应该做些什么的想法，都写在一本叫《中国问题》的书里；在梁启超为他举行的饯行宴会上，他又建议中国知识分子要敢于承担社会责任，将自己的思想付诸实践，不要只是坐而论道，空谈幻想。丁文江对罗素在华的讲演甚为赞许，认为这些讲演深深地打动了中国人的心灵。他说，罗素在哲学和社会思想方面必将在中国造成既深且远的影响，正是罗素使中国人第一次认识到哲学应该是对所有科学进行综合的结果，社会改造必须以丰富的知识和深思熟虑为前提。1921 年 7 月，罗素与杜威结束在华讲学，同时离京回国。

讲学社聘请接待的第三位外国名哲是德国哲学家杜里舒。杜里舒为生命派哲学家，他的动力生命学说与柏格森的思想相近。本来，梁启超准备聘请柏格森来华讲学，请商务印书馆承担费用，张元济也表示赞成。后因种种原因，柏格森未能来华。所以，邀请杜里舒多少弥补了柏格森不能成行的遗憾。

讲学社聘请的最后一位文化名人是印度大诗人泰戈尔。1924 年 4 月 12 日，泰戈尔到达上海。他在上海对记者说："亚洲一部分青年，有抹杀亚洲古来之文明，而追随泰西文化之思想，努力吸收之者，其实大谬。以泰西文化趋于物质，而于心灵一方缺陷殊多。此观于西洋文化在欧洲破产一事，已甚明显。"这种观点与欧游归来的梁启超的思想若合符节，因而梁启超对泰氏来华倾注了更多的热情。

泰氏来华的前一个月，梁启超就为其住房的事而操劳；泰氏到北京后，梁启超又率蒋百里、熊希龄、汪大燮、蒋梦麟、范源濂、胡适等名流学者 40 余人，在北海静心斋为其举行隆重的欢迎仪式。为了表示对泰戈尔的欢迎，梁启超还在北京师大专门作了《印度与中国文化之亲属的关系》的讲演。在讲演中，他称赞印度是"我们最亲爱的兄弟之邦"，是"一个极伟大的文化民族"。他一直像一位大哥哥一样照顾着中国这个小弟弟，给我们许多珍贵的礼物，使我们知道有绝对的自由和绝对的爱。

现在，我们要以泰戈尔此次来华为契机，把中印两国几千年的友谊发扬光大。这样，泰戈尔此行才有真正的意义，我们欢迎泰戈尔才有真正的意义。5 月 18 日是泰戈尔 64 岁生日，梁启超应泰戈尔的请求，给他起了一个中国名字——竺震旦。这个名字巧妙地把中印两国的国名合为一体，梁启超说："我希望我们对于他的热爱，跟着这名儿永远嵌在他心灵上；我希望印度人和中国的旧爱，借竺震旦这个人复活转来。"

由于经费的短缺，讲学社未能继续聘请更多的国外名人来华讲学。尽管如此，讲学社当时能把杜威、罗素、杜里舒、泰戈尔这样的世界名哲文豪请到中国来讲学，实为中国近现代文化学术交流史上的空前壮举。他们的讲演使中国人第一次正式接触到了现代的西方思想，在当时及稍后的中国思想界引起了强烈的反响。

如果说组建共学社和讲学社是为了传播外来文化，引进西学理论；那么发起创办文化学院则是为了继承传统文化，弘扬国学精华。这一计划体现了梁启超企图融会古今中外学说，以建构中国现代文化的宏伟目标。1923 年 1 月，梁启超在《为创办文化学院事求助于国中同志》的启示中，对实现这一宏伟目标的意义作了全面阐述。他说：

　　启超确信我国儒家之人生哲学，为陶养人格至善之鹄，全世界无论何国、无论何派之学说，未见其比，在今日有发挥光大之必要。启超确信先秦诸子及宋、明理学，皆能在世界学术上占重要位置，亟宜爬罗其宗别，磨洗其面目。启超确信佛教为最崇贵最圆满之宗教，其大乘教理尤为人类最高文化之产物，而现代阐明传播之责任，全在我中国人。启超确信我国文学美术在人类文化中有绝大价值，与泰西作品接触后当发生异彩，今日则蜕变猛进之机运渐将成熟。启超确信中国历史在人类文化中有绝大意义，其资料之丰，世界罕匹。实亘古未辟之无尽宝藏，今日已到不容固镭之时代，而开采之须用极大劳费。启超确信欲创造新中国，非赋予国民以新元气不可，而新元气决非枝枝节节吸受外国物质文明所能养成，必须有内发的心力以为之主。以上五事实为其萌芽种。启超确信当现在全世界怀疑沉闷时代，我国人对于人类宜有精神的贡献，即智识方面亦宜有所持以与人交换。以上五事之发明整理，实吾侪对世界应负之义务。启超确信欲从事于发明整理，必须在旧学上积有丰富精勤的修养，而于外来文化亦有相当的了解，乃能胜任。今日正在人才绝续之交，过此以往，益难为力。启超虽不敢自命为胜任，然确信我在今日最少应为积极负责之一人；我若怠弃，无以谢天下。启超确信兹事决非一手一足之烈所能为力，故亟宜有一机关以鸠集现在已有相当学力之同志，培养将来热心兹业之青年。

阐述了创办文化学院的意义之后，梁启超又为学院的具体规划作了初步构想。他打算自任院长，约定一部分同志为分科教员，采用半学校半书院的组织，精神方面力求人格的互发，智知方面专重方法的指导。院舍设在南开大学，课程也与南开保持一定的关系。计划设立本科班、研究班、补习班、函授班，分别招收不同程度的学生。教学以外，还要进行下列学术活动：一、整理重要古籍，进行校勘、训释、编订，令尽人能读且乐读；二、将旧籍或新著翻译成西文；三、编定学校用的国史、国文及人生哲学教本；四、以定期出版物公布同人的研究成果；
五、巡回讲演。

梁启超拟创办文化学院和征求赞助的启示一经公布，立即
引起了社会各界的广泛关注。名流中复信慷慨捐助者不乏其人，
如张謇就答应捐助千元；学生中要求忝列门墙者也大有人在，
如一个叫张正禄的青年致书梁启超，"决计舍去一切职务，专心
肆志受业于先生之门，以终生从事"。然而，此项计划耗资之巨
非一时所能筹到，所以，梁启超的这一设想最终未能付诸实行。
直到 1925 年他去清华国学研究院担任导师，这一愿望才部分得
以实现。

巡回讲演

欧游归来的梁启超，以知识界领袖的身份活跃于骚坛，他
在邀集社会名流筹办教育、传播文化的同时，还亲自出马，以
活泼泼的人格精神，在全国各地巡回讲演，从 1921 年底到 1923
年初的一年多时间里，他穿梭往返于北京、天津、济南、上海、
南京、苏州、无锡、南通、长沙、武昌等地，为各界人士作了
几十场演说，内容涉及政治、道德、宗教、历史、文学、科学
各个方面，充分展现了他骚坛健将的风姿。

1921 年 10 月至 12 月，梁启超应京、津各学校之邀，公开
讲演达 7 次之多，讲题有：《辛亥革命之意义与十年双十节之乐
观》《无枪阶级对有枪阶级》《市民与银行》《太平洋会议中两
种外论辟谬》《续论市民与银行》《外交欤内政欤》《"知不可而
为"与"为而不有"主义》。这些讲演稿于次年汇集出版，名
为《梁任公先生最近讲演集》。1922 年 4 月至 1923 年 1 月，梁

启超又应南北各地学校和团体之请，公开讲演20多次，讲题主要有：《趣味教育与教育趣味》《美术与科学》《情圣杜甫》《先秦政治思想》《佛教心理浅测》《教育与政治》《学问之趣味》《美术与生活》《敬业与乐业》《科学精神与东西文化》《屈原研究》《人权与女权》《历史统计学》《护国之役回顾谈》《为学与做人》《什么是文化》《治国学的两条大路》等等。这些讲演稿后来都收集在《梁任公学术讲演集》第一、二、三辑里。

梁启超的这次巡回讲演，历时之久、次数之多、地域之广、题材之博、听众之多、影响之大，在中国近代文化学术史上实属罕见。下面我们从这些讲演中撷取几朵小花，从不同侧面领略一下梁启超的讲演内容和讲演风采。

梁启超讲演时，感情充沛、精神焕发、手舞足蹈、声情并茂，透露出一副落拓不羁、飘逸不群的名士派头。1922年，梁启超应清华文学社同学之邀，作了题为《中国韵文里头所表现的情感》的讲演。这次讲演，梁启超事先作了充分准备，"他的讲演是预先写好的，整整齐齐地写在宽大的宣纸制的稿纸上面，他的书法很是秀丽，用浓墨写在宣纸上，十分美观。但是读他这篇文章和听他这篇讲演，那趣味相差很多，犹之乎读剧本与看戏之迥乎不同"。（梁实秋《记梁任公先生的一次演讲》）

讲演的那一天，梁启超穿着肥大的长袍，步履稳健地走进清华高等科楼上的一间大教室，里面坐满了听众，其中有他的儿子梁思成，还有后来成为一代文学大师的梁实秋。据梁实秋回忆，当时，梁启超"走上讲台，打开他的讲稿，眼光向下面一扫，然后是他的极简短的开场白，一共只有两句，头一句是：'启超没有什么学问——'眼睛向上一翻，轻轻点一下头：'可是也有一点喽！'"接下来，演讲开始。

梁启超知识面广，又博闻强记，所以讲演过程中常常抛开讲稿，随时引证许多作品，大部分他都能背诵。有时候，他背诵到酣畅处，忽然记不起下文，便用手指敲打他的脑袋，敲几下之后，记忆力便又畅通，成本大套地背诵下去。而讲到紧张处，便又成为表演。梁实秋在文中回忆说：

> 他真是手之舞足之蹈，有时掩面，有时顿足，有时狂笑，有时叹息。听他讲到他最喜爱的《桃花扇》，讲到"高皇帝，在九天，不管……"那一段，他悲从衷来，竟痛哭流涕而不能自己。他掏出手巾拭泪，听讲的人不知有几多也泪下沾巾了！又听他讲杜氏讲到"剑外忽传收蓟北，初闻涕泪满衣裳……"，先生又真是于涕泪交流之中张口大笑了。

在梁实秋的记忆中，这篇讲演分三次讲完，每次讲过，梁启超都大汗淋漓，状极愉快。讲演时，他不仅自己进入了审美的境界，而且也把听众带入了艺术的天地，使听众感到风声满面，神往不已。每次钟响，他讲不完，总要拖几分钟，然后他于掌声雷动中大摇大摆地徐徐步出教室。而听众则守在座位上，一动不动，继续沉浸在美妙的艺术世界里。听过这篇讲演的人，除了当时所受的艺术感染之外，不少人从此对于中国文学发生了强烈的爱好。

从《中国韵文里头所表现的情感》的演讲中，可以看到梁启超的名士风采；从下面两篇演讲中，则能够看出梁启超积极乐观，奋发向上的人生哲学。1922 年 4 月 10 日，梁启超为直隶教育联合研究会作了《趣味教育与教育趣味》的演说，8 月 6 日又为东南大学学员作了《学问之趣味》的演说，两篇演说贯穿着一个题旨，即以积极乐观的态度对待人生，追求生活的趣味，实现人生的价值。他在《趣味教育与教育趣味》中说：

> 　　假如有人问我，你信仰的什么主义？我便答道：我信仰的是趣味主义。有人问我，你的人生观拿什么做根底？我便答道：拿趣味做根底。我生平对于自己所做的事，总是做得津津有味，而且兴奋淋漓，什么悲观咧、厌世咧，这种字面，在我所用的字典里头可以说完全没有。我所做的事常常失败——严格的可以说没有一种不失败——然而我总是一面失败一面做，因为我不但在成功里头感觉趣味，就在失败里头也感觉趣味。我每天除了睡觉外，没有一分钟一秒钟不是积极的活动，然而我绝不觉得疲倦，而且很少生病。因为我每天的活动有趣得很，精神上的快乐，补得过物质上消耗而有余。
>
> 　　我是个主张趣味主义的人。倘若用化学化分"梁启超"这件东西，把里头所含一种原素名叫"趣味"的抽出来，只怕所剩下仅有个零了。我以为，凡人必常常生活于趣味之中，生活才有价值，若哭丧着脸捱过几十年，那么生命便成沙漠，要来何用？中国人见面最喜欢用的一句话："近来作何消遣？"这句话我听着便讨厌。话里的意思，好像生活得不耐烦了，几十年日子没有法子过，勉强找些事情来消他遣他。一个人若生活于这种状态之下，我劝他不如早日投海。我觉得天下万事万物都有趣味，我只嫌二十四点钟不能扩充到四十八点，不够我享用。我一年到头不肯歇息。问我忙什么？忙的是我的趣味。我以为这便是人生最合理的生活，我常常想运动别人也学我这样生活。

　　梁启超一生从政欲望高，治学成就大，秘密全在这里。政治上，他屡退屡进，愈败愈勇，从早年投身变法到晚年在野议政，一刻也没有放弃过政治方面的奋斗；学术上，他涉猎面广，跳跃性大，从早年的政治学、经济学、新闻学、法律学、教育学研究到晚年的学术史、文化史、文学史、佛学史研究，无时不沉浸于文化学术的海洋。而所有这一切，都是以趣味做根底。

　　因为，一个人如果在政治上、学术上能感觉到趣味，那么他就会像着了魔似的，废寝忘食，锲而不舍，不知老之将至矣。如此行来，不计政治之荣辱，不问学术之成败，一任兴之所至，乘兴而来，兴尽即迁。这就是造成梁启超政治上毁誉参半，学术上精芜并存的内在性格原因。真是成亦兴趣，败亦兴趣。

　　梁启超的讲演，内容上虽也涉及时政，但多以学术为主，用他的话说，就是"为学问"、"为趣味"、"为艺术"。趣味、艺术方面已如上述，下面再看一篇他在学问方面的演说。应北大哲学社的邀请，梁启超于1922年3月4日、5日，在北大第三院大礼堂作了题为《评胡适之〈中国哲学史大纲〉》的演讲。他首先肯定胡适的《中国哲学史大纲》和梁漱溟的《东西文化及其哲学》是当时哲学界的两部名著，胡适的书"处处表现出著作人的个性，他那敏锐的观察力，细致的组织力，大胆的创造力，都是'不废江河万古流'的"。

　　不过，梁启超说他这篇讲演主要是把他认为胡适书中欠缺或不对的地方指出来。从总的方面看，"胡先生观察中国古代哲学，全从'知识论'方面下手"。这一观察点，梁启超认为是"有益且必要"的。但同时指出，若以此为唯一观察点来考察宗派不同之各家，则未免有"偏宕狭隘之毛病"。就具体方面说，胡书有下列缺点：一、"把思想的来源抹杀得太过了"；二、"写

时代的背景太不对了";三、"应否从老子起还是问题";四、
"这部书讲墨子、荀子最好,讲孔子、庄子最不好"。换句话说,
"凡关于知识论方面,到处发见石破天惊的伟论;凡关于宇宙
观、人生观方面,十有九很浅薄或有谬误"。梁启超认为,胡适
说的"庄子发明生物进化论",并非庄子精神所在。庄子的精神
在"天地与我并生,而万物与我为一"这两句话上,这是孔子
和庄子所共同追求的理想境界。但两人实现这一境界的方法又
有所不同,孔子是从日常活动上去体验,庄子则要"外形骸"
去求它;孔子是"游方之内",庄子是"游方之外"。梁启超在
指出胡书某些不足的同时,对书中的精彩之处也特予赞赏,如
他说胡书"第七篇讲的墨子,第八篇讲的别墨,都是好极了,
我除了赞叹之外,几乎没有别的说"。

胡适认为,梁启超在北大讲演公开批评他的著作,是梁
"不通人情世故的表示"。他第一天没有出席讲演,第二天才勉
强到会,并对梁的批评进行答辩。他认为梁的孔、庄理想境界
相同说,未免太奇特了,完全是卫道者的话,使他大失所望。

平心而论,梁启超的这一观点还是颇有道理的。以孔子和
庄子为代表的儒道两家哲学,同源而异流,两家既双峰对峙,
势如水火,又相互联系,相互呼应。孔子哲学提倡学而不厌、
身体力行,以立德、立功、立言,参与社会政治为己任,注重
研究伦理道德问题,而对宇宙构成之类的道体问题则悬置不论,
即所谓"六合之外,圣人存而不论"(《庄子·齐物论》);庄子
哲学主张弃文就朴、探本究源,以明达万物之本,洞晓天地之
体为理想,致力探索宇宙本体问题,而对社会物事则采取超然
齐一的态度,即所谓"以本为精,以物为粗,以有积为不足,
淡然独与神明居"(《庄子·天下》)。

　　然而，孔、庄哲学虽各有侧重，但最终又能同归于自然之体，一致于人生之用。具体来说，孔子哲学尚用而不舍体，言器而不弃道；庄子哲学则言体又讲用，主道又怀器。因为无论是孔子还是庄子，都不可能完全超越时代，彻底摆脱人生。面对"人间世"，孔子和庄子分别本着实用和大用的态度来完善自我，追求理想。孔子认为，时可补，世可救，故曰："郁郁乎文哉，吾从周。"（《论语·八佾》）强调忠孝、名理、秩序，提倡"知其不可而为之"的积极向上的人生观，而一声"吾与点"的喟叹，又把孔子的人生哲学推向了天地的境界；庄子则认为，时不可补，世不可救，故曰："上与造物者游，而下与外死生无终始者为友。"（《庄子·天下》）追求适性、自然、逍遥，提倡清静无为的处事态度，而一篇《应帝王》的实质，又把庄子的宇宙哲学推向了人生的顶峰。天下殊途而同归，各家百虑而一致。冯友兰先生在《新原人》中明确指出：孔子具有一种"以天地胸怀来处理人间世务"，"以道家精神来从事儒家业绩"的"天地境界"。这大概就是孔子与庄子具有相同的理想境界的另一种说法。

　　梁启超对先秦诸子学术有精深的研究，所以他对胡书的分析鞭辟入里，批评也多切中肯綮。而胡适对先秦哲学也是学有专精，《中国哲学史大纲》又为该领域的开山之作，书中创获甚多。因而，他对梁的批评颇为不服，仗着少年气盛，胡适在答辩中，对梁的批评意见逐条反驳。显示了他非凡的才华和倨傲的性情。两位大学者一批一驳，使得这场讲演精彩万分，令听众大开眼界，喝彩不已。

　　当时在场听讲的陈西屏后来回忆说："任公的讲演。经过了长时间的准备，批评都能把握重点，措词犀利，极不客气，却见风趣，引导听众使他们觉得任公所说的很有道理。第二天留下一半的时间让胡适先生当场答辩。胡先生对第一天的讲词似乎先已看到记录，在短短40分钟内，他便轻松地将任公主要的论点一一加以批驳，使听众又转向于胡先生。如果用'如醉如狂'来形容当时的听众的情绪，似乎不算过分。"

那么，听众为什么会出现这种两边倒的情况呢？这是因为《中国哲学史大纲》一方面在思想上取得了突破性的"大变革"，它从老、孔讲起，将圣经与诸子平列供人评论，这就打破了封建时代沿袭下来的不准议论古代圣贤的禁例，另一方面在学术上又"并没有真正新的开创，并没有建立能为后人继续扩展开拓的理论范式或基本范例"（李泽厚：《中国现代思想史论》）。因而，当梁启超从学术的角度来批评该书时，它便显得漏洞百出，故此听众"觉得任公所说的很有道理"；而当胡适从思想的角度为其书辩护时，它便又显得价值倍增，所以"听众又转向于胡先生"。这是思想与学术的不同，也是听众情绪转变的奥秘之所在。

执教清华

从1920年初梁启超欧游归来，至1929年初他因病逝世，在这近10年的时间里，他或办教育，或建社团，或事讲演，或议时政，计划不可谓不多，活动不可谓不积极，但他的主要精力却始终放在教书著述方面。这期间，梁启超身兼清华、南开、东南几所大学的教授。1921年秋，他在南开大学主讲"中国文化史"，后来以此讲稿整理出版了《中国历史研究法》；1922年秋冬间，他又赴东南大学讲授"中国政治思想史"，该讲义后来编成《先秦政治思想史》一书。当然，梁启超执教时间最长，倾注爱心最多的还是清华学校。

清华学校（辛亥革命前称"清华学堂"）创建于 1911 年，它是利用美国政府退还的部分"庚子赔款"为经费建立起来的，学校的主要任务在于培养赴美留学的学生，实际上是一所留美预备学校。这一性质决定了清华学校的学制与管理都和一般学校有所不同。学校分中等科和高等科两部分，学制各为 4 年，学生毕业后即被送到美国留学，每年招考学生的名额，按照各省分担的"庚子赔款"的比例分配；行政方面，学校不归教育部管理，而属外交部管辖，学校的重大事宜，如校长人选，一般由美国驻华公使馆决定，由外交部任命。

清华学校位于北京海淀西北的清华园内，清华园原是清朝皇室赐园，与圆明园、朗润园共称西郊三大名园，大门上的"清华园"三字为大学士那桐所题。这里环境幽雅，绿草如茵。梁启超十分喜欢这所学校，他在担任司法总长时期，就到清华学校作过几次讲演，以后又不时来清华园小住。在一次以"君子"为题的讲演中，他引用《易经》上的两句话："天行健，君子以自强不息；地势坤，君子以厚德载物，"要求清华学生都成为"名高任重"、"望之俨然"的"真君子"。后来，清华校方即以"自强不息"、"厚德载物"作为清华的"校训"。1914年底，梁启超假馆清华，著成《欧洲战役史论》一书；1915 年春，他又欣然为清华学校中等科四年级学生《毕业纪念册》作序，一吐心中对该校的爱悦之情，说自己在城市接触社会的污秽面，倍感绝望，但是在清华，却能感受到一线光明，看到希望。或许正是出于这份特殊的感情，梁启超让思成、思永、思忠几个儿子都在清华读书，后来还极力为思成在该校谋职。

梁启超在清华学校的教书讲学活动可以分为前后两个时期：前期为 1920 年至 1924 年在清华兼任课程，主要为高等科的学生讲学；后期是 1925 年至 1927 年在清华担任导师，主要为研究院的学生授课。

1920 年冬，梁启超应清华学校之聘，为该校学生作系列讲学，题目是"国学小史"。开始梁启超只准备讲 10 次，但陆续讲下来却有 50 多次，讲稿厚达一尺。后来，他应学生的要求，取出其中讲墨子的部分，略加删订，成《墨子学案》一书。1922 年春夏间，梁启超又为清华学生系统讲授"五千年史势鸟瞰"，《中国历史上民族之研究》《地理及年代》《最初可纪之年代》各篇，均是从这一课程讲稿中辑出。

清华学校的课程分为西学部和国学部两类，由于学校的性质所决定，西学部课程极受重视，国学部课程则倍受冷落。因为学校规定，学生国学课程不及格，西学课程及格，可以毕业；国学课程及格，西学课程不及格，则要留校，不能出洋。有了这样的规定，清华学生的国学成绩可想而知。为了扭转这种状况，"学校当局指定十来部有永久价值的古书，令学生们每学期选读一部或两部，想令他们得些国学常识，而且养成自动的读书能力"。于是，清华又请梁启超把这十几部书的大致内容给学生们讲一讲。

从 1923 年 9 月起，梁启超每隔一星期来清华讲一次，一个学期下来，共讲了《论语》《孟子》《史记》《荀子》《韩非子》《左传》《国语》《诗经》《楚辞》《礼记》等十几部书。本来打算还讲一个学期，因为妻子李蕙仙病重，不久又去世，梁启超没有心思再讲课，只好向学校辞职，把这门课停了下来。这门课开出后，很受学生的欢迎，在社会上也产生了很大的影响，

"各处纷纷函索传抄"课程讲义，弄得清华学生"不胜其扰"。1925 年《清华周刊》要编辑丛书，学生便把这门课的讲义当作第一种付印了。这就是我们现在看到的《要籍解题及其读法》一书。

梁启超对清华学生的国学修养十分重视。1923 年 4 月，他在北京西郊翠微山养病时，就应《清华周刊》之请，为清华学生撰写了一篇《国学入门书要目及其读法》，从"修养应用及思想史关系书类"、"政治史及其他文献学书类"、"韵文书类"、"小学书及文法书类"、"随时涉览书类"五个方面，为学生开列了治国学的应读书目，并略示读书门径。

此外，他还为非治国学的同学开列了一个"最低限度之必读书目"，其中包括：《四书》《易经》《书经》《诗经》《礼记》《左传》《老子》《墨子》《庄子》《荀子》《韩非子》《战国策》《史记》《汉书》《后汉书》《三国志》《资治通鉴》《宋元明史纪事本末》《楚辞》《文选》《李太白集》《杜工部集》《韩昌黎集》《柳河东集》《白香山集》及其他词曲集。他说以上各书，无论学文、学理、学工的学生，都需要读一读，否则就算不上中国的读书人。

有趣的是，胡适对梁启超所开的书目颇不以为然，并公开地批评了一通。于是《清华周刊》派梁实秋去访问胡适，请他也开一个书目，并登在《清华周刊》上。梁启超看到胡适的书目，也很不以为然，撰《评胡适之的〈一个最低限度的国学书目〉》，指出胡适的书目是"不顾客观的事实，专凭自己主观为立脚点"；是"把应读书和应备书混为一谈"。两位治国学的大师观点不一，立足点各异，因而所开的书目也有很大的差别，这本是情理之中的事。但胡适开的"最低限度的国学书目"里，没有《史记》《汉书》和《资治通鉴》，反有《三侠五义》《九命奇冤》之类的书，多少有点让人感到这位新文化运动的旗手，对国学的理解也确实太新了。

1924 年，清华学校聘请范源濂、胡适、张伯苓、张福运、丁文江五人为大学筹备顾问，准备改办大学。1925 年，学校成立了以校长曹云祥为首的"临时校务委员会"，负责改组工作，计划第一步先将清华学校改组成大学部、留美预备部和研究院三部分，第二步到 1929 年旧制学生全部毕业，留美预备部即停办，清华遂成为正式大学。

大学部"以在国内造就今日需用之人材为目的，不为出洋游学之预备"。在成立大学部的同时，学校又增设了一个研究院，先立国学门，故又称"国学研究院"，由原清华毕业留美回国后又被聘为清华西洋文学教授的吴宓担任主任委员，负责筹备工作。

另外校长曹云祥又请他留美时的老同学胡适代为设计一个筹办研究院的计划。胡适参照我国古代书院讲学方式和英美学院教学方式，搞了一个中西合璧的研究院计划，主张以科学的方法整理国故，专任教授称导师，以示学术地位高于一般大学的教授，年轻的教师称讲师，办公室设主任一人，管理杂务。

曹云祥又请胡适担任导师，胡适谦逊地说："非第一流学者不配作研究院的导师，我实不敢当，你最好去请梁任公、王静安、章太炎三位大师方能把研究院办好。"并偕曹到地安门内织染局 10 号拜访王国维，王接受了聘请，同意担任国学研究院的导师。

梁启超本来就与清华关系较深，加之他当时欲在南开筹办文化学院一事因经费问题而受挫，所以当清华教授庄泽宣与他商量，"何不将此院设于清华"时，他便又鼓起了兴致。双方经过几次磋商，"此议逐渐变化，便成立了今日之研究院"。

梁启超不仅自己极乐意来研究院担任导师，而且还积极推荐陈寅恪任研究院导师。据曹聚仁回忆："当梁启超向曹校长推荐陈寅恪先生任研究院导师时，曹问：'他是哪一国的博士？'梁答：'他不是学士，也不是博士。'曹又问：'他有没有什么著作？'梁答：'也没有什么著作。'曹说：'既非博士，又没有著作，这就难了。'梁笑道：'我梁某不也没有博士学位，著作算是等身了，却还比不上陈先生寥寥几百字有价值。好吧，你不要请，让他留在国外吧！'接着，梁氏便提出了柏林大学、巴黎大学的几位名教授对陈氏所推誉的话，曹校长也就聘陈氏回国在研究院任导师了。"

章太炎因不愿在北京与那帮清朝遗老和保皇派搅到一起，所以没有接受聘请，清华后来改聘赵元任为导师。研究院有王、梁、陈、赵这样一流的学者为导师，另有李济任讲师、陆维钊、梁廷灿、章昭煌、赵万里、浦江清等人任助教，吴宓任主任，负责行政工作，教师阵容之强盛，堪与北大文科相媲美。

1925 年 9 月 1 日，清华国学研究院与大学部同时开学。但研究院与大学部的教学却没有什么关系，它培养的是"以著述为毕生事业"的国学研究人才，招生的对象是大学毕业和"经史小学有根底"的学生。学生以自修为主，研究期限一般为一年，特殊情况下，也可经导师批准，延长至两年或三年。研究院的课程分"讲课"和"专题研究"两类，此外还有"临时演讲"。讲课的内容主要是国学基本知识、治学方法等；专题研究则由学生在导师担任的指导学科范围内选定题目，作为一学年的研究课题，导师负责个别指导。

梁启超于 9 月 9 日左右到清华就职，住在北院教员宿舍 2 号，有四间半房子，都是自己租的。王国维也租了两间，并于 4 月 25 日移居清华园。7 月，研究院在北京、上海、武昌、广州等地，同时招收第一届研究生。为了确保招生工作顺利进行，梁启超 4 月份就开始研究考试问题，在与王国维函商后，他提出了严密而科学的考试方法：考题兼顾广博与专深，重理解力而不偏废记忆力；初试复试结合，笔试口试并举，既有开卷又有闭卷。为了解考生的研究能力，考生还须递交"旧作"，即已有的学术成果。所有这些措施，都是为了达到搜罗优秀人才之目的，尽量避免"幸中"与"遗珠"。经过严格筛选，第一届研究生录取名单于 7 月底确定，其中佼佼者有高亨、赵邦彦、孔德、王庸、汪吟龙、方壮猷等，他们中的不少人后来成为各学科的大师。这套严密而科学的考试方法，在研究院以后的招生考试中一直保持了下去，稍后考入研究院的姜亮夫先生对此有亲身的感受，他在《忆清华国学研究院》一文中，详细谈了入学考试的问题。

梁启超住进清华，便立即投入到紧张繁忙的教学工作中。他一面指导研究生，一面编写讲义，给学生上课。他说："校课甚忙——大半也是我自己找着忙——我很觉忙得有兴会。新编的讲义极繁难，费的脑力真不少。"梁启超在清华国学研究院开设的课程有："中国文化史"、"儒家哲学"、"读书示例"、"历史研究法"、"古书真伪及其年代"等。

1925 年秋冬，梁启超开始为研究生系统讲授"中国文化史"课程。他口敷笔著，昼夜不舍，至 1926 年春，讲完了"社会组织"部分。此时，他因便血病加重，入北京德国医院治疗，3 月又转入协和医院，做割肾手术，课程因此停下来。这就是我们现在只能看到《中国文化史·社会组织篇》的原因。

出院后，梁启超曾去北戴河休养一段时间，朋友都劝他在清华告假一年，好好休息，可是他实在舍不得暂离清华。9 月 8 日清华开学，梁启超又如期到校，给学生上课了。由于身体尚虚弱，也为了使家人和朋友放心，他决定这学期每周上课堂讲授仅 2 小时，在研究室接见学生 8 小时，且不编讲义，由周传儒、姚名达、吴其昌几位研究生做笔录。这在今天看来已是不轻松的工作，可对梁启超来说却是从未有过的清闲。就这样，从 10 月 6 日起，他又扶病登坛，复开讲座，每周 2 小时，为学生讲授"历史研究法"，绵延至 1927 年 5 月底，学期结束了，课程尚未讲完。本拟开学后接着讲，可是入秋以来，他病情加重，弱不能劳，课程不得不停下来，斯讲遂成绝响。所以，我们现在看到的《中国历史研究法》（补编）中，有"地方的专史"和"断代的专史"两个分论略阙在那里。梁启超的高足姚名达曾担任部分笔录工作，他不无感慨地说，《中国文化史》《史法补编》无法最终完成，是国人的不幸，也是梁启超的一大遗憾。

梁启超每学期讲课总在两门以上，他在系统讲授"中国文化史"、"历史研究法"的同时，还开设了"读书示例"、"古书的真伪和辨别方法"的课程，以帮助学生掌握读书做学问的方法。

讲"读书示例"课程时，梁启超指出读书当分三个步骤，第一步是"鸟瞰的"，即要了解原书的大纲；第二步为"解剖的"，即将原书特别重要的几点经解剖而提出来。第一步贵在能总揽其大体，第二步贵在应用精密的眼光、艰苦的工夫，以研求之。然而，这两步皆属于智识一方面，真正的学问尚有修养一方面在后，这就是第三步，领会学习原书所体现的道德精神。

如此由智识而修养，由为学而为人，读书的目的才算全部达到。这一课程是结合分析具体古书展开的，我们现在看到的《荀子正名篇》释义、《庄子天下篇》释义，就是吴其昌在听这门课时所作的笔记。《庄子》以后，梁启超卧病辍讲，这门课也就停开了。

1927 年 2 月至 6 月，梁启超便血病时愈时发，而此时清华课程却有增无减。他不仅要带研究生，还要指导大学部的学生。尽管如此，梁启超还是抱病开设了"古书真伪及其年代"的课程，并同时在燕京大学讲授该课程。姜亮夫说，他在清华国学研究院听课，"最受益的是梁任公先生课，其中任公先生讲的'古书的真伪和辨真伪方法'等内容至今都没忘"。他还说，梁启超在上"古书真伪及其年代"课时，"从多方面多角度对先秦古籍来一个全面系统总结。讲课中他从校勘、考证、训诂以及学术系统来分析书的真伪及其年代，而又随时总结某一问题，总结时，经常拿几种书来比较，因此我对古书全貌大体了解了，问题也知道，整理古书方法也知道，不仅使我细致得到读古书方法，同时打开了读书的眼界。任公先生另一个长处是经常运用当代日、美、英关于某些问题的见解，使我眼光不仅放在中国学人的观点上，而且接触外国一些东西。这是使我广开学术道路的第一阶段"。

6 月 3 日，课程结束后，梁启超离开清华，本想回天津，可是第二天，他突然得悉王国维于 3 日投昆明湖自杀的噩耗，便又赶回学校，料理王国维的后事及研究院未了之事。关于王国维自杀的远因近由及其学术成绩，梁启超是这样说的：

静安先生自杀的动机，如他遗嘱上所说："五十之年，只欠一死，遭此世变，义无再辱。"他平日对于时局的悲观，本极深刻。最近的刺激，则由两湖学者叶德辉、王葆心之被枪毙。叶平日为人本不自爱，也还可说是有自取之道，王葆心是 70 岁的老先生，在乡里德望甚重，只因通信有"此间是地狱"一语，被暴徒拽出，极端箠辱，卒致之死地。静公深痛之，故效屈子沉渊，一瞑不复视。此公治学方法，极新极密，今年仅五十一岁，若再延寿十年，为中国学界发明，当不可限量。

料理完王国维的丧事，梁启超于 6 月 8 日返回天津寓所。由于病情加重及时局动荡诸原因，他打算"下半年十有九不再到清华，趁此大大休息年把"。梁启超的清华执教生涯算是到此结束了，但是他还是清华的教授和董事，秋天开学甚至还到校工作过几天，不过再也没有讲学了。到 1928 年 6 月，他完全辞退了清华的职务和研究院的工作。其间，他曾多次表示"独与清华不能无拳拳"，"我极舍不得清华研究院"的爱悦心情。

王国维去世，梁启超离校，研究院失去了两大"台柱"，元气大伤，许多课程开不了，已经到了无法再办下去的地步。1929 年学校正式宣布撤销国学研究院，把教师分别转入大学历史系和文学系。

国学研究院成立 4 年来，经过梁启超等几位导师的努力，在文史研究方面取得了突出的成绩，在治学方法上，"分别对中国的传统考据方法、东洋的微观研究方法以及西洋的宏观研究方法有所吸收，在此基础上创立了一种学不分古今、亦无分中外、微观与宏观相结合、史料辨析与理论阐释融合为一体的'贯通法'"（胡伟希：《清华学派与中国现代思想文化》）。这一方法就是梁启超他们"参照从前大师讲学的办法——更加以最新的教育精神"创造出来的"一个新学风"。梁启超在研究院时还经常鼓励学生："做人必须做一个世界上必不可少的人,著书必须著一部世界上必不可少的书。""若做学问家,便当做第一流的学问家,能发前人所未发而有益于后人。"研究院的学生没有辜负梁启超的希望,他们中的许多人,如高亨、王力、刘盼遂、刘节、谢国桢、姚名达、吴其昌、朱芳圃、徐中舒、陆侃如、裴学海、姜亮夫等等,从这里走出来,成为全国第一流的学者,成为各个学科的大师。

运动国民

护国战争结束后,梁启超想做一个"在野政治家",即"在言论界补助政府匡救政府"。但这一愿望并没有实现,他很快又出任段阁财长,卷入政治漩涡,成为"在朝政治家"。欧游归来,梁启超虽然信守第三次脱离政治的宣言,然而正像他自己所说,一个有着20多年政治生涯的人,"骤然完全脱离,原属不可能之事"。所以,梁启超晚年虽然致力于文化教育事业,但是政治兴味仍然十分强烈,他力图将文化学术活动与现实政治活动结合起来,开创一种新生活。在给孩子们的书信中,他反复表露了自己的心迹:

> 我近来政治兴味并不减少,只是并没有妨害著述事业。
>
> 我对于政治上责任固不敢放弃,故虽以近来讲学,百忙中关于政治上的论文和演说也不少,但时机总未到,现在只好切切实实下预备工夫便了。

国事局面大变，将来未知所届，我病全好之后，对于政治不能不痛发言论了。

但中国现在政治前途像我这样一个人绝对的消极旁观，总不是一回事，非独良心所不许，事势亦不容如此。我已经立定主意，于最近期间内发表我政治上全部的具体主张，现在先在清华讲堂上讲起，分经济制度问题、政治制度问题、社会组织问题、教育问题四项。

我现在虽没有直接作政治活动，但时势逼人，早晚怕免不了再替国家出一场大汗。

本着这样的想法，梁启超晚年一面从事文化教育事业，进行读书著述活动；一面关注国家政治斗争，不断发表时评政论，将知识关怀与政治关怀这"两者太不相容"的极端，相融于一身，以一名文士的身份，提出自己的政治主张，参与现实政治活动，成为名符其实的"在野政治家"，以至同人不得不为他担心。傅治曾对张东荪说："一言以蔽之，则任公仍在浮处用力，不在实处用力，仍于政治方面有泛运动之兴趣，不于社会方面下筑基础之苦工，思前顾后，可为寒心。人生几何，何堪再误。"不过，话又说回来，不如此梁启超也就不叫梁启超了。他一生所关心的既不是政治上的荣与辱，也不是学术上的成与败，而只是凭着一腔政治热情，一股学术兴味，在人生道路上不知疲倦地奋斗着，努力迈向那"铁肩担道义，妙手著文章"的理想境界。

梁启超欧游归来，政治兴味很快就被当时的现实政治刺激起来。1918 年 5 月，孙中山见护法运动毫无进展，便离开广州去上海，临行前他愤然发表宣言，指出南北军阀都是一丘之貉。

护法运动失败后，军阀内部的矛盾进一步加剧，为了争夺权力，各派军阀在帝国主义的操纵和支持下，展开了一系列混战。南北互战引起北方内战，省与省战导致省内互战；大战争套着小战争，小战争酿成大战争。今天你联合我来打他，明天我又联合他来打你。直皖战争、直奉战争相继爆发。政治局势波谲云诡，扑朔迷离，国家处于动荡不安之中，人民陷入水深火热之中，真是国无宁日，民不聊生。

梁启超回国后，面对的就是这样一种政治局势。作为"在野政治家"，他不敢放弃自己肩上的责任；作为文化名士，他又只能从舆论上表达自己心中的政见。当时，梁启超在政治上为中国社会开出的第一剂救时药方，就是运动国民，掀起一场国民运动。

梁启超认为，"现在我们第一个灾星，是南北军阀恶狠狠地在那里包揽把持"，要打破这种局面，办法只有一个，即开展"国民运动"。什么叫"国民运动"呢？第一要不是政客式的运动；第二要不是土豪式的运动；第三要不是会匪式的运动，是要全国真正良善人民的全体运动。

梁启超的这一主张与他以前的政治活动颇不相应。我们知道，梁启超自戊戌变法投身政治以来，一直走的是一条运动上层的"贤人政治"的道路。他先是把希望寄托在光绪皇帝身上，后来又把希望转移到袁世凯、段祺瑞身上，企图利用皇帝的权力或军阀的势力，实现他的宪政理想。几经奋斗，终归失败。事实无情地告诉他，此路不通。欧游归来，他的思想发生了很大的变化，在对先前资产阶级革命派与改良派所走过的政治道路进行一番深刻反省之后，他终于认识到民主政治的靠山是广大国民，而不是少数贤人。他指出：

从前有两派爱国之士，各走了一条错路。甲派想靠国中固有的势力，在较有秩序的现状之下，渐行改革。谁想这主意完全错了，结局不过被人利用，何尝看见什么改革来。乙派要打破固有的势力，拿什么来打呢，却是拿和他同性质的势力，说到："你不行，等我来。"谁想这主意也完全错了，说是打军阀，打军阀的人还不是个军阀吗？说是排官僚，排官僚的人还不是个官僚吗？一个强盗不惟没有去掉，倒反替他添许多羽翼，同时又在别方面添出许多强盗来。你看这几年军阀官僚的魔力，不是多谢这两派人直接间接或推或挽来造成吗？

那么，两派本心都是爱国，何故会产生祸国的后果呢？梁启超认为，这是"两派有个共同谬见，都是受了旧社会思想的锢蔽"，根本不知道"民主主义的国家，彻头彻尾都是靠大多数国民，不是靠几个豪杰"。所以，"从前的立宪党，是立他自己的宪，干国民什么事；革命党也是革他自己的命，又干国民什么事"。而这正是与民主主义运动的原则背道相驰的，20 多年来两派所遭受的种种失败，原因都在这里。梁启超呼吁两派都要从中吸取教训："甲派抛弃那利用军人利用官僚的卑劣手段，乙派也抛弃那运动军人运动土匪的卑劣手段，各人拿自己所信，设法注射在多数市民脑子里头，才是一条荡荡平平的大路。质而言之。从国民全体下工夫，不从一部分可以供我利用的下工夫，才是真爱国，才是救国的不二法门。"

梁启超的这一政治主张不是从天上掉下来的，它与当年鼓吹的"新民"学说有着内在的必然联系。20 世纪初，梁启超在《新民说》里强调了国民改造的重要性，他的"新民"说就是要提高国民的素质，为实现民主政治作准备。然而，这一时期梁启超的"新民"学说与"贤人政治"同时并存，社会思想与政治活动处于游离状态。经过几年的政治斗争实践，梁启超"贤人政治"的幻想破灭了。现在，他又开始关注全体国民问题。

欧游归来，梁启超发表了一系列文章和讲演，系统地阐述了他的国民运动观点。1921 年 12 月 20 日，梁启超应北京高师平民教育社的邀请，作了题为《外交欤？内政欤？》的演讲，集中论述了开展国民运动应注意的几个方面的问题。他首先指出，国民是国家构成的分子，共和政治的基石全在国民。因而，"非国民经过一番大觉悟大努力，这种政治万万不会维持"。如果国民不愿、不能或不会管政治，那么就只有任人宰割，碰着个把圣君贤相，便过几年安稳日子；碰着那般昏君国贼，便只好随他蹂躏。那么，怎样才能使国民愿意管政治、能够管政治、会管政治呢？梁启超认为，这就要靠国民运动来使国民表示愿意管政治的意志，争取能够管政治的权利，练习会管政治的技能。一句话，国民运动便是共和政治唯一的生命。所以必须开展国民运动。

开展国民运动的意义在于：第一，能使多数人懂得政治是怎么一回事。国民运动的作用，首先是把向来不成问题的事项渐渐都变成问题，其次是把向来少数人注意了解的问题变成多数人都注意了解的问题。这便是政治智识普及国民的唯一捷径；第二，能使多数人认识且相信政治生活有改进的可能性。国民运动就是由少数被统治者的自觉和努力，唤起多数人的自觉和努力，如此一来，统治阶级必然被降服，被统治阶级定能解放；第三，能使多数人养成协同行动的观念和技能。人类是社会性的动物，除了互助协作外，不可能做成大事，而国民运动正是多数人的群体行动，能够培养互助协作的习惯和技能。

此外，开展国民运动还要注意 10 个方面的问题：第一，要积极的不要消极的；第二，要对事的不要对人的；第三，要公开不要秘密；第四，要在内地不在租界；第五，问题要大要普遍；第六，问题要简单明了；第七，要分段落；第八，运动主体要多方面；第九，运动不妨断续但要继续；第十，不要问目前的成败。

最后，梁启超还提出目前国民运动的主题。他说："我以为目前最痛切最普遍最简单的，莫如裁兵或废兵这个大问题。我们应该齐集在这面大旗底下，大大的起一次国民运动。"为什么要以废兵为主题呢？因为几百万兵在国内，什么事情也办不成，还造成了极大的浪费，如果让几百万兵变回人民，则什么事都有办法，还省下了一大笔军费。所以，废兵运动无论从政治实际上看还是从国民政治教育上说，都是极重要极适当的问题。他还建议废兵运动要分几个步骤进行："首先，用一些人来具体研究一下废兵问题，看看中国到底是否要兵，要多少兵，要什么样的兵，裁兵费要多少，怎么筹法，怎么用法等等；其次，把研究的结果宣传出去，造成一种舆论，求得各界的理解和同情；第三，有了舆论后就要采取实际行动，举行一次或数次联合的大运动，即示威游行。"

为了在舆论上为"废兵运动"制造声势，梁启超决定以他主编的《改造》杂志为阵地，宣传"废兵"主张。《改造》杂志原名《解放与改造》，是由张东荪等研究系成员在 1919 年 9 月创办的。梁启超回国后即着手整顿这份杂志。从 1920 年 9 月第三卷第一期起，将其更名为《改造》，同时体裁和内容也有很大的变化。本来，《改造》第一期拟以"新文化我观"为主题。梁启超觉得这一主题"略嫌空泛，且主张各不同，易招误会"，转而提出以"废兵运动"为主题,认为"此最投合国民心理,且可以有许多切实之谈"。

在梁启超的鼓动宣传下,1922 年"双十节",北京举行了大规模的国民裁兵运动大会。梁启超对这次运动给予了高度评价,认为它是"五四"以后第一次壮举,而且比"五四"更进步。因为:第一,"五四"性质纯属对外的,此次运动却是对内的,所以精神越发鞭辟近里;第二,"五四"全以学生为主体,此次运动各界人士皆有,所以市民的色彩越发浓厚。"废兵运动"以外,梁启超还拟发动制宪运动,作为国民运动的组成部分,但最终没有实现。

关于梁启超的"国民运动"主张,应当从两方面来看:一方面,"国民运动"主张是"新民"学说的进一步发展。梁启超鼓吹这一运动是要呼吁国民行动起来,自觉地投身到现实的政治斗争中去,反对军阀官僚的腐败统治,在斗争实践中培养自己的爱国热情,锻炼自己的参政能力,做一个有益于国家和社会的人。从这一点来说,梁启超不仅跳出了原先"贤人政治"的旧观念,而且找到了一条较为具体的"新民"之路。由"新民"学说到"国民运动",我们可以看出梁启超由致力国民的思想启蒙到关心国民的实际参政能力的转变;

另一方面,梁启超鼓吹的"国民运动"又打上了改良主义的鲜明印记。他仍然反对暴力革命,认为国民只能在法律允许的范围内进行和平请愿活动,幻想以不流血的方式来推进民主,捍卫共和。这样,梁启超就又回到了已经被事实反复证明是走不通的改良主义老路上去了。因而,国民运动闹了一段时间便销声匿迹,也就是情理之中的事了。

提倡自治

20世纪20年代初期，中国社会刮起了一场声势浩大的地方自治风潮，"国内各阶层、各派系，从无拳无勇的文化教育界人士，到政客、官僚和握有军队的大小军阀，一时间，仿佛都变成了联省自治派"。这股风潮的兴起，是与现实政治紧密相关的，民国以来，军人当道，军阀势力盘根错节，专制主义甚嚣尘上。从袁世凯到段祺瑞，均采取武力统一政策，可是结果却令人怵目惊心。仗越打越大，分裂也越演越烈；仗越打越多，国家也越来越穷。

面对这种政治局势，一部分文化教育界人士开始鼓吹"联省自治"运动，以此作为拯救中国战乱和积弱的唯一药方。如章太炎在1920年发表了《联省自治虚置政府议》一文，认为，中国之所以出现动乱，关键在于集权程度太高，总统、总理的权力过大，以至世人皆争，而一旦得到宝座，必然又会用武力打击异己，祸害全国。只有采取联省自治的方法，建立一个弱中央，分权地方，才会避免因争夺中央统治权带来的动乱。

同时，一部分地方军阀和官僚，为了保住自己的地盘和利益免受侵犯，也迫切主张实行联省自治。1920年7月，湘军总司令谭延闿在湘人驱逐北洋军阀张敬尧之后，提出湖南自治，11月又通电全国呼吁实行联省自治。湖南鼓吹联省自治最积极，这是因为湖南自1913年起，就一直在南北两军交战的走廊，战乱频繁，地方糜烂，不仅人民深受其苦，军阀官僚也不得安心。在湖南的带动下，四川、贵州、浙江、云南、广东等南方省份纷纷宣布自治，北方的张作霖也宣布东三省自治。此外还有一

些省份表示响应自治运动。北京、上海、四川等地还成立了
"自治联合会",为联省自治运动推波助澜。

"联省自治"取法美国的联邦制,其基本精神就是用法定形
式给各省区以较大的自治权,减少中央对地方事务的干涉,以
此维护国家的和平与安宁。其具体步骤可以分为三个阶段,"有
省自治而后有联省自治,有联省自治而后有联省政府"。就是说
首先允许各省自治,由各省自己制定一部省宪法,依省宪法各
自组成省政府,治理本省。然后自治的各省派出代表,组成联
省会议,制定联省宪法。最后联治的各省组成一联省政府,使
中国成为联邦制的国家。由于中央不干涉各省的具体事务,各
省又把外交军事大权交给中央,这样就既避免了军阀混战之苦,
又维护了国家的统一。

关于中国到底应该推行中央集权制还是采取地方自治的方
法,梁启超的前后主张是矛盾的。早年他倾心地方自治,他的
家乡茶坑村,在他看来就是地方自治的典范。他在《中国文化
史》中详细介绍了茶坑村的自治组织情况,以备后来治史者借
鉴。流亡日本时期,他把自己有关自治的思想上升为一种社会
理论,写进了《新民说》一书。在《新民说》中,地方自治被
视为民众参政的试验场,被当作"宪政之基"。在他看来,在遵
守宪法和法律的基础上,小到个人,大到整个国家,都能实行
自治,不需要上级的干预。

这样一种地方自治思想与梁启超后来的实际政治主张不尽
相符。因为,民国以来,无论执政的是袁世凯还是段祺瑞,他
们崇奉的都是专制独裁,根本无视法律与国会的存在。在一群
专制独裁者面前讲分权、讲法制、讲地方自治,无异于对牛弹
琴。无奈,梁启超只好收起他的地方自治主张,转而提倡中央

集权制。

为了迎合当权者的需要，他在《新中国建设问题》一文中，否定了中国实行联邦制的可能性，强调中国需要的首先是一个"强固统一的中央政府"。为了使进步党跻身内阁，梁启超在为该党起草的政治大纲中，又把"采取国家主义，建设强善政府"放在首位，从而为袁世凯的专制独裁统治提供了理论依据。袁世凯倒台后，梁启超又积极支持段祺瑞执政，提倡"一院制"，主张省制不应写入宪法，省长不能民选，目的是要建立一个强有力的中央政权，保证段祺瑞用武力维护国家统一。可是，段祺瑞的专制独裁导致了南方的护法运动，南北军阀、皖直军阀之间的矛盾随之加剧，战火重又燃起，分裂进一步加深。梁启超的国家主义、中央集权主张，在事实面前频频碰壁，他只好离开政府，到欧洲去游历考察。

欧游一趟，梁启超的思想又重新回到地方自治上，成为联省自治运动的主要发起人和鼓吹人之一。他在《欧游心影录节录》里列出《自治》一节，认为这是"老生常谈"的话。不过，通过这次欧洲实地考察，他似乎有了一些新的体会，那就是不能坐而论道，必须脚踏实地地干起来。他说："我们国民若是能够有建设北京市会和丰台村会的能力，自然也会有建设中华民国的能力。"所以，他号召大家要做政治运动，就从这些具体的"市会"、"村会"着手，不要搞一些天花乱坠的政治谈。在为《改造》起草的《发刊词》中，梁启超又比较明确地提出了联省自治的主张。他首先强调国民应在"法律上取得最后之自决权"；接着指出"国家之组织，全以地方为基础"，因此中央要缩小权限，"当减到以对外维护统一之必要点为止"；然后又说"地方自治，当由自动"，"各省乃至各县各市，皆宜自动地制定根本法而自守之，国家须加以承认"。

1920 年 7 月湖南宣布自治后，梁启超应熊希龄等人的请求，为谭延闿起草了《湖南省自治法》和《自治法大纲》，作为制定省宪的依据。稍后，赵恒惕继任湘军总司令，梁启超又起草了《代赵恒惕发起联省会议宣言》，指出，民国建立近十年来，之所以纷乱不断，原因在于没有从地方自治的基础上谋求统一，以致于越要统一，分歧越大。而"联省自治，为今后解决时局之唯一办法"。同时还提出了四点主张：一、各省同时制宪；二、在武昌或南京召开联省会议；三、不承认此前一切法律为有效；四、宣布南北两政府都不是合法的统治者。梁启超的建议深合赵恒惕的心意，1921 年 3 月，赵就湖南制宪问题致书梁启超，对梁大加恭维，说他是"政学澜海，国家桢干，流风所被，中外具瞻，必有擘画鸿谟，堪资借鉴"，并派两名高级顾问，"晋谒崇阶，敬求指导"。

就在梁启超得意地为赵恒惕筹划湖南自治事宜的时候，推行武力统一政策的直系军阀吴佩孚已率军南下，准备与宣布自治的湘军开战。这下可急坏了梁启超。因为湘军一旦失败，湖南必然倒向南方政府，而江西亦将随之而去，那时北方的张作霖和南方的孙中山都将成为吴佩孚的劲敌，吴佩孚武力统一的计划不成，他所鼓吹联省自治运动也将泡汤。相反，吴佩孚若能与湖南合作，挟湘军以自重，立即召集联省会议以号召天下，则南北两政府将无可奈何，大势亦可瞬息而定。鉴于对形势的这种分析，也为了解救湖南自治之危，梁启超写了一封信，由快邮径寄吴佩孚，劝其罢兵，加入联省自治运动。此外，梁启超还煞有介事地为吴佩孚起草了《联省会议宣言》。遗憾的是，信奉武力统一的吴佩孚对联省自治根本不感兴趣。1921 年夏，他打败了宣布自治的湘、鄂、川军，做了两湘巡阅使，给正在兴头上的联省自治运动当头棒喝。1922 年 4 月至 5 月间，他又指挥军队与张作霖进行了第一次直奉战争，将张赶回关外，由直系独占北京。接着又打出恢复民约、召集国会的旗号，逼徐世昌去职，黎元洪复为总统，再次给联省自治运动以有力的一击。

在遭受接二连三的沉重打击之后，持续两三年的联省自治运动终归烟消云散。

梁启超等人鼓吹联省自治运动，本意是想借此消弭战乱，争取和平，削弱中央集权制度，表现出他们对北洋军阀的专制独裁统治的一种不满情绪。但是，在当时中国的历史条件下，这种主张是不可能实现的。不要说帝国主义瓜分中国的侵略政策和坚持武力统一的大军阀不允许，就是那些想借"省宪"、"自治"保护自己地盘的地方军阀和官僚骨子里也不赞成联省自治运动。事实上，大军阀也好，小军阀也好，他们无时无刻不在利用一切机会互相攻讦。而根本无视什么"省宪"、"自治"。在湖南、浙江、四川等宣布自治的省区，战乱和纷争从来就没有停止过。所以，联省自治运动并没有也不可能给中国带来和平与安宁。

调和科玄

1923 年春夏间，中国现代思想史上爆发了一场著名的"科学"与"玄学"大论战。论战起于张君劢在清华的一次讲演。

1923 年 2 月，张君劢在清华作了题为《人生观》的讲演，讲稿发表在《清华周刊》第 272 期上。在这次讲演中，张君劢强调了人生观没有客观标准,科学不能解决人生观问题。因为:"第一,科学为客观的,人生观为主观的";"第二,科学为论理的方法所支配,而人生观则起于直觉";"第三,科学可以以分析方法下手,而人生观则为综合的";"第四,科学为因果律所支配,而人生观则为自由意志的";"第五,科学起于对象之相同现象,而人生观起于人格的单一性"。

同年 4 月,丁文江在《努力周刊》第 48、49 期上发表了《玄学与科学》的文章,激烈批评张君劢的观点,说是"玄学鬼附在张君劢的身上",主张打倒"玄学鬼",把科学方法应用到人生问题上。他指出:"科学不但无所谓向外,而且是教育同修养最好的工具。因为天天求真理,时时想破除成见,不但使学科学的人有求真理的能力,而且有爱真理的诚见。无论遇见什么事,都能平心静气去勇于研究,从复杂中求简单,从紊乱中求秩序,拿论理来训练他的意想。"张君劢对丁文江的批评又作了长文答辩,由此引起一场旷日持久、规模巨大、影响空前的"科玄论战"。

中国知识界的一些著名人物,如梁启超、胡适、吴稚晖、张东荪、林宰平、王星拱、唐钺、任叔永、孙伏园、朱经农、范寿康、陈独秀、瞿秋白等,纷纷在《努力周报》《时事新报》《学灯》(副刊)、《中国青年》《新青年》等报刊杂志上发表文章,参加论战。其中,吴稚晖、朱经农、胡适、唐钺等人支持丁文江的观点,称为"科学派";林宰平、张东荪等人附和张君劢的观点,叫作"玄学派";梁启超、范寿康、孙伏园等人对上述两派各打五十板,可视为"调和派";陈独秀、瞿秋白、邓中夏等人则站在马克思主义的立场上阐述问题,代表了当时共产党人的观点。

1923 年 5 月，"科玄论战"正酣之时，梁启超正在翠微山养病。他一方面认为科学与玄学问题是宇宙间最大的问题，这次前所未有的论战是极可幸的现象；另一方面又因与自己耳鬓厮磨的两位老友在论战中成了对垒的两造，而担心他们过分意气反伤了和气，所以，5 月 5 日，他在翠微山以暂时局外中立人的身份，写了《关于玄学科学论战之"战时国际公法"》的宣言，希望把这场论战导入平心静气地为真理而战的途径，为往后学术上乃至政治上一切论战树立楷模。他为论战的双方拟出了两条"战时国际公法"：第一，"希望问题集中一点，而且针锋相对，剪除枝叶。倘若因一问题，引起别问题，宁可别为专篇，更端讨论"；第二，"希望措词庄重恳挚，万不可有嘲笑或谩骂语。倘若一方面偶然不检，也希望他方面别要效尤"。

5 月 23 日，梁启超又在翠微山秘魔岩写了《人生观与科学》一文，对张、丁俩人的观点分别予以批评，从而提出了自己关于"科玄调和"的折衷观点。为了确定辩论对象的内容，梁启超首先给"人生观"和"科学"下了一个定义："一、人类从心界物界两方面调和结合而成的生活叫'人生'。我们悬一种理想来完成这种生活，叫做'人生观'；二、根据经验的事实分析综合求出一个近真的公例以推论同类事物，这种学问叫做'科学'。"

从哲学上分析，丁文江为代表的科学派是以决定论和还元论为哲学依据，张君劢为代表的玄学派是以自由意志论和心物二元论为哲学依据。前者相信科学的对象及威力是无限的，世界上一切事物均可以用科学解决，因此要建立"科学的人生观"；后者坚持经验界的知识为因果的，人生的进化则是自由的，而人生的自由自在不受机械律支配，所以心理、社会和人生无法还原为科学问题，不能用决定论和因果律来解释。在梁启超看来，丁、张两派的观点各有"偏宕之处"，他从折衷的角度，提出了自己的中心论点：

> 人生问题，有大部分是可以——而且必要用科学方法来解决的，却有一小部分——或者还是最重要的部分是超科学的。

从这一折衷的观点出发，梁启超对张、丁两人的观点分别作了批评。他说："君劢尊直觉尊自由意志我原是赞成的，可惜他应用的范围太广泛而且有错误。"因为生活终究不能脱离物界而单独存在，所以"断不能如君劢说的那么单纯，专凭所谓'直觉'的'自由意志'来片面决定"。他强调自由意志应有限制，要与理智相辅而行，不能全部抹杀客观以谈自由意志。这样，"人生观最少也要主观和客观结合才能成立"。

对丁文江相信科学万能的观点，梁启超认为这正和张君劢轻蔑科学是一样的错误。丁文江反复强调要用科学方法辨别是非真伪，以求人生观的统一。这实际上具有建立信仰的意义。因而，梁启超说丁文江"很像专制宗教家口吻，殊非科学者态度"。在他看来，"人生观的统一，非惟不可能，而且不必要；非惟不必要，而且有害。要把人生观统一，结果岂不是'别黑白而定一尊'，不许异己者跳梁反侧，除非中世的基督教徒才有这种谬见，似乎不应该出于科学家之口"。就是说，科学的、理智的事实判断不能取代也不能混淆于伦理的、情感的价值判断，即人生观不能用科学来统一。因为：

人类生活，固然离不了理智，但不能说理智包括尽人类生活的全内容。此外还有极重要一部分——或者可以说是生活的原动力，就是"情感"。情感表现出来的方向很多，内中最少有一两件的的确确带有神秘性的，就是"爱"和"美"。"科学帝国"的版图和威权，无论扩大到什么程度，这位"爱先生"和那位"美先生"依然永远保持他们那种"上不臣天子下不友诸侯"的身份。

最后，梁启超总结了自己的意见，那就是："人生关涉理智方面的事项，绝对要用科学方法来解决；关涉情感方面的事项，绝对的超科学。"

经过折衷调和，梁启超的观点看起来要合理得多。他强调人生大部分问题可以用科学方法来解决，张君劢认为不能用科学方法来解答者，他认为十有八九倒是能用科学方法来解答。几十年过去了，科学的发展已经证明梁启超的这一观点是正确的。同时，他又指出人生小部分问题不能用科学方法来解决，诸如"美"与"爱"之类的情感问题就不能还原为科学。这一论断的深刻性至今依然具在。例如我国美学界关于美的本质的看法，经过几十年的论争还是见仁见智，什么美在客观说、美在主观说、美在主客观统一说等等，不一而足，谁也无法给"美"下一个普遍的、科学的定义。至于"爱"，那就更是"玄之又玄"了。曾几何时，由于受极"左"思潮的影响，社会上和文学界过分强调"爱"的阶级性和社会性，结果不仅在生活中造成了无数的爱情悲剧，而且在文学上窒息了艺术的生命。"情人眼里出西施"，同"美"一样，"爱"也是无法还原为科学的。

值得注意的是，"科玄论战"并非一场单纯的学术论战，它是一场关于"人生观"的争论，"这种人生观的争论又是与选择何种社会改造方案联系在一起的"，论争的真正核心在于："现时代的中国人（特别是青年一代）应该有什么样的人生观才有助于国家富强社会稳定？"（李泽厚：《中国现代思想史论》）对于这场学术论战的政治思想意义，梁启超早就了然于心，他在局外中立人的宣言里，就强调要把论争的问题集中一点，以便"令青年学子对于这问题得正确深造的了解"。梁启超对这场论战的关注与热心，应该说与它所具有的政治思想意义不无关系。

反对革命

梁启超欧游归来，国内的形势发生了很大的变化。十月革命的胜利，给中国送来了马克思主义，社会主义思潮已在中国大地广为传播；"五四"运动的爆发，使正在成长和壮大的中国工人阶级首次登上政治舞台，旧民主主义革命开始向新民主主义革命转化。工人运动与马克思主义相结合，又为中国共产党的建立提供了思想上和组织上的保证。1921年中国共产党正式成立，从此，中国开始了一场由共产党领导的以马克思主义思想为指导的漫长的社会主义革命运动。

此时的梁启超无论在思想上还是在政治上，都没有超出原先资产阶级改良派的界限。欧游归来，他的理想就是致力于文化教育事业，通过社会改良来实现资产阶级民主政治。这一始终不渝的思想方向使他回国后很快就对当时的社会主义运动表示了自己的看法。

在《欧游心影录节录·社会主义商榷》一节里，梁启超对社会主义在中国实行的可能性与必要性提出了质疑。他先是肯定"社会主义，自然是现代最有价值的学说"。同时认为，社会主义的精神与方法"不可并为一谈"。所谓精神，在他看来就是孔子讲的"均无贫和无寡"，孟子讲的"恒产恒心"，这是"绝对要采用的"；至于实行方法，那就要视时代、国家与社会的具体情况而论了。欧洲的社会主义"是由工业革命孕育出来"，因为欧洲的国家生产发达，资本集中，造成了贫富悬绝的现象，所以要用社会主义来矫正它，这是对症下药。"在没有工业的中国"，要把社会主义"悉数搬来应用，流弊有无，且不必管，却最苦的是搔不着痒处"。因为中国当时并没有形成资本家与工人对立的普遍矛盾，所以鼓吹工人与资本家抗争就是"无的放矢"；马克思一派提倡的生产资料国有制，在中国当时的政治状况之下实行起来犹如"杀羊豢虎"。因此，并不是社会主义方法好不好的问题，而是我国用得着用不着的问题。

梁启超的意思很明确，中国当时的主要任务就是全力发展生产，使多数人得一职业，成为劳动者，以维持生存需要。换句话说，中国的当务之急是谋求资本主义的充分发展，"发挥资本和劳动的互助精神"，而不是进行社会主义革命。因而，当中国"工业方当幼稚之时，萌芽是摧残不得，煽动工人去和办工厂的作对"，就"等于自杀"。梁启超还认为，中国要吸取西方的经验教训，在发展生产的同时要"顾及分配"，即"当工业发轫之初，便应计及将来发达以后，生出何种影响"，以便"令工业组织一起手便是合理健全的发展"。这样就可以避免"社会革命这个险关"。如此一来，社会主义这一"太过精辟新奇的学说"，在中国"只好拿来做学问上解放思想的资料，讲到实行，且慢一步罢"。

1920 年 9 月，罗素应邀来华讲学，他认为中国的当务之急是兴办实业，发展教育，而不是宣传和实行社会主义。这种观点与梁启超等人的思想不谋而合。12 月，张东荪在《改造》杂志上发表了题为《现在与将来》的文章，附和罗的观点，树起了反社会主义的旗帜。梁启超紧随而上，于次年 1 月也在《改造》杂志上发表《复张东荪书论社会主义运动》的文章，支持张东荪的观点，全面详细地阐述了《欧游心影录节录》里表达的改良主义思想。

从改良主义的立场出发，梁启超认为资本主义是"社会主义运动不可逾越之阶段"，在中国"劳动阶级"（工人阶级）尚未产生，"生产事业"（近代工业）尚未形成的情况下，要反对阶级斗争，提倡阶级调和，这样才能鼓动资本主义发展，为社会主义运动创造条件。在他看来，当时及稍后中共领导下的工农运动，苏联国内实行的新经济政策以及第三国际在中国的活动等，都超越了社会发展规律，阻碍了中国资本主义的发展，实际上标志着共产主义运动的失败。所以，他对这一切恨之入骨。

1925 年 9 月，他在《与顺儿书》中说："共产党横行，广东不必说了，各地工潮大半非工人所欲，只是共产党胁迫。其手段在闯入工场，打毁机器，或把烧火人捉去。现在到处发现工人和共产党闹事，实是珍闻。"因不忍心坐视"全国水深火热"，他表示一旦蒋百里协助孙传芳作战胜利，他就准备恢复其政治生涯。

同年 10 月，在《复刘勉己书论对俄问题》的信中，他说苏联"是帝国主义"，"俄国人玩的政治，对内只是专制，对外只是侵略"——"全俄人民从前是'沙'的脚下草，现在便照例承袭充当执行委员会的脚底泥；中国从前是'沙'的梦想汤沐邑，现在便是红旗底下得意的抛球场"。他还攻击马克思是"化身的希腊正教上帝"，列宁是"转轮再生的大彼得"。

最后，他又提醒天真烂漫的青年们："听啊！你信仰共产主义，教你信仰的人却并没有信仰。马克思早已丢在毛厕里了，因为侵略中国起见，随意掏出来洗刮一番，充当出庙会的时候抬着骗人的偶像。喂，青年们，傻子，听啊！我老老实实告诉你，苏俄现状，只是'共产党人'的大成功，却是共产主义的大失败。你跟他们走，自己以为忠于主义，其实只是替党人张牙舞爪当鹰犬，和你脑子里理想的主义相去不知几万里。傻子，可爱的青年们，醒过来罢。"

在反对共产党，攻击工农运动，污蔑暴力革命的同时，梁启超对蒋介石和国民党也表示了不满。1927 年蒋介石建立了南京国民政府，但梁启超认为它不能给中国带来希望。这是因为：第一，国共合作后，共产党已成了国民党的附骨之疽，国民党根本对付不了共产党；第二，蒋介石和国民党也不能有效地反抗苏俄。

1927 年 1 月 25 日，梁启超在写给孩子们的信中说："万恶的军阀，离末日不远了，不复成多大的问题；而党人之不能把政治弄好，也是看得见的。其最大致命伤，在不能脱离鲍罗庭、加伦的羁绊——蒋介石及其他一二重要军人屡思反抗俄国势力，每发动一次辄失败一次，结果还是屈服——国民党早已成过去名辞，党军所至之地，即是共产党地盘，所有地痞流氓一入党即为最高主权者，尽量的鱼肉良善之平民。"

3 月 29 日，他在给孩子们的信中又说："蒋介石辈非共产党，现已十分证明，然而他们压制共产党之能力何如，恐怕连他们自己也不敢相信。现在上海正在两派肉搏混斗中,形势异常惨淡,若共党派胜利,全国人真不知死所了。"

为了保住中产阶级的地位,遏制国民革命运动的发展,梁启超鼓励以他为代表的稳健派"拿起积极精神往前干",目标就是在国民党与共产党之外建立一个"第三党",以左右国内的政治形势。当时,所谓"国家主义"者、许多团体、国民党右派一部分人、"实业界"的人以及无数骑墙派,都全力运动梁启超,希望他能站出来,组建一个新政党。

梁启超对他的子女说:"在这种状态之下,于是乎我个人的出处进退发生极大问题。近一个月以来,我天天被人包围,弄得我十分为难。简单说许多部分人太息痛恨于共党,而对于国党又绝望,觉得非有别的团体出来收拾不可,而这种团体不能不求首领,于是乎都想到我身上。"

经过再三权衡,梁启超认为"时机未到,不能答应"。但他也不想让这些人"散漫无纪",于是决定先搞一个"党前运动",即"拟设一个虚总部——不直接活动而专任各团体之联络——大抵为团体,如美之各联邦,虚总部则如初期之费城政府,作极稀松的结合,将来各团体事业发展后,随时增加其结合之程度"。然而,由于病魔深缠,梁启超已无力重返政坛,奔波国事了。这样,"党前运动"没有形成气候,"第三党"也就成了夭亡在娘胎里的孩子。

时代在发展,而梁启超的改良主义思想却没有根本性的变化,这就决定了他对新时期出现的马克思主义、社会主义、工农运动、阶级斗争、暴力革命、共产党以及第三国际等,都必然持对抗态度。坚持改良、反对革命,是梁启超一生基本的政治主张,晚年也不例外。然而,近代中国政治思想界变化发展得特别快，到 20 世纪 20 年代，"革命"似乎已经成了解决中国社会一切问题的唯一政治途径。如此一来，昔日曾代表激进思想的改良派，今日已经成了落后保守的象征。这就意味着梁启超在政治思想领域独领风骚的时代已经一去不复返了。余英时先生曾说："中国近代一部思想史就是一个激进化的过程。"对此，梁启超早有所悟。他在《五十年中国进化概论》一文中，把同治以来 50 年中国政治思想界的进化发展分为三个时期：甲午以前为第一期，甲午到民国六七年的 20 余年为第二期，新文化运动以后为第三期。在第一期，郭嵩焘、张佩纶、张之洞等辈，"算是很新很新的怪物"；到第二期后半段，前两位"怪物"早死，剩下的张之洞"居然成了老朽思想的代表了"，取而代之的是康有为、梁启超、章太炎、严复等辈，他们"都是新思想界勇士、立在阵头最前的一排"；可是到了第三期，"许多新青年跑上前线，这些人一趟一趟被挤落后，甚至已经全然退伍了"。梁启超再也跟不上时代的发展了，他落伍了。

然而，当进化的过程演变为激进化的过程时，历史的悲剧就在所难免了。20 世纪六七十年代的那场史无前例的"文化大革命"，余英时认为就是中国近代思想史激进化过程达到最高峰所产生的结果。今天，当我们痛定思痛，从学术的角度重新审视和评价梁启超当时的思想观点时，就会发现：尽管他用中国古代的大同思想和均等观念来理解社会主义精神是不准确的，他夸大中国资本主义发展的先天不足和否认中国存在劳资矛盾的观点是有失偏颇的，他反对马克思主义、诋毁苏俄、咒骂共产党也都是明显地带有其阶级感情的……但是，我们必须同时承认，他的思想观点中也有一些深刻的见解和合理的因素。

遗憾的是，当时中国的思想界越来越趋于激进，以"革命"

的手段作为社会问题根本解决的方法已成为政治上的主导倾向。在这样的背景下，梁启超思想观点中的那点深刻性和合理性，不唯不足称道，反而要遭到猛烈的攻击和批判。但是，历史是无情的也是公正的。从梁启超逝世到今天，历史在风风雨雨中又走过了将近 90 个年头。这期间，中国、苏联（应该叫前苏联）、欧洲，乃至全世界都发生了巨大的变化，这些变化告诉我们：当初那些看似正确、乐观的激进思想，并没有完全解决中国的问题；而梁启超的那些看似保守、落后的改良主义主张，也并非全无道理，并非都是反动的观点。

第九卷　天丧斯人　痛悼先哲

病魔缠身

时光一天天地流逝，晚年的梁启超却越加忙碌：著述、讲学、操劳家事、担忧国事……然而，令人难以置信的是一直自诩体质素强、疾病极少的梁启超，此时却被病魔缠身。

早在1922年11月，正在南京讲学的梁启超与几位数年未见面的老友相逢，于是开怀畅饮，醉酒后稍感风寒，促使心脏染疾。后到上海请法国医生诊验，结果"的确有心脏病，但初起甚微"。这样梁启超才草草结束东南大学的讲学，于1923年1月由南京起程北返天津，并在北京《晨报》登了一则"称病谢客"的启事，其中说："鄙人顷患心脏病，南京讲课勉强终了，后即遵医命，闭门养疴，三个月内不能见客，无论何界人士枉顾者，恕不面会。"

只是梁启超的活动并未停止，2月17日，他还到车站欢迎杜里舒博士来津讲演。但是他乘坐的马车刚到大马路交叉处，就被街上电车横撞了一下。车撞坏了，人马俱倒，虽然梁启超"仅仅擦破头皮少许，腿上微微酸痛而已"，但"事后回想真危险",以至数月后梁启超在给梁令娴的信里还提到"今年正月初二,我一出门遇着那么一个大险,这回更险几倍,到底皆逢凶化吉,履险如夷,真是徼天之幸"。接着 11 月左右,梁启超多年的痔疮复发,开始他不以为意,好几天后渐觉有点痛楚,方才留心,到汤山住了几月,只是并没有治愈,以后留下了后患。

好像苍天有意折磨梁启超,正当梁启超从心脏病、痔疮、手膀疾痛等生理痛楚中能稍稍解脱出来,从而能"埋头埋脑做我的中国近三百年学术史里头清代学者整理旧学之总成绩一篇",他的旧友、少年时代做学问最有力的一位导师夏曾佑于1924 年 4 月 18 日去世,听到这个消息,这位平生极重感情的人悲哀沉郁的心情不必言说,身体也受到了严重的伤害。

然而自此开始,情感的冲击一波未落一波又起。9 月 13 日,梁启超夫人李蕙仙因患乳癌而卒,这对梁启超的身心刺激可想而知,他当即撰《悼启》一文,接着又有《苦痛中的小玩意儿》等文,孤寂、眷恋、苦痛、失落等感觉尽在其中;第二年的周年祭礼,梁启超又撰《祭梁夫人文》,9 月 29 日,他在给梁令娴的信里说:"我昨日用一日之功,做成一篇告墓祭文,把我一年多蕴积的哀痛,尽情吐露。"1927 年,梁启超还有《鹧鸪天·丁卯中秋李夫人三周忌日》一词:"露气凄微稍见侵,自携瘦影步花阴,屋梁正照无情月,庭树犹栖不定禽。河影没、漏声沉,销磨佳节得孤吟。云鬟玉臂三年梦,碧海青天一夜心。"缠绵沉郁,悲恋不能自胜,有苏轼《江城子》(十年生死两茫茫)之慨。

其实,在梁夫人病情加重之际,梁启超已出现小便带血症状;丧妻之痛的折磨,又使他的"便血"加重。只是他不愿以此连累家人,秘不告人,直到 1926 年 2 月,才在友人规劝下住进了北京德国医院。该院医生不能断定病源所在，只怀疑其膀胱有疾。于是 3 月份转入协和医院，该院诊断其右肾有瘤，建议割除。这时友人或建议其赴欧美就名医诊治或劝其不必割治，只静心调养或延请中医等等。只是梁启超一生笃信科学，他不听劝阻，毅然一任协和处置。可是右肾切除后，才发现协和诊断有误，不仅右肾无恙，而且小便依照带血。这次事故不仅使梁启超身体留下了隐患，而且在文化界掀起了轩然大波。人们围绕"协和医院的责任"、"科学的信赖度"、"生病就医"等问题展开了讨论。例如徐志摩力图摆出公众立场，鲁迅撰文讥讽这场争论……其中陈西滢的《"尽信医不如无医"》一文有较具体的叙述：

腹部剖开之后，医生们在左肾（按：应为右肾）上并没有发现肿物或何种毛病。你以为他们自己承认错误了么？不然，他们也相信自己的推断万不会错的，虽然事实给了他们一个相反的证明。他们还是把左肾（按：应为右肾）割下了！可是梁先生的尿血症并没有好。他们忽然又发现毛病在牙内了，因此一连拔去了七个牙。可是尿血症仍没有好。他们又说毛病在饮食，又把病人一连饿了好几天。可是他的尿血症还是没有好！医生们于是说了，他们找不出原因来！他们又说了，这病是没有什么要紧的！

值得一提的是，正当大家一股脑儿声讨指责协和医院时，梁启超自己却撰文为协和医院辩护。他在 6 月 5 日给梁令娴的信里说："近来因我的病惹起许多议论。北京报纸有好几家都攻击协和（《现代评论》《社会日报》攻得最厉害），我有一篇短文在《晨报》副刊发表，带半辩护的性质。"这篇名为《我的病与协和医院》的文章不仅阐明他"素信西医"，相信科学的道理，而且提出自己的希望："我盼望社会上，别要借我这回病为口实，发出一种反动的怪论，为中国医学前途进步之障碍。"当然，需要说明的是，并不因为梁启超自己撰文，这场争论就停止，甚至他逝世后，"白丢腰子"依然是人们讨论的话题；同时，也并不因为梁启超相信科学素信西医，他的病就减轻。相反，他的病时轻时重，他的情绪也一直在惊喜与困惑之间徘徊。

就在梁启超最需要静心休养的时候，天有不测风云，一连串的事又发生了。1927年3月8日康有为在上海庆祝七十大寿，而31日，却猝然长逝于青岛福山路寓所，这两件事着实让梁启超一阵忙活。渐入晚年，康、梁之间一度恩怨逐渐化解，梁启超又是性情中人，于是他把内在情思化为行动、形诸笔墨。他亲自到上海为康有为祝寿，他的寿联被奉为最上乘。康有为晚年萧条，困窘到死后连棺材都买不起，梁启超电汇数百元，军阀张宗昌送3000元，才草草成殓。接着，梁启超又与同门诸子在北京畿辅先哲祠举行公祭，并写了祭文一篇和挽联一幅，其中也就数梁启超的《祭文》、挽联最情笃：万木草堂的旧事、数十年的风雨都化作眷眷的思念，梁启超心灵凄凉似冰，可谓声泪俱下，好生伤感。

6月，王国维投昆明湖自杀，这事使梁启超"大受刺激"。15日，他在给梁令娴的信里说："我一个月来旧病发得厉害，约摸40余天没有停止。原因在学校暑期前批阅学生成绩太劳，王静安事变又未免大受刺激。"后到天津静养，12月份，梁启超的"病本来已经痊愈了，20多天，便色与常人无异，惟最近一星期因做了几篇文章。又渐渐有复发的形势"。当月下旬，梁启超的学生兼好友范源濂病逝，又是一大刺激。范源濂是时务学堂的学生，梁启超养病期间，曾把图书馆事脱卸给他；两人常在协和医院谋面，彼此谆劝保养，情深意笃。因此，范的离去使梁启超既感到伤感又有后悔之意。

1928 年初，梁启超的身体每况愈下，1 月下旬，再入协和医院。这时梁启超小便依然带血、血压不稳、心脏亦在萎缩。医生采取"专注重补血"的方针，或注血或吃肝，身体才略有好转。出院后，梁启超回天津静养，虽然辞去清华研究院的事，但是依然为《中国图书大辞典》忙碌，又着手编撰《辛稼轩年谱》。因过度劳累，梁启超于 11 月 27 日再入协和医院。

生命斗士

梁启超这次住进协和医院，可谓吃尽了苦头，旧病未除，新病又起，高烧不止，终在 1929 年 1 月 19 日午后 2 时溘逝。

有人说，梁启超是带着一腔遗憾离去的。确实，他一生忙于著述，以文章名世，但临终案头还放着《辛稼轩年谱》和《中国文化史》两本未竟之作，这不能不说是一份遗憾；他早年投身政治，呐喊呼号，亡命奔走，企图救中国人民于水火中，可是临终之际，中国还是军阀混乱的年代，这又是一种遗憾；等等。但是我们同样能看到梁启超在他生命的最后几年，在病魔缠身之际，仍然为自己的理想，为实现自我的价值，而顽强地奋进，闪烁着作为一名"生命斗士"所应有的光芒。

梁启超曾谓"战士死于沙场，学者死于讲座"，当之无愧。在他生命的最后几年里，可以说是因工作劳累而染病，疾病更是因劳累工作而加剧。起先，疲于奔命的讲学活动引起心脏微疾，虽闭门谢客于天津、养病于翠微山，但手头工作一刻也未停，诸如翻译《世界史纲》、著《陶渊明》《释伽》等；右肾割去后，便血又不止，本当静养，可是他依然忙于著述、勤于讲学、乐以惜人，"自是之后，便血之多寡，辄视工作之劳逸而定"，这期间梁启超虽然辞去一部分工作，却又开始了新的工作，终因著《辛稼轩年谱》未成而痔发；入院后，在承受服泻药医痔的痛苦时，仍托人觅寻有关辛弃疾的材料，忽得轶事数则，甚喜，携书出院返津，痔疮未收，乃执笔侧身而坐。之后，梁思成在《梁任公得病逝世经过》中感慨万分："先君子曾谓'战士死于沙场，学者死于讲座'。方在清华、燕京讲学，未尝辞劳，乃至病笃仍不忘著述，身验斯言，悲哉！"

这种"学者死于讲座"的价值观与梁启超的"乐观"精神一脉相通。梁启超是位富于激情、充满自信的创造性人物。早在护国战争时，梁启超就自信地预言："我觉得我为国家为朋友都有绝大的责任，万万不能躲避，而且我生平不知为什么缘故有一种自信，信我断不会横死；信我一定有80岁命。"现在看来，梁启超的话只说对了一半，他没有横死却只活了57岁（虚岁），但他那种乐观自信的个性至老未变。他不仅常戏称他的"便血病"为"赤祸"、"赤化"，幽默地说他静心养病是过着"老太爷的生活"，而且他对自己的身体总是信心十足，只要自己感觉尚好，他便以为万事大吉了。

如1926年2月，梁启超因劳累做了一张《先秦学术年表》，小便带血急剧，亲友抱怨着急，梁启超却坦然自若。2月9日他给梁令娴等人信里说："其实我这病一点苦痛也没有，精神体气一切如常，只要小便时闭着眼睛不看，便什么事都没有，我觉得殊无理会之必要。"当他的右肾割去后，在国外的梁令娴等人很不放心，常来信催问，这时梁启超表现了特有的镇定乐观："你们的话完全不对题，什么疲倦不疲倦，食欲好不好，……我简直不知道有这一回事。我手术 10 天之后，早已一切如常，始终没有坐过一回摇推椅子……" 1929 年 1 月 1 日，梁启超的病虽已入膏肓，但他还拟备自祝 60 岁寿，并请友人作文百篇，完全忘却自己是位病人。

这种淡化生死，强调奋进的生命观成为梁启超人生观的核心，同时梁启超晚年在病痛折磨中对此悟得越加深刻。1927 年 2 月 16 日，他在给梁令娴等人的信里说："我生平最服膺曾文正（曾国藩）两句话：'莫问收获，但问耕耘。'将来成就如何，现在想他则甚？着急他则甚？一面不可骄盈自慢，一面又不可怯弱自馁，尽自己能力做去，做到那里是那里，如此则可以无人而不自得，而于社会亦总有多少贡献。我一生学问得力专在此一点，我盼望你们都能应用我这一点精神。"因而，这期间梁启超尤其注重对子女弟子"人格磨炼"的教育，提倡不能因在舒服或危险的环境里就消磨志气。这年夏初，梁启超与清华研究院学生游北海，曾有一篇很长的谈话，其中他说："还有一点，我自己做人不敢说有所成就，不过直到现在我觉得还是天天想向上，在人格上的磨炼及扩充，吾自少到现在，一点不敢放松。"对孩子们，他几乎每信必提，谆谆教诲，希望孩子们能继承他的人格精神。正如梁思成后来所说："先君子于人生观无论环境如何，辄以不忧不惧为宗旨，虽至临终之前数日，犹日夜谋病起之后，所以继续述作之计画。"梁启超以实际行动解释了他的人生观，他的精神也将生生不息，永葆生气。

追悼任公

梁启超仙逝，意味着一颗文化明星的陨落，一时间海内外震惊哗然。梁启超逝世的当时，国内各大报纸均登载了消息；随后，各类纪念评述文章陆续发表，其中天津《益世报》等报还特设"梁任公先生纪念号"；上海《申报》等报特辟专栏予以报道有关纪念梁启超的活动；美国《史学界消息》（个人简讯）也对此有长篇报道。

其中值得一提的是 2 月 17 日在北平（1928 年改北京为北平）、上海等地举行了公祭活动。北平公祭是由广东旅平同乡会与北平各界联合主持，地点在广惠寺。当时各界到者甚众，约 500 余人，诸如尚志学会、时务学会、清华大学研究院、香山慈幼院等团体；熊希龄、丁文江、胡适、钱玄同、杨树达等当时显赫人物或文化界名人；杨鸿烈、汪震、吴其昌等梁启超门人学子……人们怀着沉痛心情走进追悼大会会场。广惠寺处于一片肃穆悲壮氛围之中：大门外高扎蓝花白地素牌楼一座，上悬蓝花扎成的"追悼梁任公先生大会"字样；门内为奏哀乐处，上悬阎锡山一联，写着："著作等身，试问当代英年，有几多私淑弟子；澄清揽辔，深慨同时群彦，更谁是继起人才。"祭台前用素花扎成牌楼，缀以"天丧斯人"四字，下悬熊希龄、冯玉祥、何其巩各一联，孙宝琦、侯锷挽诗各一首；寺内佛堂均为祭联、哀章所布满，约有 3000 余件，祭幛飘摇，子女们麻衣草履、俯伏灵帏内，稽颡叩谢、泣不成声，"全场均为喑呜之声笼罩，咸为所黯然"。

上海公祭活动由诗人陈三立及张元济主持，地点在静安寺。

礼堂虽是临时布置，但也是肃穆庄严，上悬挂梁启超在巴黎和会上一张穿西装的放大照片，四壁悬满挽联、祭诗，白马素车，称盛一时。上海名流到者甚众，如孙慕韩、蔡元培、姚子让等，不下百余人。

如此隆重的公祭活动，足以说明梁启超的声誉之高。甚至据《申报》记载，梁启超在北平大殓时，有法律界名人在广惠寺抚棺恸哭，说梁启超为"先知先觉，人人得而哭之"。又载上海公祭时，南京指导部一位与梁启超素昧平生的人专程来吊祭，并在礼场上声言："论私益则知识及立志悉仰新会之启迪感化，论国事则振发聋聩为革命造基业，新会之功不亚孙、黄，故虽绝无交谊，特来致敬。"总之，相关的人物皆以自己的方式表达了对梁启超的追悼之情。

盖棺定论，梁启超死了，但对他的评价却只是刚开始。他的一生涉及了政治、经济、法律、学术、文化等各个领域，因而迎来了不同领域人士的评价；他的一生屡番变化，思想不定，因而留给人们不同的形象。公祭活动中数以千计的挽联祭文哀诗就是对其人生历程的一次大展示。人们或叙情谊或说才情或评功绩……斑斓多姿，文采斐然。当然，限于特定的氛围，很少有人敢表明自己真实的态度，就是杨度"略露微辞"的挽联也不例外。这联为："事业本寻常，成固欣然，败亦可喜。文章久零落，人皆欲杀，我独怜才。"其中明显地带有个人偏见，泄私愤，缺公道。不管怎样，我们在众多挽联祭文哀诗中发现，常有把梁启超与历史上贾谊、王安石等人，或与同代人孙中山、黄兴等人论高低，这现象本身就说明梁启超在近代历史上有着举足轻重的地位。

精神永生

梁启超的人生旅程虽仅有 56 个春秋，然综论其一生，于当代、后代都留下了丰富的精神财富，其精神永生。奇怪的是梁启超似乎看到了这一点，梁启超的绝笔是抄录辛弃疾《祭朱晦庵文》里"所不朽者，垂万世名。孰谓公死，凛凛犹生！"四句话。辛弃疾这四句评价朱熹的话移置梁启超，何尝不可？

曹聚仁曾说："过去半世纪的知识分子，都受了他的影响。"这句对梁启超的评语确符合实际。翻开梁启超的人生画卷，那种与时俱进、时时以今日之我攻往日之我的彷徨求索精神，镌刻出他那斑斓多姿的人生图画：维新变法、遄日刊报、运动立宪、讨伐复辟、再造共和、著述讲学、育才救国等等，时时皆与中国命运相连，处处都影响着当时的人们，甚至影响了一批决定中国命运的人物，这里择要介绍几位：

鲁迅是中国近现代史上影响最大、难以匹敌的思想家兼文学家，也是当时青年的灵魂导师，可是鲁迅却很爱读梁启超的文章。据鲁迅弟弟周启明《鲁迅的青年时代》记载，鲁迅对梁启超一度排满革命的主张很感兴趣，认为"他（梁启超）攻击西太后，看来接近排满，而且如他自己所说，'笔锋常带感情'，很能打动一般青年人的心，所以有很大的势力"。并在 1903 年 3 月寄给周启明一包书，其中就有《清议报汇编》8 大册，《新民丛报》及《新小说》各 3 册。

胡适可谓现代文化思想史上的杰出人物，但他一谈到梁启超，一回忆起自己的人生经历，就会想到梁启超的无穷好处。他在《四十自述》里说：

　　我个人受了梁先生的无穷恩惠。现在追想起来，有两点最分明。第一，是他的"新民说"诸篇给我开辟了一个新世界，使我彻底相信中国之外还有很高等的民族与很高等的文化。第二，是他的"中国学术思想变迁的大势"篇章给我开辟了一个新境界，使我知道四书五经之外，中国还有其他学术思想。

　　另外，在墨子学说的研究上，梁启超对胡适也有直接影响。开始是梁启超挑起胡适研究墨学的兴趣，胡适在《墨经校释后序》说："梁先生在差不多二十年前就提倡墨家的学说了，他在《新民丛报》里曾有许多关于墨学的文章，在当时曾引起了许多人对于墨学的新兴趣，我自己便是那许多人中的一个人。"20年后，梁启超将《墨经校释》交给胡适写序，这又重挑起胡适对墨学的兴趣，尤其对胡适整理《墨辩新诂》一书起到了直接推动作用。

　　郭沫若也深受梁启超的影响。他在《少年时代》里曾有较长的叙说：

　　《清议报》很容易看懂，虽然言论很浅薄，但他却表现得很有一种新的气象。那时候的梁任公已经成了保皇党了，我们心里很鄙屑他，但却喜欢他的著书。他著的《意大利建国三杰》，他译的《经国美谈》，以轻灵的笔调描写那亡命的志士、建国的英雄，真是令人心醉。我在崇拜拿破仑、俾士麦之余，便是崇拜加富尔、加里波蒂、玛志尼了。

　　平心而论，梁任公的地位在当时确是不失为一个革命家的代表。……二十年前的青少年——换句话说，就是当

　　时有产阶级的子弟——无论是赞成或反对，可以说没有一
　个没有受过他的思想或文字的洗礼的。他是资产阶级革命
　时代的有力的代言者，他的功绩实不在章太炎辈之下。

　　应该说，郭沫若的这番自述颇有代表性，梁启超的精神足
足影响了当时几代人。

　　作为中华人民共和国的缔造者、一代伟人毛泽东在青年时
代对梁启超追慕不已，直到"五四"之后，陈独秀和胡适才代
替了梁启超和康有为，成为他的楷模。小学读书时，毛泽东就
喜欢上了梁启超的文笔和思想，他把表哥送给他的一本《新民
丛报》读了又读，直到可以背出来，而且边读边批注，并由此
"崇拜康有为和梁启超"（斯诺：《西行漫记》）。在长沙第一师
范读书时，老师杨昌济也欣赏梁启超，并且常拿梁启超的文章
教导学生。因而，毛泽东就越加钦慕梁启超。1918 年，毛泽东
组织了名为"新民学会"的学生社团，这显然受到梁启超"新
民学说"的直接影响。另外，梁启超的许多思想使毛泽东终生
受益，如梁启超"以今日之我与昨日之我战"的名言，便启迪
了毛泽东的人生选择。到了晚年，毛泽东依然十分推重梁启超。
他在一次谈话中，回忆自己青年时代受到"梁启超办的《新民
丛报》的影响，觉得改良主义也不错，想向资本主义找出路"
（1979 年 1 月 2 日《人民日报》）。

　　其实，林伯渠也是受到梁启超的影响，才踏上革命道路的。
他在《自传》里回忆道："留学东京时，忧时忧国之思，无时或
忘……当时梁启超办的《新民丛报》，风行一时，他倡导的维新
立宪学说，及对国内现状尖锐的批评，再加上从日译的欧美书
报那里知道的关于民主政体的概念，确立了我的革命思想。"

在文化学说上，梁启超也启迪了一大批人。如前文已叙的胡适，又如一代文学大师梁实秋对中国文学滋生兴趣，原因是他在清华上学听了梁启超一篇名为《中国韵文里表现的情感》的讲演。一代大诗人徐志摩更是梁启超的得意门生。1918 年 6 月，徐志摩成为梁启超入室弟子。随后，徐志摩赴美留学途中，撰文致诸亲友，提到他拜梁启超为师一事，表达对他的敬意与热爱。梁实秋《谈徐志摩》一文是这么评价的："这是少年徐志摩初出国门时的心情！爱国之心溢于言表，在文章上在思想上都可以看出梁任公先生的影响，这时候志摩是刚刚拜在任公先生门下，他对任公先生是极为崇拜的。老实讲，那一时代的青年，谁又不崇拜任公先生？"如此等等。

这使我们忽然想起王文濡在挽梁启超八联的《自序》中的一段话："《饮冰》一集，万本万遍，传诵国人，雅俗同赏，得其余沥以弋鸿名而张骚坛者，比比皆是也。"梁启超其人其文，将永载史册。